［美］萨莉·J. 罗杰斯（Sally J. Rogers）
［美］劳里·A. 维斯马拉（Laurie A. Vismara） / 著
［美］杰拉尔丁·道森（Geraldine Dawson）
龙焰 / 译

早期干预丹佛模式
辅导与培训家长用书

Coaching Parents
of Young Children
with Autism

Promoting Connection, Communication,
and Learning

华夏出版社
HUAXIA PUBLISHING HOUSE

致　　谢

本书中向读者提出的理论概念和使用的材料都是我们多年合作、探讨、研究和临床工作的成果。我们三人从职业生涯初期就开始了指导家长的工作。早在2001~2002年，杰丽和萨莉在华盛顿大学的最初随机对照试验（这些试验是由杰丽领导的）中构建起了早期干预丹佛模式（Early Start Denver Model，ESDM）的主要程序和工具，从那时候我们就开始了指导家长学习ESDM的工作。随着劳里和萨莉开始合作，该模式也在不断地完善和发展，在每一项新的家长指导研究中都有加入新的理论支持、方法和工具。2019年，罗杰斯等人的论文（Rogers, Estes, Vismara, et al., 2019）最有效地证明了该模式对儿童行为产生的作用，该论文首次证明了家长操作的信效度与儿童发展之间存在着直接的积极关系。我们很感谢那些在项目中花费了大量时间与我们合作并将数据分享出来的家庭，以便我们能够不断学习和总结经验。

有许多同事为这项工作做出了贡献。在此我们要特别感谢：安妮特·埃斯蒂斯（Annette Estes）、杰茜卡·格里森（Jessica Greenson）、米根·塔尔博特（Meagan Talbott）、格雷戈里·扬（Gregory Young）、杰米·温特（Jamie Winter）、辛西娅·齐尔胡特（Cynthia Zierhut）和卡罗琳·麦考密克（Carolyn McCormick），他们在这些研究的设计和开展过程中，贡献了自己的专业知识、时间和才能。我们感谢参与相关研究的众多实验室成员的支持，他们分别来自萨莉在心智研究所（MIND Institute）中的实验室以及杰丽在华盛顿大学的实验室，是他们让这项工作得以完成。最后，我们还要感谢为我们提供资金支持的机构：美国国立卫生研究院（National Institutes of Health）和"孤独症之声（Autism Speaks）"，是他们推动了这项工作的开展。

目 录
CONTENTS

第一章 辅导家长，助力特殊儿童成长 ········· 1
  引 言 ········· 1
  这种模式为什么会出现？ ········· 3
  在家长主导的早期干预模式中，如何定义"辅导"？ ········· 4
  这种模式从何而来？ ········· 9
  本书为谁而著？ ········· 9
  未来发展/展望未来 ········· 10

第二章 辅导家长干预的关键策略 ········· 12
  关键策略一：家长推进居家干预 ········· 12
  关键策略二：建立正向的亲子关系 ········· 15
  关键策略三：基于沟通发展理论，进行语言干预 ········· 16
  关键策略四：跨学科的专业团队 ········· 18
  关键策略五：赋能家长，以家长为中心 ········· 20
  结 语 ········· 24

第三章 成为合格的导师：知识、特质和需要的支持 ········· 25
  导师需要知道什么 ········· 26
  导师的特质：导师和家长之间的关系 ········· 32

给予导师的支持 ……………………………………………… 36

理解家长的动机来源 …………………………………………… 41

结　语 ………………………………………………………… 44

第四章　实用工具（导师用） ……………………………… 45

写字夹板和铅笔 ………………………………………………… 45

课程计划 ………………………………………………………… 45

计时器 …………………………………………………………… 47

记录用纸 ………………………………………………………… 48

家长指导手册 …………………………………………………… 49

主题要点清单/冰箱便利清单（多份）………………………… 49

三份数据检核表 ………………………………………………… 50

情绪量表 ………………………………………………………… 52

反馈性的讨论过程（督导）…………………………………… 53

其他工具 ………………………………………………………… 54

问题解决 ………………………………………………………… 61

结　语 …………………………………………………………… 65

第五章　评估、设定目标和制定方案 ……………………… 66

从诊断到制定方案 ……………………………………………… 66

结　语 …………………………………………………………… 80

第六章　家长辅导课程 ……………………………………… 82

家长辅导第一课 ………………………………………………… 82

后续的家长辅导课程 …………………………………………… 84

家长辅导课程常规 ……………………………………………… 86

未完成的任务 ·· 106

　　结　语 ·· 113

第七章　如何给家长引入新的干预主题及策略 ···················· 114

　　主题一：获取孩子的注意力，打好学习的基础 ···················· 114

　　主题二：为什么亲子互动对所有人都如此重要 ···················· 119

　　主题三：为什么轮流（一来一回）对于学习如此重要 ·············· 125

　　主题四：为什么非言语沟通（肢体语言）对幼儿至关重要 ·········· 140

　　主题五：模仿是非常重要的学习方法——对于每个人都是！ ········ 154

　　主题六：理解孩子行为的 ABCs ·································· 165

　　主题七：共同注意：为什么跟他人分享对孩子如此重要 ············ 184

　　主题八：开发创意玩法，助力学习 ······························ 193

　　主题九：为什么假扮游戏在幼儿的学习中至关重要 ················ 209

　　主题十：帮助孩子发展言语 ···································· 223

　　结　语 ·· 243

第八章　家长辅导中的变化与调整 ·································· 245

　　不同家庭的故事 ··· 246

　　家长辅导的适应性变化 ······································· 259

　　对家长进行小组辅导 ··· 261

　　一些最后的说明 ··· 268

第九章　展望未来：挑战与机遇 ···································· 269

　　伴有共患病的孤独症儿童：关注整体，实施全案治疗 ············· 269

　　资源缺乏社区的儿童和家庭 ··································· 275

　　对有孤独症风险的婴儿采取家长干预措施 ······················· 277

展望未来	279
结　语	282

附录 A　家长辅导课程中常用的讲义和清单　283

附录 A.1　导师的随身清单	284
附录 A.2　课程计划表（导师用）	285
附录 A.3　家长日常练习图表	286
附录 A.4　活动类型图鉴	288
附录 A.5　主题要点清单 / 冰箱便利清单	289
附录 A.6　P-ESDM 信效度检核表	290
附录 A.7　家长技能检核清单	291
附录 A.8　家长自检表	294
附录 A.9　导师操作信效度检核表	296
附录 A.10　ESDM 家长辅导信效度评分工具	298
附录 A.11　变化阶段及可行性策略	309

附录 B　P-ESDM 婴幼儿—学步儿课程清单　317

附录 C　家长友好型的数据跟踪工具　333

附录 C.1　简单标示系统	334
附录 C.2　一周跟踪表	335
附录 C.3　活动数据跟踪表	336
附录 C.4　目标与活动柱状图	337

作者简介　339

第一章
辅导家长，助力特殊儿童成长

引　言

　　对于家长们^①而言，收到孩子的孤独症诊断书无疑是一次毁灭性的打击。强烈的失落与悲痛袭来，除了对孩子的未来忧心忡忡，家长们还会陷入深深的愧疚与自我怀疑中，责备自己不够尽责，或许这本来可以避免，这一纸诊断也会彻底地改变整个家庭，改变家庭中所有人的生活。在这种关键的时间点，美国大多数家庭会在短时间内找到能提供帮助的人：一名早期干预师（interventionist），他/她会跟家庭紧密合作，来为孩子的学习和生活提供帮助。

　　这样的专业关系通常存在两种模式。在第一种模式中，一名或多名受过专业培训的成年人会直接在机构内给孩子进行干预，并给家长提供如何进行居家干预的建议与指导。家长主要依赖专业人士来满足孩子的干预需求。家长提出问题，干预师给出建议。当出现新的学习需求时，干预师会进一步细化或者修订干预方案，家长参照执行。最理想的情况是，干预师可以根据自己所掌握的技能、知识和经验来指导家长（尤其是孩子的主要照顾者），针对家长的需要给予更精准的支持。通常在政府提供的干预服务中，早期干预进行的频率很低，有的是每周两三次、每次一小时，有的是每月一小时甚至更少，只有少数社区会提供频率较高的干预。

　　这种模式中潜在的问题很快就显现出来。第一点，权威研究文献中既没有数

---

① 在本书中，我们用"家长"和"家长们"来泛指负责养育孩子的所有个人或者家庭/相关群体。本书中出现的所有案例均隐去了个案姓名及其他相关信息。

据显示低频率的干预模式能提高家长对于专业建议的采纳度，也没有数据表明这种模式能提高孩子的能力。第二点，家长很依赖专业人员来发现孩子的需求是什么以及怎样满足这些需求，但双方之间低频的沟通又不能保证家长得到很好的支持。第三点，这种模式设定的前提是没有专业人士的支持，家长就不能独立判断孩子的需求，也不能帮助孩子进步。第四点，通常会有多位专业人士同时参与到干预中来，各方都会从特定的角度给家长一些建议和指导，家长不得不努力整合这些不同的甚至可能互相矛盾的信息。第五点，在孩子成长的早期，专业人士可能来了又走，只能给家长阶段性的、不连续的支持。而家长从孩子一出生就一直陪伴在孩子身边，是唯一全面了解孩子发育状况、能力水平以及需求的人，同时家长也深知整个家庭的真实状况、家庭结构和家庭需求。尽管第一种模式存在着以上弊端，但经验告诉我们，这仍然是孤独症儿童最主要的干预模式，在美国和其他国家都是如此。

第二种模式在权威研究文献和专业网站中多次被提及。这种模式被美国各州的早期干预界所推崇，并引发广泛关注。这种模式以家庭为中心，专业人士会着重关注家庭整体的优势和需求，将孩子视为家庭的重要组成，家庭成员都被动员起来，积极为孩子提供支持。专业人士不再是掌握着所有决定权的权威，而是跟家庭平等合作的伙伴，他们深知早期干预服务是赋能家长的大好机会，在提供服务期间，他们将技能和知识传授给家长，让家长能够为孩子的成长提供持续的支持。

从权威到合作伙伴，从直接干预孩子到支持整个家庭，这种转变需要专业人士和家长形成一种新的关系，与等级森严的师徒制不同。知识和技能是由一位合格的专业人士传授给另一个人，这就是导师制。在我们的幼儿/早期教育工作中，辅导（coaching）是指"一种成年人学习的策略，用来提高家长或同僚的能力，提高现有技能，获得新的技能或者加深对于现状和未来情景的理解"（Rush&Shelden, 2008, p.1）。基于此，导师就是学习者对于知识和技能的求教对象。当家长求教时，导师会询问他们的家庭目标，评估孩子已有的技能和需求，然后和家庭成员一起根据家庭目标、价值观和优先级来共同制定行动方案。接下来导师和家长会定期联系，家长按照方案来实施干预，在常规会议中导师会督导家长的操作，跟进孩子的进展，导师会针对家长的实践给出反馈，并给出后续建议（详见图 1.1）。

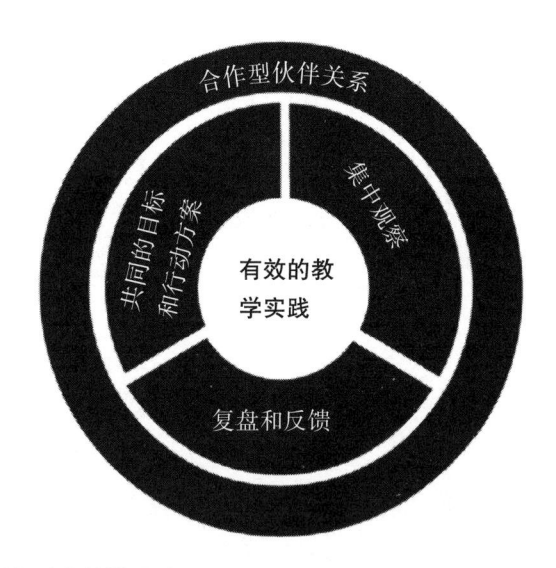

图 1.1　实操导向型家长辅导（Practice-based coaching, PBC）框架的关键组成
来源：Snyder, Hemmeter, and Fox (2015). Copyright © 2015 Sage Publishing 授权转载。

这种模式为什么会出现？

幼儿在醒着的绝大部分时间里（每周约 75 小时），都是跟家长在一起，在日常的场景中进行着日常的活动。这些场景提供了大量的学习机会，所有的孩子都能借此机会进行认知、运动、社交和沟通技能方面的学习。时刻充分利用好这些日常中的亲子互动，孤独症儿童可以获得更多的学习机会，这是家庭以外的任何干预者都无法比拟的。通过这种方式，干预师也能给予孩子最大化的支持。大部分干预师都想要赋能家长，将自己的技能和知识传授给他们，让他们能利用好日常活动中的教学机会，但实际操作起来却困难重重。

基于早期干预丹佛模式（Eearly Start Denver Model, ESDM）的框架，在与

家庭和早期干预师的合作中，我们遇到很多希望使用第二种模式的干预师，也就是以家庭为中心，由家长主导实施的干预模式。但他们很难做到真正跳出传统的专业人士主导的模式。这些想要改变的干预师们常常不清楚到底该如何提供辅导，也不明白和家长并肩合作的关系应该是什么样的（Fixsen, Naoom, Blasé, Friedman & Wallace, 2005）。从权威到伙伴的角色转变迫使专业人员从新的角度来思考技能和知识的传授。这本书旨在帮助专业和非专业人员完成从实施一对一干预模式到家长主导的干预模式的转变，无论你是处于公立还是私立的教育环境，都可以采用这种导师制，通过和家庭并肩合作的方式来支持有孤独症谱系及其他发育障碍的孩子们。

在家长主导的早期干预模式中，如何定义"辅导"？

目的

于我们而言，辅导家长进行干预是为了在日常生活中给孩子创造更多的学习机会。这需要将学习机会融入孩子日常生活的方方面面之中。我们在这里讨论的学习机会，是指孩子能够习得新技能或者增进已有技能的活动或事件。学习机会的形成要求孩子高度集中的注意力、目标明确的行动以及目标的达成。

每个孩子在日常生活中或多或少都已经有了一些学习机会，也通过这些机会习得了不同技能。然而这些机会往往是对于谱系儿童特殊学习需求一无所知的家长无意间创造的。要想给孩子创造更多的学习机会，家长需要了解：（1）孩子现阶段的学习需求；（2）如何针对孩子的需求来创造学习机会；（3）如何将学习机会贯穿在日常的流程和环境当中。我们进行家长辅导的目标是——帮助家长更好地了解孩子当下较弱势领域的能力发展需求，并且教会他们在与孩子的日常亲子互动中发展更多的学习机会。

显著特征 / 突出特点

家长辅导的主要内容包括:(1)孩子目前的学习需求以及现阶段的干预目标;(2)在日常活动中创造学习机会的方法。导师制构建了一种新的合作关系,双方在此基础上共享各自所有的知识和信息,家长从而获得支持,增长自身的技能。在这个过程中孩子的学习机会增加了,促进了孩子能力的进步。

专业人士分享有关孤独症、儿童学习、儿童发展的知识和技能,以及特定的干预技巧和问题行为的管理策略。家长分享孩子特有的能力、弱势、偏好、兴趣以及在不同环境中与不同人接触的表现等。家长还可以分享其他的支持资源、社区信息、家庭生活方式、社会资源、文化、价值观、育儿理念和对于亲子关系的理解。家长分享自己和孩子的规划,分享在与孩子朝夕相处的千万个小时中的感悟。这种家长—导师的协作模式意味着平等的合作关系,双方互相学习,也共同分享着各自的侧重点,这是为了实现共同的目标:最大化地支持孩子潜能的发展。

导师关系的特点 / 独特之处

读到这里,想必你对导师制和传统干预模式、咨询、家长培训中家师关系的区别应该更加明朗了。导师制的不同之处在于:师生之间没有固化的等级关系,信息也并非只是从权威向学习者的单向传递。

做家长工作或者与家长沟通的形式有很多种:咨询、宣导、培训和干预治疗都是提高育儿技能的常见形式。虽然导师制和其他形式有一些共同点(例如咨询、培训等形式),但在内容和流程方面都不相同。最主要的区别在于协作意识的增强和等级结构的弱化。在导师制的模式下,家长和专业人士互为师生。导师制中的学习会从家长已有的价值观、知识和亲子互动技巧出发,充分调动家长的积极性,使其习得新的技能。这个互动过程由家长、导师和孩子共同参与,家长和孩子在日常的亲子互动中一起设计学习活动。

导师和家长作为合作伙伴，互动和沟通都是双向的。意见交换、反馈和疑问都是双方同步的。在协作模式下，说教式的教学非常少见，除非是必须的情况。反馈不是为了评价考核，而是为了目标的进一步达成。导师会尽力协助家长收集信息、确定策略、学习新技能、解决问题，并最终发掘他们作为家长的自我价值。目标的达成是家长、导师、孩子三方共同努力的结果。

早期干预对所有家庭和孩子而言都伴随着优势和挑战，每个家庭都会尽可能地按照最适合的方式与孩子相处；不同孩子之间的差异巨大，不同家庭间也是如此。对于有些家庭来说，年幼孩子的需求可以通过家长主导的干预得到充分满足。对于另外一些家庭来说，针对家长的辅导能为复杂多面的早期干预提供有力支持。然而，考虑到孩子跟家长相处的时间最多，如果不能确保孩子的学习需求在日常生活中得到满足，那么发展谱系孩子的最大潜能便无从谈起。

"技能辅导"是为了帮助大家做出改变实现目标，并解决发展阻碍的一种方法。这涉及理解成年人学习的要义和特点，以及从干预伊始如何为成年人提供必要的支持。进行技能辅导需要充分理解成年人如何进行学习以及行为如何改变，如何掌握解决问题的方法/工具。当家长掌握了他们所寻求的技能和知识之后，拥有了解决问题的方法和工具，他们对于未来也会拥有更多信心。一位合格的导师需要在教授知识和提升家长的自信力、内驱力之间找到平衡。

导师角色要基于家长和专业人士在合作中对于这种家师关系的正向反馈和研究数据的有效反馈来逐步形成。与我们合作的很多家庭都认可了这种关系所带来的诸多益处，我们和其他研究者所搜集的相关数据也显示在有关孤独症儿童的能力进步、家长实施干预的忠诚度以及家长对技能辅导的评价这些方面均有正向反馈。摒弃刻板的权威形象，发展合作型辅导关系有利于进行开放、坦诚的沟通，更好地了解不同家庭的信仰、优先需求、担忧和困难，跟家长共享养育特殊孩子的眼泪和欢笑，作为伙伴为家长提供支持和共情。表1.1总结了导师和传统干预师这两种角色的不同及其职责的差异。

> 当你以权威自居，而不是作为伙伴站在家长身边的时候，你就失去了与家长真诚对话的机会。

表 1.1　角色的区别：干预师 VS 导师

干预师	导师
基于评估，识别孩子的需求。	了解家长对孩子的期望、对孩子的优势和需求的评估，基于个性化家庭服务方案（IFSP）的评估信息，了解孩子的长处和需要重点干预的领域。
制定干预方案，解决孩子的困难，围绕方案开展干预。	根据家庭的日常流程、优先事项和偏好，利用家里已有的材料，与家长一起制定方案，帮助家长发掘孩子的优势，解决孩子的需求。
告知家长孩子所需干预的频率，以及干预的时间。	与家长商定课程频率、他们在哪几天的什么时间方便，合适的场所（家里、社区里面、教室或者诊所，其他环境）。
工作要求是在评估和干预中体现专业性。	工作要求是综合不同学科的专业知识，有需要时提供专业知识，与家长形成伙伴关系，帮助家长支持孩子的居家学习。
为孩子提供直接的干预。	在日常活动中支持亲子互动，将其作为孩子发展的载体。
为孩子提供相应的材料，设计相应的活动，鼓励孩子学习新的技能。	与家长共同计划，如何在家长辅导中利用好日常流程和常见材料最大化地支持孩子的发展，达成家长的目标。
针对想让家长在下一周尝试的技能，提供适当的建议。	支持家长如何将学习目标嵌入到日常活动中，监控孩子的表现和需求的变化，当互动未按计划发展时及时解决问题，根据居家干预的需求设置环境。
按照直接干预的专业互动要求来设计干预课程。	将干预设计成孩子参与的学习机会，在其中解决孩子的具体需求，与不同环境中的不同人互动。
绘制图表，基于孩子的表现和课堂数据来评估干预的效果。	根据在课堂上收集的行为数据评估孩子的进展（综合家长收集的周反馈/周数据），编制成图表，与家长分享。
基于机构条例、资金情况、孩子的表现和课堂出勤率来决定干预的时长。	根据家长的目标来决定干预的时长。定期与家长沟通，同步进展和不同的方案，以及对于专业支持是否有更多的需求。

进行技能辅导的挑战

这种导师制的理念时常会与早期干预专家们所受的培训理念背道而驰。专业人士的直接干预对孩子的发展至关重要，这一点总是被反复强调。在观察干预师操作的过程中，我们也能看到这种理念的反复践行，坐在教室里的家长往往会被忽视。如果孩子在课程中反复地找家长，频繁地想要获取家长的关注，干预师会直接将孩子单独带进教室，留家长在休息区等候，以排除干扰。在每周20～40小时密集的一对一干预被专家们所广泛推崇的今天，以上模式在孤独症干预领域屡见不鲜——这会给人一种错觉：似乎在密集干预之外没有其他的学习机会；似乎在一对一干预中习得的技能会自动泛化到日常生活和其他社交环境当中；似乎长时间的密集干预对于幼儿来说也同样是最优方案；似乎安寝、就餐、换尿布和洗澡这些都不能成为关键的学习机会；似乎有大量的实证都证明这种密集干预对促进孤独症幼儿的发展作用明显；似乎并没有实证证明高质量的、家长主导的居家干预能帮助孩子。

经历过医疗系统的一系列评估和诊断之后，家长倾向于在早期干预一开始就采用密集干预的专业模式。家长跟专业人士接触的过往经历以及他们在各类媒体渠道所获得的信息都会指引他们找最有经验的专业人士，并按照专业人士的指导严格执行。家长希望专业人士能"彻底治愈"自己孩子的发育迟缓问题和相关症状，能永久性地解决孩子的障碍。当家长面对孤独症所带来的生活剧变时，这也是他们的应对策略之一。

专业人士和家长在以往经验的基础上，会倾向于传统的权威主导模式。现在领域内有一些基于大量实证支持的家长主导模式。有趣的是，这些模式的发起人自身最开始的受训背景都是传统的直接干预模式。我们意识到，如果每日活动不能给孩子提供所需的学习和练习机会，孩子的最优发展便无从谈起。每天的日常活动才是孩子花费时间最多的部分，对于那些每周接受40小时密集干预的孩子也是如此。在日常学习机会不足的情况下，孩子在密集干预以外的环境中会自然地养成一些行为——这些可能正是干预师想纠正的不恰当行为。此外，如果家长不知道如何支持孩子的学习，他们便无法发掘孩子的潜力。最遗憾的是，如果家长只有在干预师在场的情况下才发现孩子的能力，家长就会失去信心，认为自己没有办法教好孩子，有时家长甚至会觉得是孩子不愿意配合自己。伴随着失落和无助，家长会感觉到愤怒、无力甚至无法再积极地看待孩子。

这种模式从何而来？

本书中介绍的方法、实践和理论基础来自我们团队 20 年来在孤独症早期干预以及家长主导干预领域的研究成果，以及我们多年来服务特殊儿童尤其是谱系儿童及其家庭的一线工作经验。我们深受早期干预领域几篇专业著作的影响，如 Dunse 和 Trivette（2009a，2009b）；Dunst, Trivette, and Hamby（2007）；Hanft, Rush, and Shelden（2004）；Rush and Shelden（2011）；and Snyder, Hemmeter, and Fox（2015）；还有婴幼儿精神健康领域的著作（Zeanah, Stafford, Nage, & Rice, 2005）。我们在大部分的一线工作中都使用了早期干预丹佛模式及其相关的家长主导模式（P-ESDM）。我们还发表了很多论证这些方法有效性的相关研究文章（Dawson, Rogers, et al., 2010; Jones, Dawson, Kelly, Estes, & Webb, 2017; Rogers, Estes, et al., 2012; Rogers, Estes, Vismara, et al., 2019; Rogers, Vismara, et al., 2014; Sullivan, Stone, & Dawson, 2014; Vismara, Colombi, & Rogers, 2009; Vismara, Young, & Rogers, 2012; Webb, Jones, Kelly, & Dawson, 2014）。

本书为谁而著？

我们希望面向的读者是那些想要帮助孤独症及其他发育障碍儿童的人群，并且具备一定的自然发展行为干预模式（Naturalistic developmental-behavioral early intervention model, NDBI; Schreibman et al., 2015）的专业基础。自然发展行为干预模式具有以下特点：(1) 儿童和成年人之间自然的双向沟通；(2) 跟随孩子的兴趣和孩子对于活动和材料的选择；(3) 孩子主导活动；(4) 家长对孩子语言和非语言的沟通行为积极、及时地回应；(5) 孩子的学习目标与其当下的能力相符，并适配孩子的发展阶段及文化背景；(6) 采用应用行为分析（ABA）的教学方法，包括分析前提、行为和结果，分析行为的功能，使用塑造、示范和最少到最多的辅助策略等；（7）将教学机会（通常跟随孩子的表现发起）融入活动流程当中；（8）使用自然强化，孩子获得的奖励通常能够帮助他/她完成目标——孩子能够享受自己选择的游戏，按照自己的意愿进行。简言之，这些要点适用于任何跟随孩子兴趣进行的早期干预操作——这也是我们辅导家长进行日常干预的准则。

未来发展/展望未来

在接下来的章节里，我们针对导师制以及它和直接干预模式的区别做了更详尽的说明。在第二章中，我们罗列了家长辅导模式的理论、实验基础以及实践要点。我们的模式综合了成年人学习和辅导的相关研究；综合了认知行为学和应用行为分析的学科理论；综合了发展心理学和婴幼儿精神健康领域的知识，例如人际关系的发展、沟通的发展、游戏及认知能力的发展等；还综合了婴幼儿学习特点的相关研究。在第三章，我们讲述了一名合格的导师需要了解的知识、所具备的性格特点，以及技能辅导的流程，并且推荐了支持资源。第四章提供了适合导师使用的关键工具包。在第五章和第六章，我们会带着你感受技能辅导的整个过程，从跟家庭的首次会面开始；梳理家长、孩子以及家庭在不同环境中的需求；还有所有人共同协作的计划制定和干预过程。我们分享了便利、易上手的数据工具。这些工具由我们团队研发，专业人士和家长都可以使用。它们可以帮助我们判断和解决孩子的需求，评估孩子的学习效果，并且在孩子进展缓慢时及时找到解决方案。第五章带领读者一起了解评估和目标制定的方法。第六章涵盖了家长辅导的初次课程及后续课程的内容，介绍了与家长协作的方法：使用观察、总结、问题解决以及聆听和反馈（最频繁）的流程辅助家长学习和练习干预方法。第七章介绍了供导师使用的技术指南，用来辅导家长学习的核心干预概念、练习干预策略。在第八章中，我们讨论了如何对已有的实践方法来进行个别化调整以满足不同家庭的特殊需求。第九章对该模式的未来发展和研究方向进行了展望，并提出了一些其他特殊情况的考量：例如孩子同时患有其他儿科或健康疾病，孩子在婴幼儿时期就表现出了发育异常的症状，或者孩子生活在美国及其他国家地区的干预资源匮乏的社区。在关键主题这部分里面列举了一些技能辅导案例，展示了何为导师与家庭的良好互动和高质量关系，分享了学习过程中的一个个重要瞬间。

本书中引用了关于家长主导干预模式发展演变的重要文献和实证数据。我们希望这本书可以为特殊教育的实践者提供一些支持，可以帮助到那些有意愿与家庭发展合作伙伴关系、践行以家庭为中心的家长主导干预方法的从业者。最重要的是，我们希望本书可以激发实践者的热情，提高他们的技能，更好地支持家长在每日活动中发掘孩子进步的机会。我们深知这样的模式和方法能切实地帮助到孩子，于是有了这本书。

有经验的干预师和家长都能理解，不同环境中目标和策略的一致性能让孩子获得最大程度的支持。家长辅导的相关文献也表明了导师制在赋能家长方面所发挥的作用。本书中讨论的家长辅导方法与一些自然发展行为干预（Schreibman et al., 2015）的内容有很多共同之处：由 Brooke Ingersoll, Amy Wetherby, Connie Kasari, Michael Siller, Laura Sch-reibman, Robert and Lynn Koegel 及其他自然发展行为干预流派的专家所发表的家长主导干预的相关实践研究。此外，我们还整合了婴幼儿精神健康领域和其他两大关键领域：应用行为分析（ABA）和儿童发展学科的理论和方法，以及在成人—儿童间的学习互动中能同时促进多目标发展的策略。这也是早期干预丹佛模式区别于其他模式的关键点之一。我们希望本书能给早期干预领域的专业工作者提供更多的工具，给他们和家长带来更多信心，给孩子创造更多的学习机会——让他们在日常活动中快乐学习，与家人的关系更和谐、融洽。

第二章
辅导家长干预的关键策略

目前用于孤独症早期干预的家长介导干预模式有以下几个推动因素:(1)关于婴幼儿早期孤独症症状研究的新发现;(2)孤独症早期诊断的新工具;(3)美国国立卫生研究院及其他倡导团体(尤其是"孤独症之声")所资助的最新研究,研究重点是孤独症的有效早期干预策略。

关键策略一:家长推进居家干预

在20世纪70年代以前,孤独症儿童通常会被送往干预中心、专业机构及其他精神医学机构,由干预师进行治疗。埃里克·邵普勒(Eric Schopler)和伊瓦尔·洛瓦斯(Ivar Lovaas)两位专家的研究成果对孤独症领域家长主导干预模式的发展产生了重大影响。

埃里克·邵普勒是布鲁诺·贝特尔海姆(Bruno Bettelheim)的学生,他极力反对布鲁诺关于拒绝型父母导致孤独症的观点,认为这些建议是灾难性的。埃里克确信孤独症是一种先天性的发育异常,他在博士论文中指出,孤独症儿童的信息处理过程是不同于常人的(personal communication to G.Dawson, 1983)。不久之后,他提出了一项激进的建议:家长应该在家庭环境里面对孩子进行直接干预。他带头倡导、推动了孤独症儿童居家干预和社区干预的先潮,引领了名为结构化教学法(TEACCH;Mesibov, 2005)的干预模式,该模式沿用至今。针对孤独症谱系儿童及成年人应该如何干预,埃里克提出了四大颠覆性的观点,这些观点在专业领域产生了深远的影响(Schopler, Reichler, & Lansing, 1980)。第一个观点是跨专业的模式:孤独症干预师需要给家庭和孩子带来各方面的干预知识。来自不同专业背景的专家组成跨学科团队，共享知识，互相学习，每个人都承担着帮助孩子和家庭的重要角色。第二个观点是提倡在居家环境里给孩子提供干预，这是干预的重要部分。邵普勒的第三个超前观点是，家长对孩子的干预有着重要的话语权，需要参与从评估、诊断到干预的全过程，与专业人士一起努力。第四个观点指出，干预过程应该尊重孤独症人士本人，要从他们的喜好、长处和实际需求出发，而不是一味地隐藏他们的谱系特质、消除个性化特征。TEACCH 模式在力求达成目标的过程中以个体的偏好、长处及需求为出发点，提供最适配当前个体的干预形式和内容，同时会注重支持谱系个体的独立性、体验感，支持他们更多地参与社会生活（Mesibov, Shea, & Schopler, 2005）。

TEACCH 对于其他干预模式的影响是显而易见的，例如早期干预丹佛模式。在早期干预丹佛模式里面，由跨学科团队的一名成员承担团队组长的角色，跟家长一起主导孩子干预方案的设计、实施以及持续监察。其他成员会作为顾问给组长和家长提供信息与建议，形成统一的方案，而不是单独给孩子进行直接的干预。这种模式有三个主要的特点。第一，团队领导和决策的职能由家长和团队组长共同担负。第二，团队组长会协助整合各渠道的所有信息，支持家长干预孩子；这样做，组长承担的是类似于家长的角色，需要基于不同方面的信息来为孩子做出干预决策。第三，团队组长要储备跨学科的干预知识来辅导家长，帮助家长形成一套实用、高效的居家干预方案。

TEACCH 指导下的综合干预模式

1. 具有不同学科背景的专业人士对于孤独症有着各自的专业知识储备。
2. 组长学习并整合使用各个学科的核心原理/实践方法。
3. 跨学科团队成员都了解孩子的情况，并且支持组长的每一项工作。
4. 组长帮助、支持家长对孩子进行居家环境的干预。
5. 家长在团队中有很高的话语权，与其他成员密切合作。
6. 在干预过程中尊重并欣赏孤独症孩子，发掘他们的长处和需求。

洛瓦斯认为孤独症是一种学习能力上的问题。洛瓦斯跟邵普勒一样，最开始接触的主要是6~10岁的大龄儿童，因为那时孤独症的早期识别和诊断尚未出现。应用行为分析领域的先行者们，尤其是希德里·比茹（Sidney Bijou）、唐纳德·贝尔（Donald Baer）、蒙特罗斯·沃尔夫（Montrose Wolf），以及托德·里斯利（Todd Risley）发表了一系列重要研究。基于同行们的成果，洛瓦斯开始了自己的独立探究，尝试在医院建立一个严格执行的操作性学习（operant learning）标准的教学环境，并培训员工在孤独症儿童醒着的所有时间里使用ABA策略进行密集干预。这些孩子在医院都取得了显著的进步，但是当研究结束，孩子们回到原来的生活环境之后，却出现了技能的退化和缺失，又变回到之前的行为模式。吸取这次的经验，洛瓦斯和同事们（1973）调整了研究方向，尽早开展干预，并且注重与家长协作，在家庭环境、社区环境中同步进行这些干预策略。专业团队所使用的干预策略也被同步教授给家长。干预课程本身是综合性的（Lovaas, 1981, 2003），提供了系统的教学大纲，旨在解决孩子的行为问题，兼顾技能发展和行为养成的各个能力领域，并且注重在社会活动中融入教学，提高孩子的参与度和学习热情（Lovaas, Koegel, Simmons, & Long, 1993）。

洛瓦斯的研究成果在现如今的很多家长辅导模式中得到了充分的体现，其中就有早期干预丹佛模式。这些成果主要包括：（1）小龄谱系儿童在醒着的时间里需要跟他人进行常规活动的互动；（2）家庭、家族和社区环境给孤独症儿童提供了最合适的学习机会/环境；（3）将学习内容分解成系统的小单元，有助于孤独症儿童学习（其实对所有人都是如此）；（4）干预开始得越早越好；（5）孤独症儿童是可以改变的，他们需要与家人、同伴及其他社会成员互动，在日常环境中学习。尽管这些都是洛瓦斯和他的同事们提出并推崇的观点，但这些与洛瓦斯关于开展回合尝试教学（Discrete Trial Training, DTT）的主张并无联系。

关键策略二：建立正向的亲子关系

在过去很长的一段时间里，专家们认为孤独症群体很难与他人发展出依恋关系，甚至可能根本不需要这种关系。这些观点最终被证实是错误的。从玛丽安·西格曼（Marian Sigman）和他的团队所贡献的里程碑式的研究开始（Sigman & Ungerer, 1984; Capps, Sigman, & Mundy, 1994; Sigman & Mundy, 1989; Rogers, Ozonoff, & Maslin-Cole, 1991; Oppenheim, Koren-Karie, Dolev, & Yirmiya, 2009），孤独症领域的相关研究相继表明：实际上，孤独症儿童完全可以跟他们的照顾者形成稳定的依恋关系。研究结果表明，孤独症孩子会将与父母之间的依恋关系视作安全区；他们更倾向于和熟悉的人交往，更抗拒不熟悉的人；和父母的分离或者与陌生人的交往会让他们感到焦虑。这些发现为我们帮助家长提供了坚实的理论基础，提醒我们重视家长和孩子之间的高质量互动（有助于促进亲子依恋关系建立的家长行为），并且注重家长作为关键支持角色的建立，提高家长技能，帮助他们在日常生活中成为孩子的好老师。

在孤独症群体与他人的依恋关系的研究之外，还有很多侧重孤独症亲子互动模式的研究。这些研究表明：孤独症家庭的亲子互动跟其他神经性发育障碍以及典型发育儿童与家人的互动模式之间，有许多共同之处（Kasari, Sigman, Mundy, & Yirmiya, 1988; Meirs-schaut, Warreyn, & Roeyers, 2011）。这些研究还分析了一些在关键沟通行为方面的不同之处，例如跟他人共同注意/互联式关注的能力（Mundy, Sigman, Ungerer, & Sherman, 1986; Sigman, Mundy, Sherman, & Ungerer, 1986; McEvoy, Rogers, & Pennington, 1993）。卡萨里通过研究发现，孤独症孩子与父母的互动方式跟其他发育迟缓的孩子很类似，主要的不同在于，在互动中孤独症孩子需要父母更密集的支持和引导才能更好地关注到父母的言行（Kasari et al., 1988）。道森和同事们研究发现，当照顾者根据孩子的行为表现给出密集关注和高质量反馈的时候，孤独症儿童的眼神接触以及共同注意行为有明显增加

（Dawson & Adams, 1984b; Lewy & Dawson, 1992）。我们还发现，孤独症孩子是渴望社交互动的，并且当社交过程的可预测性更强、更易跟随的时候，孩子回应的积极性更高。很多父母都通过构建正向的亲子互动模式、在游戏和互动中提高孩子的参与度，为孩子的学习提供了有力的支持。

令人遗憾的是，仍然有一些质疑的声音与这些研究实证背道而驰，他们质疑谱系孩子的家长在教养方面能力不足。这些质疑主要来源于对孤独症的错误认知以及**孤独症症状的广泛表现**相关话题。后者还引发了一些关于家长本身的孤独症基因背景是否会造成育儿差异的讨论。近期的一些重要研究专门关注了这个问题，对谱系家长在养育孤独症儿童的幼弟幼妹过程中的亲子互动进行观察跟踪，并搜集了大量样本（Talbott, Nelson, & Tager-Flusberg, 2016; Wan, Green, & Scott, 2019）。和上述质疑派的观点完全相反的是，实验数据表明，谱系家长（已经养育了一位谱系儿童，所以被认定有孤独症高风险基因）和典型发育儿童的家长在亲子互动方面并没有显著差异。基于此，在30余年的相关研究中，并没有足够的数据表明育儿方式的差异是导致孤独症的原因。

也许在未来的某一天，科学的进步会彻底解开所有的谜团。目前专业领域内的关键研究成果表明：孤独症儿童和他们的家长通常都会形成紧密的依恋关系；谱系孩子能够区分家庭成员/主要照顾者和其他人，并且有明显的亲疏，孩子跟家人在一起会更有安全感，尽管谱系孩子会用不同的行为方式来表达他们的情感（Rogers et al., 1991）；谱系孩子的家长会通过与孩子的互动来表达对孩子特殊需求的理解和支持。

关键策略三：基于沟通发展理论，进行语言干预

几十年来，我们对于孩子语言习得过程的认知已经发生了巨大的变化。在1970年代以前，语言发展的主流理论以先天论和环境论为代表。语法天生假说的

代表人物是诺姆·乔姆斯基（Noam Chomsky）；他认为儿童具有"先天语言获得机制/语言习得机制"（Chomsky,1965,1980），人生来就具有一种普遍语法知识，在广泛接触语言素材的过程中，通过假说验证与先天语言的比较和归类，认识到母语的语言准则，进而取得语言能力。环境论的代表观念是由 B.F. 斯金纳所提出的刺激反应说/操作性学习模型，该学说主张语言跟其他技能一样都是在环境中习得的（Skinner,1957）。目前，刺激反应说仍然被很多人所推崇，并且在语言行为干预方法（Sundberg & Partington，1998）中被突出强调。

到了 1970 年代，一种语言发展的新理论模式逐渐形成，并且在全国各地的婴幼儿发育研究中心被广泛研究。语言实用理论由杰罗姆·布鲁纳（Jerome Bruner, 1983）、伊丽莎白·贝茨（Elizabeth Bates, 1976）、英吉·布雷瑟顿和贝茨（Inge Bretherton & Bates,1979）及其他专家所主导提出，该理论主张儿童通过推断说话者的意图（沟通的目的）来理解和习得语言。儿童会判断，说话者是在提出一个请求、提供或者要求帮助、给同伴一个指令、寻求社交反馈，还是在引起同伴的注意。这些意图会通过肢体语言来传递——手势、身体姿势、语调和面部表情——还有语言本身的意思。幼儿在快一岁的时候能够理解这些语言的意图，并且用自己的一些语前技能和手势表达来进行回应。几十年来，大量的高质量研究反复证实了婴幼儿语言和非语言沟通发展的语用学基础。这些研究促进了传统观点的改变，语言的性质从模仿和参照习得的行为，变成了主动分享的社交行为，语言表达的目的从客观陈述物品或动作，到努力加入与同伴的共同活动以获得社交连接、释放社交影响。

早些时候，拉特纳和布鲁纳（Ratner & Bruner,1978）着重强调了婴幼儿和成年人之间的游戏互动对于婴幼儿学习推断和预测他人行为、意图的重要影响。两位学者指出，婴幼儿最先学会的第一个词通常是社交游戏里面的信号词，例如"peekaboo（躲猫猫）""啊哦""好大"之类，而不是需求表达类的词汇，例如牛奶、食物或者帮忙。他们观察到，跟喜欢的玩伴一起进行的情绪饱满、生动有趣的游戏过程对于婴幼儿早期语言的学习具有重要影响，这一观察结论也经受住了时间的考验，同时也是早期干预丹佛模式的理论基础。

语言实用学/语用学研究者的第二大贡献是探究了家长行为在促进婴幼儿语言学习方面的作用。大量的研究表明，当父母跟随孩子的兴趣点同步描述相关物品/事件时，孩子在语言学习方面能得到最大的支持，而不是使用语言简单粗暴地主导孩子的注意力、生硬地教授词汇表达。这些发现对语言学习的操作反应理论提出了直接的挑战。

很多研究发现，孤独症儿童学习口语的过程与典型发育儿童并无区别（Lord & Scho- pler, 1989; Sigman & Ruskin, 1999; Tager-Flusberg et al., 1990）。迈克尔·西勒（Michael Siller）和西格曼在2002年完成了一项里程碑式的重要研究，其结果表明，家长采取跟随谱系儿童的兴趣而不是生硬主导的方式，同样对促进谱系孩子的语言学习有着重要影响，而且这种正向引导方式的积极影响一直从孩子幼年持续到了青少年时期。

芒迪及其同事主导的大量纵向研究发现，一个孩子早期共同注意的手势表达的出现是他/她后期语言习得的重要指征（Mundy, Sigman & Kasari, 1990）。这些研究指出，对于前语言期的幼儿进行语言干预时应该首要关注他/她对于手势的理解和使用，尤其是涉及社交发起和跟随的共同注意的手势表达，例如引起他人关注、跟随他人的视角、手指指向、展示和分享等。以上发现和其他研究都突出了家长及其他成年人跟孤独症幼儿互动的重要性，提倡家长及时回应、跟随孩子的兴趣和关注点，跟孩子讨论他们进行中的活动，以及直接加入孩子的游戏。

> 很多研究发现，孤独症儿童学习口语的过程与典型发育儿童并无区别。

关键策略四：跨学科的专业团队

1986年10月8日，一项联邦法案（公共法案99-457，Public Law 99-457）

正式通过，对 1975 年发布的《所有残疾儿童教育法案》(Education for All Handicapped Children Act)（公共法案 94-142）进行了修订——现在被称为《残疾人教育法》(the Individuals with Disabilities Education Act, IDEA)。新法案规定，所有的公共教育服务必须同等地提供给 3～22 岁的残障人士，即残障人士享有同等的受教育权利。99-457 号公共法案还要求所有发育迟缓及高风险的婴幼儿所需要的评估、干预和家庭支持服务必须免费或者低价。这项法案为患有各类发育障碍的儿童提供了广泛的保障，让孩子在包括行为和社交在内的各个能力领域的发展都能得到有力的支持。法案号召为特需儿童提供跨学科、多方面的综合支持，强调不同专业资源的联合，包括教育的、医疗的，甚至还有个案管理的行政服务、家访、家长培训、专业咨询等，将医疗健康和教育资源进行全方位的整合。法案还强制要求必须为家庭制定相应的家庭服务计划并严格执行。

家庭服务计划的内容必须是具体的、以家庭需求和优势为中心的、高度个性化的，以及以结果为导向的。计划中必须客观体现孩子的进展和变化。计划必须说明所提供的每一种干预方法的原理、实施频率以及具体策略。最后，必须保证家长能及时获得必要的信息和支持来参与教育决策的过程，包括参与制定孩子的个别化教育计划，并且有权知晓孩子可以获得哪些项目服务、支持资源，以及这些项目和资源与孩子需求的适配程度。

这项以家庭为中心的法案一改当时主流的医疗干预模式。家长被要求全程参与，全面了解所有可用的资源，知晓决策组成员为孩子和家长自己制订服务计划的全过程。对于家庭支持的侧重让家长成为重要的团队成员，让家长和专业人士在为孩子进行评估和干预的各个方面形成了密切合作的伙伴关系。法案也突出了专业人士深入了解特需家庭所面临的实际困难、促进亲子关系、支持家庭整体需求的重要性。对于在家庭环境和普通社区环境内提供服务的强调体现了布朗芬布伦纳（Bronfenbrenner, 1986）关于儿童发展的生态系统理论，该理论强调在家族、家庭、街坊和社区中提供具体支持的重要性。在居家环境中帮助家长在孩子的日常生活中融入干预支持，这一模式在这些年来已经逐步发展成 0～3 岁特殊儿童的主要干预模式之一（Brown & Moersch, 1978）。

有趣的是，在 2021 年，上述这些专业准则被放置一边，密集一对一干预的模式变得更加流行。这可能是由于大家对适用于大龄孤独症儿童的"最佳干预模式"进行了拓展性的思考。人们想知道，当 99-457 号法案中的以家庭为中心的婴幼儿干预模式被密集的直接干预模式所替代之后，会有哪些优劣势，结果有什么不一样。

关键策略五：赋能家长，以家长为中心

导师制在很多领域都有应用，例如体育、商业、教育、人本心理学、行为学和认知心理学等领域（Allcorn, 2006）。格兰特（2006）整合了导师制在不同领域的核心内容和实践，总结出以下几大特征：

1. 这种关系是平等的、协作的，而不是独裁的、权威主义的。
2. 辅导的过程从确定目标、制订计划开始，并且朝着目标循序渐进地努力。
3. 目标的确立应该以个人成长或者自主学习为中心，而不是突出强调治疗、康复或者减轻症状等关键词。
4. 目标的确立是所有人共同参与、协作努力的过程。
5. 导师本人并不需要精通所有的内容，但他（们）是过程把控的专家。

我们从业的多年来与家长建立的辅导关系以及所坚守的职业准则跟以上这些价值观深度契合。我们所发展的家长辅导方法一直兼收着各种不同的声音。其中有两大学者对我们的影响尤其深刻，值得详述。卡尔·邓斯特（Carl Dunst）在以家庭为中心的支持服务方面贡献了权威的研究成果（Dunst & Trivette, 2009a, 2009b; Dunst, Trivette, & Hamby, 2007）。他的研究发现和核心观念影响了一整代的早期干预从业者。安·特恩布尔是一名特殊教育的教授，也是一位发育障碍儿童的家长。特恩布尔教授大力呼吁，注重家长的参与，重视发展家长—专业人士

的平等合作关系，共同建设一个更包容的教育和工作环境，支持发育障碍人士的正常生活（Turnbull & Turnbull，2015）。邓斯特教授和特恩布尔教授的专业视野、倡导理念和科学方法促进了特教和早期干预领域向以家庭为中心的转变，更加重视家长辅导和家长—专业人士的关系发展。

2004年，汉夫特、拉什和谢尔登（Hanft, Rush, and Shelden）发表了一项里程碑式的研究，将导师制推到了业内关注的核心。这项研究清晰地阐述了与家长工作的全新模式，它完全不同于传统的，例如结构教学法和回合尝试形式的家长培训模式，也不同于健康科学领域的"展示讲解（show and tell）"或者"妙手回春（magic hands）"的康复方法，新模式提倡在干预实践中亲力亲为。深受婴幼儿发展、婴幼儿精神健康、成年人学习、沟通科学等学科的影响，三位学者强调亲子关系的联结必须作为早期干预的重点，孩子与主要照顾者的日常互动必须成为构建学习机会的重要资源。三位学者在专业领域继续耕耘，主导了"家庭、婴幼儿及学龄前儿童成长"项目（Family, Infant and Preschool Program, FIPP），并出版了第二本家长辅导的专业书籍（Rush & Shelden, 2011）。基于汉夫（2004）、拉什和谢尔顿（2011）等人的研究文献、FIPP官网的相关资料（www.fipp.org），以及婴幼儿精神健康领域的专业知识（Fraiberg, Adelson, & Shapiro, 1975; Stern, 1985; Zeanah, Berlin, & Boris, 2011），我们在进行家长辅导的实践基础上构建并运行了家长主导的早期干预丹佛模式（又称P-ESDM模式）。我们所使用的内容框架、资料和评估工具都可以在本书中找到。

家长辅导区别于家长培训或者家长教育，是嵌套在以家庭为中心的服务框架里的。虽然"以家庭为中心开展服务"在各个服务系统中被广泛提及，但并不是所有标榜自己以家庭为中心的系统都真正做到了从家庭需求出发，真正关注家庭的优势、信仰、价值观和日常习惯等。以家庭为中心的服务有两大关键因素：决策共享和家长—专业人士的沟通模式。家庭中心化的服务理念由患有发育障碍和慢性疾病孩子的家长们推动，在1980年代有过一波发展小高潮：

> 在系统中心化的模式中，服务过程是围绕着方便专业人士更好地服务

患者而构建的；患者必须适应系统的规定。而在患者中心化的模式中，情况正好相反：系统来兼容个体的需求。在儿科，患者中心化的服务通常也称为"家庭中心化"，儿童的身心健康和家庭的环境息息相关。家庭中心化的服务模式要求以下认知：家庭成员是最了解孩子的，因此，他们有权利，也应该代表孩子参与到医疗决策的过程当中来。（McGuinn & Worley，2008，p.215）

邓斯特和特里维特（Dunst and Trivette，2009a）提出了一种家庭支持的框架，来帮助家长提升鉴别和管理孩子需求的能力。这种家长赋能的模式对于家长和专业人士的状态都做出了具体的要求。对于家长来说：（1）能够持续了解孩子的需求；（2）能够运用自身技能来满足孩子的需求；（3）有足够的自信心能做好。对于专业人士来说：（1）保持积极的立场，相信家长有能力做好，或者可以通过学习变得有能力做好；（2）要给家长多创造展示能力、提升自我的机会；（3）要鼓励家长主动寻求可用资源，让家长相信自己的能力，充分认可自己作为家长的努力和价值，不迷信权威。整体上来说，邓斯特和特里维特（2009a）建议在家长辅导的过程中注重优势的发掘，而不是只关注到不足的部分，这样能更高效地帮到特殊需要家庭。几十年来，邓斯特和同事们一直引领着专业服务模式的探索实践，坚持倡导以家庭为中心的服务模式。他们的研究将早期干预实践从"基于能力缺陷的、以个体为中心的模式"带到了"从优势出发的、以家庭为核心的特殊儿童及家庭支持系统"（Dunst and Trivette，2009a，p.120），这样的转变从1975年开始，一直持续到现在。他们的研究深受家庭系统理论的影响，儿童发展领域的生态框架理论（例如，布朗芬布伦纳的专业主张，Bronfenbrenner,1986）以及家庭本位模式相关的各项研究（Dunst and Trivette，2009a）也都予以充分的支撑。表 2.1 中列举了麦吉恩和沃利（2008）提出的家庭中心化服务模式和汉夫特、拉什及谢尔顿（2004）提出的家长辅导实践之间的相同点和不同点。

表 2.1 家庭中心化服务模式和家长辅导实践之间的共同点与不同点

家庭中心化服务模式	早期干预中的家长辅导
家长对孩子最了解。	导师和家长各自分享自己擅长的部分。
家长需要参与决策的过程。	家长和导师共同决策。
分析家庭的优势和需求。	侧重评估家庭的优势和需要支持的需求；家长的目标、价值观和实操练习。
有医疗背景的专业人士和家长应该形成合作的关系。	协作的、平等的伙伴关系。
在干预中保持文化敏感度很重要。	保持文化敏感度，向家庭学习。
社区练习的重要性，基于社区环境的支持。	给予社区环境的活动和支持。
尊重家庭意愿，提供全力支持。	互相尊重的合作关系。
孩子的进展状况反映出家庭和社区的支持力度。	干预中侧重孩子在家庭生活和社区生活中的参与度。
所有家庭成员的需求都要考虑到。	支持家庭意味着支持家庭中所有的成员。
干预服务应当尽量简捷，方便家长使用。	家长辅导中涉及的技能应该尽量简捷，在日常环境中易于上手。
为家庭提供真实的、客观的信息。	与家庭进行坦诚的双向交流，互相反馈和评价。
尊重家庭各个方面的多样性。	与家庭进行诚实的双向交流，互相分享反馈和评价。
尊重协作和利用支持的不同方式。	认同并在家长的应对和支持方法的基础上进行。
家长互助的重要性，社会支持系统为孩子和家庭福祉提供重要支持。	侧重建设支持家长和家庭的社交网络，更多地关注到社区联系而不是专业关系。
干预基于孩子和家庭的需求来组织和设计，而不是干预机构的需求。	家长辅导服务基于家庭需求和偏好来设计。
跨学科的支持和综合性的干预服务。	导师始终保持跨学科的工作思路——实现孩子所有的干预目标。

备注：数据来源于麦吉恩和沃利（2008）以及汉夫特、拉什及谢尔顿（2004）。

结语

美国 1975 年颁布的《所有残疾儿童教育法》(Education for All Handicapped Children Act, PL94-142)全面强调了家庭参与的理念。法案的年龄涵盖范围向下扩展到了发育异常的婴幼儿(IDEA 的 C 部分),加强了对于小龄特殊儿童及其家庭的支持,也由于早发现早干预的提出以及对于最低限制环境的强调,这项举措同时提高了资源利用率,减少了政府在教育和干预方面的下游支出。过去几十年间,关于普通和特殊儿童能力发育的相关法律和专业研究都突出强调了以下几点的重要性:(1)建议积极的亲子关系,寻求儿童早期发展的最优结果;(2)在孩子的日常生活环境与活动中给予家长必要的辅助,帮助家长更好地理解和支持孩子的发展需求——为孩子和家庭创造更好的生活。

第三章

成为合格的导师：知识、特质和需要的支持

进行家长辅导有助于我们专业技能的增长，会带来新的思维方式、新的技能和知识，以及拓展新的资源。家长辅导中相对更加复杂的场景和事件对我们提出了更高的要求，要求我们去寻求新的支持和资源。这套全新的工具包能支持各个自然场景中的家长介导干预。这项工作也会促使干预师从全新的角度构建与家长的关系——一段基于信任和协作的关系，过程中充分尊重成年人的学习习惯。

家长主导干预的相关讨论中，很少有人会直接指出，家长辅导的首要目标其实是改变成年人的行为。孩子行为的改变是第二大目标，而且在理想情况下会伴随着家长行为的改变而出现。跟其他成年人习惯的养成过程一样，家长在进行家长辅导课程的学习时，也需要持续不断地努力学习、实践，将新的技能进行泛化。专业领域中对于家长介导干预的讨论却并不尽然。但这样设定首要和次要目标确实是非常实用的，我们在家长主导干预模式的实践中也证实了这个想法。（就像我们在学习和教授学生时，行为改变也是首要目标一样。）家长辅导理念的形成让我们接触了大量的成人学习理论、经验总结的工具，借鉴了其他干预方法中的评估和教学方法，这些在我们改变的过程中都是非常实用的。

在本章中，我们阐述了如何帮助家长将新习得的技能转变为长期的行为习惯。本章提到了作为导师需要的知识、性格特点，以及维持家长动机和监控进度的实用策略。此外，我们还提供了家长自查工具，方便家长主导自己的学习和行为改变过程。毕竟成年人学习的关键在于内在动机、个人目标的设定和持续的自我评价；成年人需要掌握自己学习的过程，来推动学习的进程。

导师需要知道什么

了解实证原理

　　干预师需要使用有实证支持的策略，这是法律的规定，也是保险报销的基本要求，更是职业伦理的要求。用家长主导干预、导师制模式来帮助家长改变行为都是有实证支持的干预实践。了解家长辅导模式背后的原理和相关实证研究有助于加深导师自身对于工作内容的理解，让导师更好地投入到为家长答疑解惑的工作当中去。那导师怎样才能更深入地了解他们所实践的模式呢？

　　我们所工作的早期干预机构会使用多种策略来加强导师的知识基础。机构会请激情饱满的讲师当面授课，他们会提供制作精美的视频，有时候还会分享自己的亲身经历；清晰的数据呈现也会提起员工更多的学习热情。机构还会为员工提供进修的机会，在职培训会提供专门的学习时间，进行小组支持，还有适当的奖励来鼓励员工学习新技能。机构共享自学材料，例如权威网站的链接和相关博主的高质量分享；其他资深导师与不同家庭和孩子工作的视频；设计精美的宣传册和电子材料；关键理论文献、综述文章、专著章节里面附注的资料目录；还有相关研究里面所涉及的文献资料和自查表等。机构会鼓励和支持开展小组形式的同侪督导会，参与者共享视频资料和自我评估结果；机构会鼓励学习目标相近的员工们互帮互助，一起精进技能、练习泛化。员工进修需要时间，机构支持员工利用工作时间进修，这很好地传达了机构对服务和工作质量的重视。反过来，机构的大力支持也会让干预师对自己的专业能力更加自信，职业认可度更高。

　　最后一点，导师熟知实证原理也有助于他们更好地解答家长关于干预原理的疑问。在家长提问时，能快速、系统、全面地解答专业问题的导师也更容易获得家长的信任和青睐，更能体现专业形象。

掌握实践技巧

很多实证支持的、低频的家长主导干预都归属在自然发展行为干预的框架下（Schreibman et al.,2015）。很多不同名称的干预方法和专业准则都提倡使用自然的干预方法，因为这些方法能提高孩子的动机和参与度。自然发展行为干预的方法基于一项共识：儿童最愿意接受的学习方式是在熟悉的环境里，按照规律的流程，跟着熟悉的、有安全感的人一起学习，并且可以自己选择喜欢的学习材料，活动安排也是按照孩子的能力和兴趣量身定制的。

那我们常说的"自然教学法（naturalistic approaches）"到底是什么呢？一般来说，使用自然教学法的成年人会跟随孩子的兴趣、偏好，以及根据其能力水平进行教学。他们会以玩伴的角色跟孩子互动，而不是作为权威的教学者出现。他们会把奖励融入活动本身，将活动流程、材料、社会关注等作为强化物，而不是引进活动以外的强化物，例如食物和饮料（除非活动本身就是饮食类的！）、代币、分数、小星星或者偏好物品（手机、电脑）这些跟活动无关的东西。他们会利用孩子的兴趣来获取孩子的注意力，并且调动孩子的积极性，让孩子自愿重复有趣的活动，保证新技能的练习次数。经验丰富的干预师还会根据孩子的能力情况设置恰当的任务难度，让孩子愉快地完成，而不会出现畏难情绪。孩子的状态会有些上下的波动，干预师理解孩子不可能每一次都做到最好，他们会兼顾不同的表现情况，让孩子能充分地享受活动的过程，也可以通过自己的努力获得奖励。自然教学法在发展派干预、感官干预和 ABA 干预中都有出现。关键反应训练（PRT，参考施赖布曼及凯格尔的研究，Schreibman & Koegel,1996）和随机教学（McGee, Krantz, Mason, & McClannahan, 1983）是 ABA 用于孤独症干预领域的实证方法中最早开始使用自然教学的两大方法。在言语治疗、功能治疗和早期特教领域也经常会用到自然教学法。

自然发展行为干预的独到之处在于将发展学科和学习学科在自然教学的框架下巧妙地融合在了一起。此外，自然发展行为干预强调提前制订教学目标、持续的数据收集、按发展规律排列干预目标和选择每日练习内容，以及基于数据的决策，这些也是为了更好地达到个别化家庭服务计划（IFSPs）和个别化教育计划（IEPs）的相关法律法规要求。在基于 ABA 的干预中，自然发展行为干预引入了发展派的知识来进行目标决策，在所有活动中突出以沟通为导向的互动，以及利用孩子的偏好来充分调动动机。自然发展行为干预框架下的早期干预丹佛模式最独特之处是在单个连续的活动中融入不同的教学目标以及多次重复的练习，相比于在某个时间段集中学习单个目标来说，这个特点提供了更多的学习机会。

能做到辅导家长进行干预，导师自己需要对教授的知识和概念有更全面的了解。辅导其他人来完成远比自己完成难得多，因为辅导他人要求导师将技能要点转换成学习者能理解的语言。有些技能要点对导师来说已经潜移默化地变成了习惯性的操作，导师在辅导时也需要将它们具体地描述给学习者。将这些"自发性的"操作重新提炼成学习内容，用语言表达出来；将这些操作的理由和来龙去脉详细地描述清楚；将复杂的操作分解成简洁、易学的内容（详见本书第六章和第七章中关于如何分解的内容）；将学习内容在恰当的时间以恰当的难易程度教授给家长，让家长可以实时使用并且做到泛化——要做到这些，导师需要额外的学习和练习，理论的和实践的都需要，包括自我评价、反馈和督导等。

考虑到辅导家长的目的是更好地帮助孤独症儿童，那导师要如何决定家长学习的内容呢？大部分具体的自然发展行为干预操作都会有一套相关的评估工具/方法来帮助使用者自查教学中的操作水平，这些评估工具被称为**操作一致性**（fidelity of implementation，FOI）或者**一致性量表**。一致性量表清楚地描述了需要用到的每项技能，以及每项技能操作应该达到的精准度，这样方便导师及时掌握家长的学习进度，决定接下来的学习内容。除了这些特定的一致性检核方法，还有一套近期发布的通用的 FOI 工具。如果某项教学方法本身没有配套的 FOI 量表，就可以使用这一套。我们建议，导师在辅导别人之前应该先确认自己的操作一致性是否达标。导师可以通过不同的方法来确认，例如正式的培训（付费并且授予继续教育专业学分的）、自学或者在线小组学习、利用电子的或者书面的材料学习、同侪督导、在职督导（针对实际工作过程提供咨询反馈）等。针对家长辅导，我们创立了一个公共的网站，名为 Help Is in Your Hands（网址为 www.helpisinyourhands.org），为导师们和家长们提供了很多免费的参考材料。很多其他主流的干预流派也有相关的网站资源以及相关的培训资源。

对于比较忙的干预师来说，可能很少有时间来学习和精进自己的技能，但是绝大部分专业人士都具备继续学习的专业觉悟，我们所服务的机构以及执照管理组织也会对专业继续教育做出具体要求。机构里的持续在职培训、机构的年度评价以及年度目标都会让从业者在专业领域的继续学习中动机更强、思路更清晰。参加正式培训项目的好处在于，你会获得更系统的学习内容，在监督下，学习的动机也会更强。如果你决定采取自学的方式，可以参考以下的要点，并且牢记同侪间的互相支持可以帮助你坚持得更久、动机更强，而且同侪还能提出客观的反馈和建议，这些都能帮助你更高效地学习。你可以尝试与一到两名同侪组队，按照以下步骤来组织学习：

1. 选择继续学习的内容，设立年度目标。
2. 设立一组短期目标（例如以 12 周为一个周期），每周你只需花费 1~2 小时学习，并且计划好一年内的学习时间！
3. 将每个短期目标分成 6 个等级的次级标准，并为自己创建一份数据记录表。
4. 选择检核长期目标的 FOI 工具。
5. 记录自己跟不同孩子工作的视频（当然，前提是必须取得家长许可），方便自己追溯能力基线和进展数据。
6. 评价自己和同侪的工作表现，这样你们都能获得一些客观的分数。
7. 跟同侪定期开会（我们建议每两周一次），一起回顾和评价你们近期表现的视频。
8. 合格干预师的一致性分数区间通常在 85~90%。百分之百不是常态，不用过分追求完美！

到目前为止，我们讨论了成为导师所需要的工具材料。我们还讨论了对于孩子需求和强项的跨学科分析（通才的角色）、一个充分了解孩子和家庭情况的多学科支持团队、主流的干预技能，以及同侪互助和督导小组等话题。我们还提到，导师应该明确孩子的目标，保持更新，并且能够将目标分解成恰当的短期学习目标。最后一点，导师应该具备辅导他人进行干预的经验和能力——例如学生或者其他受训者、助手和同侪等需要提高具体技能的人。我们会在后面的章节中介绍辅导干预的详细步骤。现在我们需要讨论另外两大领域的技能：如何从直接干预转变为辅导的模式；作为导师如何与家长建立恰当的关系。

从"干预师—儿童"转变为"家长—儿童"的模式

从直接干预转变为家长辅导是很困难的，尤其是当家长已经习惯了由你直接干预的模式之后，再进行这样转变更是难上加难。记住转变的目的——让孩子的学习机会呈指数型增长，为家长提供建议：如何帮助孩子，作为家长需要做什么，怎么做，什么时间、在哪里做。家长们希望知道这些。我们普遍的经历是，当我们跟孩子和家长第一次见面的时候，家长总会先问"我们能做什么？"，而不是"你要做什么？"。有些干预师反馈，家长在干预的时候总是动机不强，要么是站在一旁，或者发信息、玩手机，要么在做家务或者在打盹儿。但是我们没有意识到，正是因为习惯了我们全包式地进行直接干预，家长才会有这些表现。想要辅助家长进行家长主导干预，作为干预师的我们需要特别留意以下的这些有意识或者无意识的行为，这些表现常常会传达出"家长参与并不是必需的"的信号：

- 直接干预孩子，而不是指导家长跟孩子互动；
- 直接告知家长干预目标，而不是先询问家长希望孩子学习什么；
- 直接告知家长在家怎么做，而不是跟家长探讨自己作为干预师可以怎么样更好地支持每日家庭活动；
- 指挥家长进行平时在家里完全不会进行的活动，制定"不接地气的"流程；
- 希望家长从旁观察而不是跟孩子互动，甚至要求家长不要直接上手，以免影响干预过程。

鉴于上述的种种原因，在一个新家庭进行家长辅导通常是比较容易的，这样你从一开始就可以明确建立家长辅导的关系。本书第五章和第六章介绍了如何从第一次接触就开启家长—儿童—导师的互动三角，包括第一次评估和第一次干预课。当然，我们也见证了许多干预师成功地将已有的直接干预模式转变为家长主导干预，我们确信这些方法是行得通的，而且能有机会学习如何与孩子互动家长会非常开心。对于习惯了处在干预边缘的家庭，导师可以遵循以下步骤来设定一个新的方案：

1. 在干预开始之前一起讨论新方案以及采用新方案的原因。做好准备，随时留意可能出现的积极和消极的情绪反应，并及时做出反应。

2. 询问家长他们的目标是什么，并邀请他们详细描述过去一周里面跟孩子进展顺利或者不那么顺利的具体项目（初始观察）。如果家长没有一个明确的目标，你可以分享你的干预目标清单，让家长从中选择一项。

3. 向家长提出一个开放性的问题：家长对自己开展活动的感受是什么样的？导师接着分享自己对于活动过程的观察和反馈，突出强调家长做得好的部分以及孩子对于家长的任何积极的回应。这样你已经开始采用了"计划—行动—反馈—评价"的模式，这部分内容在本书第五章和第六章会详细展开。

4. 在第一次尝试的时候，家长跟孩子能有积极的互动体验是至关重要的，而导师需要尽力确保这一点。然而对于成年人学习者来说，成就感和自信心不是来自其他成年人的赞美，而在于达成了自己的目标。在这个具体的情景里面，目标的达成体现在孩子对自己的积极回应、孩子学习的进展、自己作为家长享受互动的过程，在孩子的快乐学习和积极表现中家长能变得更有信心，形成良性循环。比起简单地夸赞家长做得"很棒"（这样的方式本身对于有些家长来说就自带距离感和疏远感），那些通过描述孩子的积极回应来肯定家长努力的导师明显给予了更强有力的鼓励。

在家长辅导中兼容成年人学习的特点

家长跟导师一样，在学习干预时都属于成年人学习者，同样适用于成年人学习的特点和准则。作为成年人学习者，家长有着自己的学习目标，而且这些目标是基于成年人自己当下的兴趣、优先级和需求。他们期望在努力之后立即看到回报。如果目标没有达成，家长往往不会继续跟导师保持学习关系。家长需要感受到自己的价值，感受到自己做出了贡献，在建立关系的一开始就会持续衡量、评价这段"教学—学习"的过程。成年人（跟孩子一样）是实践型的学习者。在学习的过程中，成年人需要通过实践来学习、在实践中看到效果并且不断总结经验。因此实践过程中的反馈是非常有帮助的。观察、模仿另一个熟手来完成某件事情是效率更低的，远没有亲自探索和总结来得有成就感，亲自探索可以带来独立性、意念感和操控感。一名新手不可能通过听别人说怎么做、阅读相关材料或者看别人怎么做就学会挥网球拍（或者学会演奏乐器、跳舞等）。他/她必须亲自拿起球拍、击球、观察球的走向，然后由导师协助分析、复盘。接下来学习者继续一次又一次地练习击球，直到大脑和肌肉形成记忆，能习惯性地瞄准目标。

家长同样需要治疗师在干预中所经历的成功：孩子取得进步的正向回馈、跟孩子快乐互动的愉悦感、看到孩子开始学习的兴奋，以及当孩子达成新目标时的成就感。这些都是我们治疗师坚持干预工作的原动力，这些也是我们作为导师应该让家长也亲身经历的积极体验——以此建立起家长对于自己和孩子的自信与期望。

上述说明了导师在辅导家长干预的过程中所涉及的学习内容，接下来我们一起了解如何成功与家长建立辅导关系，以及这种关系的特点。

导师的特质：导师和家长之间的关系

家长需要感受到导师是真心关注自己和孩子的状态与需求的，这样家长才会更踏实地参与，与导师合作的意愿也更高。回想一下你自己上一次尝试学习一门全新知识的时候。回想一下你的无助、你的焦虑、你犯错时的窘迫，你甚至会觉得自己永远也掌握不了这门技能。在家长辅导中，家长不仅仅需要努力学习新知识，还需要跟生活中最重要的人（自己的孩子）一起实践，并且是在一个不那么熟的"专家"面前上手操作，其压力可想而知。家长要对导师教授的内容有信心，需要有动力坚持练习，需要有安全感地分享自己的经验和感受，在无助的时候愿意开口求助，而不是对自己气馁，不应该感觉被轻视、被评判。家长需要有勇气犯错，并且愿意在导师面前暴露出自己的不足，而不是在犯错后深受打击，直接放弃。一名合格的导师应该保持同理心，保持积极、幽默、接纳的态度，为家长创造富有安全感的、激励型的支持环境，让家长将导师视为学习过程中不可或缺的重要部分。能及时留意到自身失误的导师更能保持一个寻常学习者的心态。将错误视为学习机会的导师能更好地发展与家长的平等关系，更好地支持家长学习。这样的关系是建立在对于家长辅导的目的（切实地帮助孩子学习）和各自角色分工（家长和导师各有专长，且能够互相学习）的同步认知之上的。详见下文中的问题清单，这些问题可以帮助家长评价已有的辅导关系。

有效的家长辅导要求导师充分展现出技能和专业特质。这些技能就包括对于孩子所需的早期干预有充分的了解。此外，支持家长进行早期干预的良性"家—师"关系应具备以下五大特点：协作性、灵活性、客观性、互惠性、通畅性。

保持协作性

强调协作的导师懂得跟家长一起合作，为了达成目标而努力，而不是武断地替家长做决定或者将责任全部推给家长。双方协作意味着导师学会提问，深度聆听，提炼并复述家长的表述并真诚地了解他们的目标、想法、立场和担忧，而家长也会为了达成共同的目标而同样进行提问、倾听、反馈、评估。双方会共享各自的专长和信息，并且对另一方的学识和能力表达认可。

保持灵活性

复盘是指通过深度分析事件过程，总结出当前目标的进展情况，从而推动进程。家长辅导要求在每个活动结束后进行复盘，接着会根据当前的目标制定下一步的计划。这种复盘讨论的目的是让家长思考刚刚发生了什么，以及实际发生与自己所设想的状况之间的区别。对导师来说，复盘的目的在于分析家长行为和孩子表现之间的联系，结合当前共同的目标和家长技能水平来综合考量。复盘通常包括评估已发生的活动以及制定下一个活动方案，有时由家长发起，有时由导师根据实际需求来提议。这个计划—行动—反馈—评价的过程提高了家长的能力，促使他们将所学的知识用于建立与孩子每日的教学互动。不同于将复盘和评估的部分单纯地归责于家长和导师中的某一方，这个过程的互惠性决定了由导师来示范复盘、评估和再计划的过程；然后家长学习如何制定计划、自我评估以及在导师不在时能自我更正、及时调整。这样双向的过程也很好地诠释了家长和专业人士之间的辅导关系的特点，最大程度地支持孩子。

用于评估当前辅导关系的问题清单（向家长提问）

- "今天的辅导内容中，你觉得哪些帮助最大？哪些是最没有帮助的？"
- "在过去几周的合作中，你对我们之间的协作是更有信心了，还是更沮丧了？为什么？"
- "你觉得目前进行的辅导内容可以怎样调整，才能更好地服务你和孩子？"
- "我们已经合作了数周的时间。你感觉这个过程跟你刚开始的设想有出入吗？"

保持客观性

保持客观的立场是指接受家长和孩子本来的样子。这样的态度应该贯穿在所有的辅导课程中，体现在肢体语言和口头语言两方面。虽然有很多人分享跟家长工作中使用赞美的案例，汉夫特及其团队却在 2004 年的研究中指出，类似于"好，很好，完美"之类的赞美存在着明显的弊端，会干扰家长辅导目标的达成。弊端之一就是这样的赞美实际上并没有传达任何有效的信息。这样的赞美使用起来很简单，在工作中也很常见，但是它们本身对于学习者的成长并没有提供有价值的反馈。我们来比较一位爷爷跟他两岁的孙子玩拼图游戏时所获得的两种不同的反馈。

具体情景如下：爷爷在学习避免直接指挥孩子的行为，跟随孩子的兴趣进行引导；在之前的活动尝试中，孩子很容易感到气馁，会经常直接放弃活动。在这次活动中，孩子找到了星星形状板的正确位置，但是自己却无法放置进去，拼板的边缘匹配得不是很好。孩子开始有情绪了，并且拿拼板发脾气。爷爷说："你想把星星放进去，但是它卡住了。需要帮忙吗？"孩子要求"帮忙"并且将拼板递给爷爷。爷爷立即将拼板给回孩子，并且通过轻推来帮助他正确地将拼板放进去，同时说道："转一转。"

给爷爷的反馈一："哇，太棒了！做得很好！"

给爷爷的反馈二："当孩子没办法自己放拼板时，你客观描述了他遇到的困难，并且及时询问是否需要帮助。这样孩子有动力继续尝试，你马上协助他调整了拼板的角度，这样孩子能感受到拼板放进去的全过程。孩子的注意力全程都跟你在一起！并且他完成之后非常高兴——冲着你笑了，说'我做到了'。这整个过程让我太惊喜了！合作愉快！"

在第一种反馈中，导师跟爷爷分享了当下的喜悦，并且给出了宽泛的表扬。但在这表扬的背后有着一些微妙的评判感：似乎导师站在了评判爷爷行为的角度，并且为爷爷的表现贴上了好的标签。在第二种反馈中，导师客观地描述了爷爷和孩子互动的关键点，并且描述的内容与爷爷和孩子的目标紧密地结合在一起。导师突出强调了爷爷对孩子的积极回应以及恰当的口头引导对于疏导孩子情绪的积极作用，指出爷爷的行为让孩子更有动力来完成拼图，也有利于爷孙关系的建立。第二种反馈中完全没有使用评判性的语句。当家长学会了根据孩子的反应来评价自己的行为时，他们就学会了治疗师常用的反馈流程，这也是导师一直想教授给家长的。这样的评价方式可以帮助家长独立完成与孩子的互动，让家长在成功的互动中获得更多的满足和信心。

尽管我们在工作中不可避免地总会用到赞美，我们应该在给予家长反馈时尽量多使用描述性的语言。我们应该客观地描述我们所看见的家长行为和孩子表现之间的关系。我们应该更多地关注到家长在活动中直接使用的互动方式。将客观描述和家长与孩子的目标联系起来有助于引导家长从行为分析的角度来认识自己与孩子互动的表现——也是判断目标是否达成的所有信息来源。在我们共同的复盘讨论中示范和引导这样的复盘方式能让家长在操作中更加得心应手。

保持沟通，互惠共赢

既然导师和家长寻求的是一段协作的伙伴关系，两者间就应该保持顺畅的沟通，保持友好、温暖、接纳的氛围，导师也要保持对家长和孩子的信心。我们需要在关系中保持平等的信息交换，这意味着家长和导师都可以向对方发起和回应沟通，保持沟通的顺畅。导师需要保持敏感，选择恰当的沟通时机，聚焦主题，积极聆听，在提问和复盘中保证轮流发言，讲求平衡。在家长发言的时候，导师不要随意打断，除非是必要的时间提醒或者在征得许可之后，又或者是为了更好地理解家长所传达的内容。我们深知家长辅导的目的是为了帮助家长和孩子提供多样的解决方案，且家长能力的提升是通过亲身实践，而非单纯的说教。这与我们所提倡的上述原则似乎形成了明显的不一致。我们通过辅导课程的结构安排解决了这个问题。在每个活动的结尾，我们会提供"复盘—评估"和制定目标的机会，并且预留讨论的时间。对于这个环节的具体介绍会在本书第六章提及。

给予导师的支持

将早期干预的重点从直接干预转移到家长辅导对干预师有着重要影响。干预师的自我认同感、自我价值感、工作动机、专业能力、学识和技能都会面临新的挑战。在日常生活环境中解决孩子的具体干预需求，这比在准备充分的、可控性强的机构环境中干预的要求要高，要求干预师按照新的方式去思考和工作，而大部分干预师从来没有接受过这方面的相关培训。

学习和采用导师制的动机来源

认真考虑采用导师制的干预师常常会表达对于工作成就感下降的担忧，尤其是跟直接干预相比较。跟孩子在一对一干预中建立的积极关系以及看到他们进步的愉悦感，这些都体现了我们作为干预师的价值，也是我们工作成就感的重要来源。但是，我们进一步发现，在家长辅导中所获得的成就感比我们在直接干预中所获得的更多，而且这些回馈发生在不同的层面。

在我们跟选择采用导师制的干预师对话的过程中，当说到自己学习使用家长辅导的动机，他们会反复提及几个点。他们提到，自己最原始的热情和动机在于家长学习了干预知识之后可以给孩子带来更多的积极影响，家长可以在孩子的日常活动中，在孩子醒着的时间里，创造更多的学习机会。这一点促使着许多干预师向导师的角色转变。

对于刚开始使用自然发展行为干预方法的实践者来说，他们觉得学习具有实证支持的家长主导干预方法让自己有了很强的安全感：通过学习，他们拥有了一套能切实帮助到孩子的方法，而且对于孩子的帮助是可量化的。他们着重提到了这套方法所带来的清晰感和明确的指引。相较之下，由于之前的方法中干预的频率较低，孩子的进展可能会很缓慢，因而带来困惑、沮丧的情绪，有时还会有挫败感。

成就感的来源还在于进行家长辅导的过程本身。当干预师看到家长和孩子积极地、快乐地投入到学习当中，他们会为了能传授给家长技能、从而影响孩子而由衷地高兴。周复一周地看到家长在家庭环境中对孩子产生积极影响，对于家长和导师都是一种很大的鼓励。看到家长的能力不断增强，处理状况越来越得心应手，这也充分说明了导师本身的能力。家长的自信、家长对于孩子能力的新认识、家长对于孩子未来的观念转变，这些都让导师看到了家长辅导作为干预方法的强大力量。我们不应该忽视孩子在这些互动中的积极体验，以及他们在每日活动中跟家长沟通、互动的快乐情绪。对于我们所有人来说，快乐学习、不断成长的孩子就是最大的原动力。动机和强化是改变的最大源泉，对于导师、孩子和家长都是如此。

应对改变所引起的负面反应

"我觉得我没有尽到职责！"凯瑟琳在工作间隙的讨论时间里向督导表达了这样的想法。"我觉得，既然客户付费请我提供服务，我就应该在有限的时间里为这个小男孩提供最好的干预。仅仅只是坐在一边，尝试着帮助他妈妈学习如何获取孩子的关注，如何教孩子说话，这些工作内容让我感觉自己在浪费宝贵的时间，也阻碍着孩子取得更快的进展。我感觉这是很不负责任的行为！"

当我们开始新领域的尝试时，负面的情绪也会伴随出现——害怕失败、担心自己能力不足，担心自己作为干预师、治疗师或者教育从业者的形象受到损害。对于选择转变为导师角色的专业人士来说，这些感受是难免的，但对于进行家长辅导的期待和积极情绪也会在一定程度上弥补这些担忧。而对于非自愿成为导师的专业人士来说，这些不得已而为之的情绪便没有积极的情绪来进行调和。随之而来的可能是愤怒、沮丧、担忧、疑虑和失去专业身份认同的贬值感。

对于这些心存疑虑的人，我们发现小组制工作对他们的帮助很大。在互助小组里，所有的担忧和疑虑都可以得到表达。当组内成员分享他们对于角色转变的感受时，其他成员也知道了大家都会有疑虑，并从中找到慰藉，还可以了解到促使其他同伴转变的动机——对良性产出的期望，这种新的干预方式所带来的情绪、行为和认知领域的改变。在组内共享的积极情绪会传染、影响着所有成员。而在组内表达出来的负面情绪也会变得寻常，大家会意识到不需要因为心存担忧而驻足不前。成年学习者之间的小组分享既能促进学习过程，还能增强组员间的情感连接。

主动选择转变的干预师的分享可以影响到还没有做出选择的其他人，因为这一行的从业者都有着相同的价值体系。他们都希望能帮助到孩子和家庭；他们希望孩子能得到最多的帮助；他们希望自己有能力来促进改变；他们都会为孩子的进步而高兴，都会为建设与家长的协作关系而努力。小组学习的形式强调小组讨论和组内分享，这样的形式可以提高成员的学习动机，并且为有需要做出转变的成员提供了解导师制的机会。

学习小组的组长可以在学习活动里面嵌入更多的分享环节。在活动的全程保证充足的讨论时间，并且抛出开放性的问题来引发大家对于新概念和新技能的讨论与体会分享。小组成员可以尽情讨论改变过程本身以及改变所带来的积极和消极的感受。很多干预师对于埃里克·埃里克森（Erik Erikson）和让·皮亚杰（Jean Piaget）的理论思想很熟悉，两位学者主张：学习和发展是解决新旧冲突（新旧方法、思想和感受等）的良好途径。没有冲突，进步便无从谈起。

人际关系方面的持续支持

无论是新手还是有经验的导师，都需要持续的同伴支持和督导。定期的、一定频率的这类活动可以为彼此提供支持，也有利于保持积极的士气。当多位导师在同一个机构工作时，会更加方便安排督导会议。当我们承担一个通才的角色时，常规的同伴督导会议有利于每一位参与者更好地了解到跨学科的相关信息。我们还发现，在小组会议中邀请一名执证心理健康专业人员参与是很有帮助的。因为我们在工作过程中时常会遇到与这个领域相关的挑战，例如人际关系交往方面的疑问，儿童养育方面的疑问，孩子与家长学习进展方面的困难，以及对孩子与家长精神健康方面的担忧等。

> 同伴支持和督导对于新手和有经验的导师来说都很重要。

此外，对于在等级明确的环境中（例如机构、医院、诊所或者学校）工作的从业者来说，他们需要来自等级体制中的权威者所提供的支持，支持他们向导师制和家长主导干预的模式转变。项目负责人应该相信家长辅导是帮助孩子的最佳方式，并且充分支持团队的学习和沟通需求，给予团队充分的时间来进行计划、反馈、复盘和开展同伴督导会议。这样会带来更高的成本吗？其实不一定。这样做会带来更多收益吗？实证表明，"会"。

孤独症领域知识的扩充与更新

在干预刚开始的时候，家长会有许多关于孤独症的问题，这需要干预师进行解答。感谢与早期干预相关的公共法案的颁布，让跨学科团队的协作成为常态。领域内相关知识的学习资源也许就存在于团队内部。每个团队成员都具备各自学科内孤独症干预的相关知识，因此团队本身就是早期孤独症发展与干预的重要信息来源。这会带来角色转变和打破学科边界的新挑战。对于有些人来说，将自己的专业知识分享给他人会感觉自己被消耗了，或者自己在团队中的角色价值降低了；对于另一些人来说，知识分享意味着他们被要求做自己不擅长的事情。

不同学科间的知识共享最简单的方法之一就是在同一时间一起参与同一个客户的干预项目，这样每个团队成员都有机会观察到其他人是怎么工作的，并且可以针对当下的情况提问（例如，在做什么，为什么要这样做）。通常来说，不同专业背景的干预师会在不同的时间为客户提供不同内容的干预服务。偶尔的共同工作有助于保证沟通顺畅，让专业信息得以互通，也能增强不同学科背景成员间的协作意识。

实操中的学习机会，团队间权威会议的数据共享、重要网站、阅读材料、自学内容的互传都可以更好地促进专业知识的学习。鼓励团队成员通过学习更多孤独症早期干预的知识来达到继续教育的学分要求，既促进了专业能力的增长又完成了学分的累积，可谓是一举两得。将新知识、新学习材料与其他成员分享，这也让学习的花费更加物超所值。

理解家长的动机来源

家长参加辅导课程的动机来自哪里呢？家长想通过学习达成什么目标？他/她目前的技能大概在什么水平？这些都是导师需要关注的问题，来确保学习过程中反馈及时、进展可量化，确保辅导课程能帮助学习者达成自己的目标。当成年人有了足够的内驱力，愿意为了自己觉得重要的事情而努力时，便是实质性改变的开始。成年人会学习自己所选择的内容。这个概念由诺尔斯（Knowles, 1980）第一次提出。诺尔斯被称为"成人教育学之父"（成年人学习）。在家长辅导中，家长的动机来自对孩子进步的渴求。通过家长辅导课程的学习，家长可以意识到孩子的行为会因自己教养行为的改变而改变。因此，在了解家长的技能、知识和目标之外，导师还要了解家长的动机，这样有助于确认家长的强化物。导师要如何确认包括其他家庭成员在内的每一位成年人的动机呢？以下列出了一些问题，会对你有所帮助：

- "你希望达成什么目标？"
- "是什么让你愿意来参加家长辅导课程？"
- "你为什么愿意学习新的技能？"
- "当前的学习体验跟你以往学习新内容的体验相似吗？还是有所不同？"

我们习惯了在对孩子的干预中融入学习的理论和方法。我们会控制前提来触发特定的行为，并且紧跟着能使行为在未来增加或减少的结果。成年人的学习过程跟孩子一样，也有前提（antecedent）、行为（behaviors）和结果（consequences）。对于成年人来说，导师尤其需要考虑结果的部分。对于成年人来说，动机在哪里？强化物是什么？直觉上来说，我们可能觉得赞美会让家长很受用，但实际情况并不是这样，这一点我们在前面也讨论过了。为什么呢？因为成年人参与学习的目的基本不会是为了获得他人的赞同。家长选择参与辅导课程是为了帮助自己的孩子学习。孩子的进步才是最强的奖励。自己作为家长与孩子的互动让孩子取得了进展，这是另一个强有力的奖赏：可以带来自我认同、满足感和自信心。

家长通常会因孩子患有孤独症而感到内疚，觉得是自己做了什么才导致了这个状况。家长渴望能帮助到孩子，愿意尝试任何能减少孤独症影响的事情，提高孩子的能力是家长参加辅导课程的强大动机。通常，无论有没有言明，家长的另一个目的是通过学习，能获得更多信心，更好地养育孤独症孩子，摆脱能力不足带来的无力感。知道怎么样帮助自己的孩子，可以击退愧疚、自责和无助的诸多负面情绪。

当家长辅导被继续推进，家长会逐渐意识到自己跟孩子的每日互动正在推动着孩子的学习；干预数据体现着能力的进步，孩子的状态也印证着他们的成长，这会极大地增进家长的自信心和自我认同感。这样的自信心和知识储备让家长更有底气成为孩子的"船长"，让他们在选择干预资源、学校、教室环境、治疗师、活动内容以及更多的日常生活活动时更加坚定。家长的信心来自认同自己能力的底气，而底气则来自知识储备以及问题处理的经验。对家长了解得越多，对他/她的动机来源以及学习情况了解得越清楚，就越能更有针对性地提供个别化的家长辅导内容。以下是一份问题清单，这些问题能帮助导师更好地确认家长的需求、背景信息以及学习经历：

- "今天的学习节奏你感觉怎么样？这节课里面你觉得最有用的内容是哪部分？"
- "你需要关注到哪些方面的变化来判断自己的操作是成功的？还有其他的照顾者需要被囊括到我们的团队中来吗？"
- "你有没有在其他方面成功地改变过自己的行为习惯？具体是什么样的情景？改变了之后有什么收获和益处？"
- "你对于自己目前的进展满意吗？在我们的合作中，哪部分对你帮助最大？哪部分的作用不明显？"

成年人学习策略的个性化

成年人对于学习方式/工具有自己的偏好。成年人很了解自己习惯使用什么方式和方法来学习新知识，也知道什么工具是自己不会使用的。有的人偏向阅读文字，有的人喜欢看在线视频和资料，还有的人是实操型的学习者，倾向于看他人实际操作整个过程之后再自己重复练习。有的学习者希望从导师那里得到即时的反馈，有的人倾向于自我评价和自我总结。有的人喜欢弄懂实操背后的具体原因；有的人却不喜欢太多理论和解说的信息。导师可以跟学习者就所有的学习方式进行讨论，确认学习者偏好的学习方式；讨论可以放在辅导课程刚开始的时候，也可以在中途进行。无论家长习惯什么样的学习媒介，我们都希望能提供家长真正需要的学习工具。我们会询问相关家庭成员，了解他们都是如何学习新技能的：他们的目标是什么，他们是否曾经尝试过改变自己的行为，改变是否成功，有哪些成功和失败的经验。家长对于这些问题的回答可以给导师一些要点的信息，帮助导师更好地了解对家长帮助最大的学习媒介和材料类型。我们开展的家长辅导课程提供了各个种类的学习媒介和不同类型的学习资料，从萨莉（本书作者之一）给家长的各种小贴士，到父母手册里面的各种"冰箱便利清单"（Rogers, Dawson, & Vismara, 2012）。其他更个别化的辅导课程材料有：手写的清单/备忘录，课程视频，Help Is in Your Hands 网站中的系列学习视频，家庭日程表，期刊网页，各个网站的在线资源，家长填写的每日记录表，角色扮演，本书中所介绍的复杂程度各异的家长技能检核表以及数据记录表（Rogers et al., 2012）。以下问题可以帮助导师分析家长的学习偏好：

- "你喜欢什么样的学习方式？你更倾向于阅读指引手册和图书，还是在线查找信息和观看线上视频？"
- "你感受最好的一段学习经历是什么？你最不喜欢的一段学习经历是什么样子的？你认为好的经历里面哪个部分帮助了你学习？不好的学习经历里面哪个部分阻碍了你学习？"

- 按 1 到 10 的程度打分，参考你以往最好和最差的学习经历，你认为今天的情况能打几分？"如果打分偏低："我们下一次可以怎么调整，来让学习过程更适合你？"如果打分偏高："今天学习中的哪些点让我们的合作进行得很顺畅？有哪些成功经验我们下一次可以借鉴？"

结语

早期孤独症干预中家长辅导的目标是帮助家长学会如何利用每日活动为孩子提供所需的学习机会。这要求家长在日常生活中改变自己与孩子的互动方式。本章描述了帮助家长改变的一些方法：导师需要保持协作的、灵活的、客观的风格，保证与家长间沟通的顺畅和信息的双向流通；了解帮助成年人学习的具体方法以及对学习动机的管理。影响家长改变的其他因素包括对于自我提高的期望，支持型环境的建设，个人学习习惯，学习经历，持续的实操支持以及对每日学习进展的积极反馈。在家长主导干预模式中，有效的家长辅导能帮助家长解决诸多实际的难题：当前状况的评估；目标的设定；制定短期的、分步骤的计划；定期的阶段评估和调整。

本章介绍了很多我们作为治疗师在向导师角色转变的过程中可以使用的工具和资源，接下来我们会探究家长辅导的具体实施过程。

第四章

实用工具（导师用）

我们从治疗师向导师的成功转变离不开实用工具的辅助。在导师的工具箱中，最实用的那些工具往往并不是很复杂，但对于我们的工作来说却是必需的。我们的工具箱里面通常包括了一套写字夹板和铅笔，一份课程计划，一只计时器，一叠纸，家长指引手册，主题要点清单（也叫"冰箱便利清单"），三份数据检核表，开放的视角（多角度看问题），情绪量表，"反思镜"（督导），以及其他常用工具。

写字夹板和铅笔

写字夹板一般具有双重功能。它可以将一节家长辅导课程里面导师所需的所有纸质材料收纳在一起，固定在板夹上。跟文件袋或者笔记本不同的是，写字夹板还方便用于随时随地地书写，板子的硬质表面方便我们随手记录。整理好写字夹板里的文件可以让导师准备得更充分。导师可以根据家长辅导课程的内容顺序来依次放置文件，并且在整理过程中快速浏览文件内容。本书中提供了一份写字夹板的文件样本和顺序清单，详见附录 A.1。

课程计划

进行家长辅导需要提前准备课程计划。计划的内容应该包括在干预开始前的制定目标环节，两到三个亲子活动的流程规划，以及在每个活动结束后的复盘和调整计划环节，尽量涵盖认知和行为两个方面的学习内容。课程计划里面还应该包括家庭练习计划，确保在下一次干预前的时间段里面，家长知道自己应该进行什么样的家庭干预。课程计划里面需要分配恰当的时间让家长能充分表达自己最关心的／最担忧的问题。在每节课的开头和结尾需要各预留 5 分钟的时间来启动和结束课程。最后还有一点，治疗师需要记录总结和预约下一次辅导时间，在课程进行过程中治疗师也需要进行实时的数据记录。总结下来，在 60~90 分钟的家长辅导课程里面需要涵盖的内容不少，而且这对于习惯了面对孩子进行直接干预的治疗师来说是新领域、新探索。

在课程实际进行的过程中，导师和家长可能有很多想要表达和讨论的，这可能会改变流程，让课程无法按计划进行。随时都可能展开的额外讨论会拖慢接下来的流程。另外，家里的宠物，其他的兄弟姐妹或者成年人会随时出现打断辅导，提出额外的需求。孩子饿了，尿布脏了，孩子摔倒了需要哄——这些日常状况都会占用辅导时间。这时候导师需要怎么做呢？

综合多年的经验，我们总结了一套具体的课程计划模版，来帮助导师进行清晰的时间规划和内容规划。这套课程计划里面包含了初次沟通、目标设定、话题讨论、亲子活动的安排，也保证了足够的时间来反复进行"计划—行动—反馈—评估"的步骤流程。计划中预留了给家长表达和讨论最关心话题的时间。在最开始的几节课中，导师可以简要地多次描述相关的流程安排，作为关系建立的一部分。这样重复几次之后，家长和孩子会逐渐习惯节奏，有助于后续课程的进行。

具体来说，我们建议课程结构如下安排。每节课有 5 分钟左右预热的时间，大家坐下来寒暄寒暄，做好课前准备，然后接下来过渡到家长简单同步上一次课后发生的新变化，也是控制在 5 分钟左右。中途插入的任何计划外的话题都可以先记录下来，但是需要"被搁置"到本节课末尾的自由讨论时间再展开。接下来导师需要结束简短的信息同步环节，进入到亲子互动的活动环节。导师会询问家长，过去一周里亲子互动进行得怎么样，有什么关键问题；接下来导师会邀请家长展示他们通常是怎么引导孩子进入活动的，看看家长实施的"准备活动"具体是什么样子。在准备活动中导师可以留意观察家长操作的准确度，并记下家长的进步点和需要进一步支持的点。在准备活动结束后，导师可以针对家长的表现进行简单点评，恰当地关联到本节课的主题，根据家长的掌握情况和需要调整的部分给出适量的新的学习材料。接下来导师会跟家长一起过一遍当天的主要话题，以"冰箱便利清单"的形式梳理所有要点。然后进行计划好的亲子互动活动，两个活动分别涉及不同的目标（在活动中导师会记录孩子的进展数据），导师会根据活动内容结合本节课的家长目标进行实操引导，然后进行反馈、评估，计划下一次的课程内容。每节课的最后 10 分钟会专门预留出来，讨论"被搁置"的问题，或者总结本节课的经验，看是否可以应用到其他的活动场景中。所有流程结束后，大家会利用 5 分钟的时间收尾，结束本节课程。

每节课上课之前提前规划并准备书面文件，这样的流程也改变着我们的工作。我们在课程中更加聚焦，完成了更多之前觉得不可能的事情。制定课程计划还让我们能提前准备教学材料，给到孩子更有针对性的学习支持（更多相关内容详见下文）。大量研究表明，家长群体对此的满意度比较高，对于孩子的帮助实效更是不言而喻。在整节课中，我们使用预制的表格记录数据，而这个模板还能辅助我们制定下一节的教学计划（通常在每节课结束时立即进行）。你可以在附录 A.2 里面找到"课程计划表（导师用）"。

计时器

放置一个计时器可以提醒时间，让你更好地按计划进行课程教学。制作精良的课程计划只有被顺利实施才算物尽其用，这就需要导师在进行过程中严格掌控时间。导师随时都可以通过计时器确认课程剩余时间，及时调整。如果没有专门的计时器（便携式计时器可以随时随地使用，设置也简单！），手机或者手表上的计时程序也是一个选择，记得在每次活动之前设置好。家长、孩子、导师都需要固定的课堂流程来获得最大化的学习效果，而这个固定性则通过在规划的时间内完成计划的内容来实现。

记录用纸

可以使用文字、清单、绘画以及其他视觉形式为家长提供与课程相关的信息支持。书面形式的课程计划可以让家长从第一节课开始就清晰地了解课程及任务内容，且方便随时查阅。在我们一起设立了共同目标之后，家长需要更具象的周计划来指导实践（参考附录A.3的"家长日常练习图表"）。这份练习表中包含了以下几项内容：家长和孩子每周的目标清单，适合练习目标的活动类型和场景，用来详细记录孩子目标行为的数据记录表（具体哪一天哪一项活动中孩子出现了哪些目标行为），以及本节课里家长想要记下来的其他要点，供自己课后回顾。

> 家长辅导的目标是：家长可以实现在日常活动中解决孩子的所有需求。

有的家长习惯自己记录，有的家长倾向于口述细节，由导师详细记录。附录A.4里的活动类型图可以帮助家庭成员辨别和选择合适的时间段以及活动类型，跟孩子进行特定学习。具体的活动方案，例如吃饭的流程，可以提醒家长在活动中需要做什么。在显眼的位置贴上便利贴，贴纸的内容可以涵盖很多方面，例如提示家长进行活动的四步操作法，提示家长回应孩子的恰当方式（避免强行介入或质疑孩子），提示辅助方式，或者多步骤任务（例如洗手）的流程分解图。冰箱便利清单（参考附录A.5的范例，Rogers, Dawson, & Vismara, 2012）能帮助家长记住各个主题的要点。在课程中，有的家长还会自己在冰箱便利清单或者家长指导手册上面做笔记。部分家长喜欢有人手把手地教自己，有的家长通过在手机上观看视频收获甚多。其他针对家长的视觉支持形式还包括用手机录下课堂总结环节的要点，作为视频备忘录，网站上的相关视频（或者类似 www.helpisinyourhands.org 这样的网站上提供的免费学习视频），以及家长在课程中画的图、记的笔记等。无论这样或那样的方式，家长跟导师一样，都需要熟知每节课的课程计划，清楚自己需要练习的技能点，才能在每节课结束的时候收获满满，这样也更有动力筹划和参加下一节课。

家长指导手册

家长指导手册可以提供现成的知识点供家长查阅，其内容包含了每节课会涉及的策略要点。导师在课堂的开放讨论环节打开家长指导手册，翻到相应章节，阅读的同时高亮标记，突出关键要点。家长指导手册中提供清单及其他工具来辅助家长理解和复盘。"冰箱便利清单"以及手册中的其他一览表涵盖了以往课程中所有主题的要点，方便在课程需要调整优化的时候概览。无法自己单独购买指导手册（无论新旧）的家长可以从提供服务的专业机构借阅或者通过企业捐赠获得。家长可以免费注册 ESDM 的家长网站（www.helpisinyourhands.org）获取公开资料，也可以通过其他网站获取视频资料。导师可以使用手机录制课程内容，方便家长课后学习，还可以分享给其他家长及干预团队成员（当然，必须在取得家长同意的情况下）。导师在课堂上携带指导手册和写字夹板，这在视觉上也可以提示家长提前准备好相关资料。

主题要点清单/冰箱便利清单（多份）

准备两份主题要点清单（或者"冰箱便利清单"），内容紧扣当天主题。将清单夹在写字夹板上，一份给自己，一份给家长。这些材料可以让你随时查阅本节课的要点。你和家长还可以在文件上随时记录，便于分享。这些材料还可以作为预习、计划、评估和复盘的参考依据。参考要点清单尤其有助于：(1)每次活动后进行针对性复盘；(2)在每次活动开始前作为具体的计划和目标设定的工具；(3)规划课后一周内的后续亲子活动。此外，记得准备一份过往主题的要点清单，在需要回顾印象模糊的知识点时，帮助家长勾起回忆，也可以从中挑出需要巩固学习的部分，作为接下来一周的学习重点。

三份数据检核表

一份是孩子的检核表（数据表或者目标清单），一份是家长的检核表（操作精准度数据表），还有一份是你自己的检核表（导师操作精准度检核工具）。导师可以在亲子互动活动中利用这三份数据记录工具来评估家长和孩子的进展。明确家长和孩子的学习目标能确保导师以家长和孩子技能的增长为导向。相比于仅仅依赖导师和家长的记忆来进行记录，收集客观的观察数据能更好地避免主观偏差。针对家长只需要记录他们在亲子互动中目标策略的操作情况。导师完全可以自己制作检核表。另外，有很多实证支持的自然发展行为干预模式里面都有配套的操作检核标准，可以用来衡量家长的学习表现。亲子互动的数据记录需要提前练习，而且我们发现，在同一个活动中，相较于同时记录，每次单独记录家长或者孩子一方数据的可操作性更高。附录 A.6 和附录 A.7 都是我们制作的对家长操作精准度进行评价的工具，适用于不同的项目和主题，专业的评估者对两份检核工具的可信度都有较高的评价。除此之外，导师制作的与课程配套的相关文件也可以转换成家长检核表，供自己和家长使用，共同跟踪进展。哪怕是简单的冰箱便利清单或者其他主题清单都可以（详见附录 A.8，"家长自检表"的范例）。

第二种检核表或者数据表是用来跟踪孩子的进展，会具体关注孩子的个别化家庭支持计划、个别化教育计划或者其他干预计划中的目标进展。早期干预丹佛模式的儿童数据系统（Rogers & Dawson，2010）提供了一种跟踪孩子技能进展的模板，具体样式是按照活动流程来记录每项活动所涉及的技能点的掌握情况。在将这个数据系统与家长主导干预模式结合使用的情况下，我们会列出家长和导师共同制定的为期12周的所有目标，一般数量为12个左右，然后我们会将这12项目标逐个分解为5~6个阶段目标，第一阶段代表了孩子当前的能力基线水平，最后一个阶段代表了需要达到的终极目标。中间的那些阶段则代表了从基线能力水平到终极目标之间层层进级的过程。需要注意的是，这些阶段目标不仅仅代表着辅助程度的变化；还反应了独立性和自发性的变化。孩子正确反应次数的增加、技能成熟度的增进、由不熟练到熟练的进展都在考虑范围之内。关于技能进阶的具体过程，详见ESDM手册（Rogers & Dawson, 2010）。另外，干预师已经在使用的目标数据跟踪系统也是可以继续采用的。

在课堂上有效跟踪孩子的进展，需要提前选择好恰当的活动内容，来确保孩子的目标技能在活动中得以体现，还可以适当插入教学机会。干预师可以根据孩子的数据表来计划每日活动的内容及步骤：玩假扮游戏？使用三片的还是五片的拼板？绘本是选择动物主题的（带动物叫声音效的），重点突出动词的，还是教身体部位的？计划的过程包括选择活动类型和准备活动所需材料。在家长辅导的早期阶段，孩子的进展并不是首要的侧重点，我们会更关注家长自身技能的增长。随着家长逐渐掌握了必要的技能之后，孩子进展的重要性才会逐步突出，成为家长和导师关注的重心。对于家长而言，听到导师在分析孩子的数据之后肯定孩子的进展无疑是最激动的事情。孩子的进步就是对家长最大的激励。进展的观察依赖于持续的数据记录和分析，导师需要特别注意保存孩子的数据。

最后一类检核表是导师的精准度检核表。配合本书的课程模式，我们提供了两个版本的导师检核表（详见附录A.9和附录A.10）。对于新手导师来说，将课程中所有的导师行为逐条列出会很有帮助，这样可以帮助他们跟随活动流程，避免遗漏任何步骤。对于有经验的导师来说，能够衡量导师技能水平的工具会更有帮助。利用这些工具可以获得进展跟踪数据，明确自己的强弱项情况。检核的流程在每节课结束后立即进行是效果最好的，因为这个时间大家对于课程材料的印象是最清晰的。有些导师在结束课程离开客户家或出机构门之后，坐在车里就抓紧时间把这个流程完成了；也有的导师在客户离开之后，选择在办公室里尽快完成。记录自己的数据，录制一些自己工作的视频并和其他导师共享，讨论各自的工作情况，这些都是学习和掌握导师技能的方式。

开放的视角　一个开放的视角有助于导师在课程中保持对所有相关事物的掌握：时间安排、课程目标、家长和孩子的行为及其含义、环境的改变及其对每个人和课程开展的影响、发生在课堂之外的家庭事件及其对亲子的影响。导师需要保持双线并行的思路，一方面留意到每个事件发生的顺序，另一方面还要密切关注事件进行过程中自己、家长及孩子各自的目标行为。导师需要保持持续的注意力，灵活调整，对各种环境因素以及内在情绪的变化保持敏感。导师工具包里面的其他工具对于课程的开展同样有所助益，尤其是计时器、课程计划、写字夹板以及各种检核表等。"计划—行动—反馈—评估"过程的循环进行也有助于导师在各种状况下都能保持批判和全面分析的视角。

情绪量表

你需要准备一个情绪量表来随时监测自己的情绪状况。家长辅导是一项高强度的，对认知、注意力、社交、情绪管理都有所要求的工作，导师在课程进行过程中可能会产生各种情绪。如果这些感受没有及时得到正视和处理，可能会对工作造成计划外的甚至负面的影响。情绪量表可以帮助你监测自己的情绪状况，让你能及时发现并处理干扰到工作的情绪反应：沮丧、烦躁、压力、局促、过度投入、无力感、失控感、自我怀疑等情绪不断累积。当你的情绪反应影响到自己和工作时，可能会出现以下状况：持续的愤怒感、想要避开某个家庭或者孩子、对某个家庭或者孩子投入过多、跟同事讨论时给家庭"贴标签"（"很棒的家庭""跟这个家庭工作很有挑战""怕了这家人了"),当你跟同事谈论起某个具体家庭时,会表现出过于强烈的情绪(无论是积极的还是消极的)。这些信号的出现表明,你个人的评判或者情感可能正在影响着你客观聆听、观察以及评估的能力。作为导师,你当下的职责是解决别人的需求,而不是自己的。所以你要先摆正自己的心态,调节好情绪,将关注点重新放回到客户需求和手头工作上,在当前课程结束后再正视和处理自己的情绪。监测自己的情绪可以帮助你及时意识到自己对于咨询和督导资源的需求,寻求额外的帮助能让你更好地感知和管理自己的情绪反应,尤其平衡好那些来自客户或者某个话题的情绪触发因素。

反馈性的讨论过程(督导)

跟家长和孩子同时工作具有很大的挑战性!时间在不停流逝,而你计划好的内容可能还剩一半没有完成。在课程进行中你需要不断地做出决策,过后你可能会意识到有些决策并不是最佳选择。为成年人提供服务的心理治疗师通常会寻求同僚、督导或其他治疗师的意见,以主观和客观相结合的方式对自己工作上的行为和状态做出评估。导师也需要同样的帮助。跨学科团队的一个优势就是,团队成员间可以共享信息,交叉互评,共同进步。团队会议上会有很多机会让团队成员简单分享自己跟家庭和孩子工作的当前状况。除此之外,导师还需要额外的时间来进行更深入的复盘讨论,来反思工作给自己带来的情绪影响,以及在干预课程中的关系建设与处理。

反馈性的督导讨论提供了一个反思和分享的空间,让导师可以分享自己的工作过程,聆听、思考他人提出的不同想法和疑问。这样的反馈性督导可以帮助我们避免思维的盲点和情绪化的思考。当我们在工作中遇到挑战时,这也可以提供给我们一个安全的、支持的、包容的环境;让我们能够客观分析所有的关系利害、情绪动机、言明和未言明的信息;让我们能看到这些因素是在推进还是妨碍家长辅导，进而影响到整体的干预进程。反馈性督导的首要目标是，洞察每个人的心理活动。当导师全面了解团队里每个人的感受、优势、需求以及干预目标和过往历史之后，他/她就掌握了足够的信息来做出一致性的决策，能够在关键时刻做出恰当反应。在团队里面纳入一名精神健康方面的专家来帮助成员进行反馈性督导，这为满足导师在人际关系方面的支持需求提供了内部的解决方案。

其他工具

正念修习

家长辅导会同时影响至少三个人的生活：家长的、孩子的、你自己的（导师的）。辅导课程进行时很可能遇上不愉快的事件，大家或多或少都会经历有压力和烦心的事情。而成为一个合格的导师需要你做到全程在线，保持接纳的态度而不是有强烈的控制欲，关注外在的客观的事情而不是过分渲染内在的主观的部分。"关注当下"是一种能力，让自己关注到当下正在发生的事情，正视眼前的状况，关注到自己当下的想法、感受和行为。这并不是指你要深陷到自己的或他人的情绪当中，也不是强迫自己做出反应，甚至过度反应。你只需要客观地接受当下的情绪，不带任何评判，也无需急切地想着改变它们。关注当下是指你完全清楚自己的情绪状态以及情绪带给自己的影响；还有就是你能够感知到家长和孩子微妙的情绪变化和相关表现，在跟家长反馈这些情况的时候能够保持接纳的、客观的态度。

作为导师，本书的三位作者都进行了正念修习的练习，让自己从精神上准备好开启辅导课程，并且在每节课结束后能够重新聚焦。重新聚焦的过程很简单，可以是在课程开始前或者结束后利用几分钟进行深呼吸，在深呼吸的过程中释放出一天的压力，让注意力回到自己手头的工作上来。给自己一些时间，让自己的情绪、思维和呼吸回归平静，这样有助于你在课程中保持思维清晰和冷静。这样做的好处有很多。第一，作为导师，你可以在课程前后都少一些压力。第二，家长和孩子会感受到你的平静、开放和客观，对你形成了这些整体印象之后，家长在你面前表达自己的时候会更加自在，也会在被观察的时候少一些焦虑，当孩子"闹起来"的时候家长也不会那么尴尬。第三，你的思维没有被太多主观想法所占据和影响，因此你可以更全面客观地关注到所有方面的信息，在关键瞬间做出更好的决策。

激发动机

有经验的导师能带出不断进步的、积极的、自信的父母，同时促进孩子取得进步。然而，行为改变并不是一个稳定持平的过程，无论改变者本身或者导师的水平如何。相关文献和个体经历都表明，成年人在减重健身、戒烟戒酒或者其他行为改变的过程中都会表现出巨大的状态波动，每一周甚至每一天的表现都不一样。动机和目标的达成情况跟情绪变化（对奖励的渴求、对痛苦的规避）以及认知变化（克制、计划、自我监控、方向调整）有关，而且可能受到很多因素的影响——睡眠、饥饿、疾病、流程的中断、意外访客、人际关系以及来自各种情况的压力等。在家长辅导中出现的动机问题也有可能在其他任何成年人行为改变的过程中出现。但是家长动机的下降不仅仅会影响到家长自身技能的增进，还会直接造成孩子每天日常学习机会的减少——而这些日常活动正是孩子最佳的学习场景。当家长进行居家干预的动机下降时，小龄儿童的能力进展会受到直接的影响。

事实上每一段家长辅导中，家长都会出现动机下降的时候，表现为执行干预方案的意愿度降低。尽管我们会倾向于采取表扬鼓励的方式（细数家长所有的成功点，肯定他们的进展，等等）或者反复地劝慰家长这些感觉都是正常的，但这两种方式都不能提供实质性的帮助，也不能让家长感受到真正的聆听和体谅。富有同理心的倾听是第一步。第二步是需要找到有效的动机问题的处理方式。心理学相关领域的研究中有一种推荐的方法——动机访谈（motivational interviewing,

MI）（Miller & Rollnick，2012），这种方法以一套实用工具来帮助大家完成改变，并且在动机不足时能继续坚持。就像操作精准度工具帮助导师解决孩子的学习问题一样，动机访谈能帮助我们在家长动机下降或者动机不足时第一时间予以支持。动机访谈让导师既能进行动机的评估，也能支持家长增强动机，继续改变。

在动机访谈的相关文献和研究中提到了变化的不同阶段（Prochaska, Redding, & Evers, 2002），为导师评估不同的动机问题提供了实证支持的方法，方便导师为家长制定有针对性的可行方案，逐步采取行动。ESDM 的导师版本遵从了普罗查斯卡等人的阶段变化（stages of change）理论：在第一次接洽的当时或者之前开始（不一定完全准备好开始），到第一次接洽之后的某个节点（考虑），再到做出决策和开始进行准备工作，接下来开启正式的家长辅导过程，直到掌握操作要点和流程，到最后执行策略变成"自然而然的"状态或者"精熟的"状态。动机较低的时候，优先级冲突（如假期），环境改变（如在外度假），以及其他干扰（如生病），这些情况下都很难持续地坚持干预，我们通常将这些情况标记为"可能复发状态（possible relapse points）"。当这些情况发生的时候，家长辅导和干预都需要暂停，之后再接续进行，动机下降严重时甚至需要从头开始。在居家环境中采取早期干预丹佛模式是生活方式以及家庭生活的永久性改变，衰退期的出现是常见状况，它可能会多次出现，直到所有的操作和设置真正融入家庭生活，变成自然发生的每日流程，这样即使被意外中断了，之后也能随时继续。

我们已经实现了动机访谈工具和家长辅导的结合使用，特别是当居家干预遇到挑战的时候。我们的团队采用了一种跨学科的方法，这种方法类似于本书第六章里面提到的不同学科背景成员间的信息共享，共同为家庭提供支持的模式。将动机访谈融入小组成员的技能学习中，其方法之一就是让小组中的精神健康领域的专业人士来分析他/她的关于动机访谈的专业知识，或者开展动机访谈的学习工作坊、在线研讨会、督导及其他相关培训，还可以鼓励自学和同伴互评，共同学习动机访谈及动机变化过程的相关内容。在干预小组中，我们会采取以上策略来学习动机访谈要点，并且在家长辅导过程中进行实践。我们会开展同伴评议会议和机构工作会议，通过相关的视频、材料以及课堂数据等来研讨不同的策略。一段时间之后，我们小组内所有成员与动机访谈相关的技能都有所增长，并且我们最终将它运用到了自己的研究（Rogers et al., 2019）以及工作实践当中。

在与家长工作的过程中，动机访谈能带来以下三个助益。第一，我们发现留意家长在动机方面的相关表达（口头的和非口头的）能帮助我们更清晰地"听到"家长想要传达的信息。这样的倾听需要我们全身心投入；使用直接的眼神交流、积极肯定的面部表情、放松的身体姿势；保持不近不远的距离——所有这些都是为了表示我们有倾听的兴趣，明晰他们所表达的意思，为我们的下一步做出计划。有时候这样的交流中需要允许适当的沉默和暂停的时间，给家长一些空档来更好地回顾，梳理自己的思路。适当的安静时间是非常重要的，避免一直不停地说话，不用着急地将每一分钟都填满。当家长感觉自己被真正地"听见"、被理解的时候，他们会愿意分享更多。

第二，这个对话的过程也可以反映出家长目前处于改变的哪个阶段，他们是否准备好、是否愿意做出行为的改变。变化阶段包括前意向阶段（搁置状态／无打算），意向阶段（打算转变），准备阶段（积极准备改变），行动阶段（开始行动），保持巩固阶段（变成习惯），以及复发补救阶段（当改变辗转重复的时候；Prochaska et al., 1994）。这些变化阶段给我们提供了很好的参考，帮助我们鉴别家庭成员正处在行为变化的哪个阶段，尤其是当不同的家庭成员处在不同的阶段时，我们可以更加灵活地进行针对性处理。其中的某一位家庭成员已经准备好了，信心满满地想要学习居家干预的新技能，然而另一位家长还在纠结孩子到底有没有发育问题。当导师跟随前一位家长的需求进行技能辅导时，后一位家长可能会感觉自己被排除在外了，觉得自己无关紧要，这也会加剧关系建立的困难程度。了解家长目前所处的变化阶段，再辅以动机访谈的方法，这样导师能更好地理解家长的处境和状态，同时帮助到不同的家庭成员发掘共同的基础，在针对孩子的帮助上面达成共识。当家长感觉到自己的立场和努力被看见、被理解、被尊重的时候，他们便不会轻易退出了。随着时间的推移，当孩子取得更多进步的时候，不同家长间的观念差异也会逐渐缩小。如果导师能很好地平衡每位家长各自的努力和贡献时，大家的共识基础也会进一步加固。

　　动机访谈对于家长辅导的第三个助益在于，帮助我们认识到循环往复的状态是正常的，在阶段改变中经常出现，它的出现并不意味着失败。在达成最终目标之前，大家经常会在不同的阶段间辗转、重复，从意向阶段（打算改变）回到前意向阶段（搁置／不打算改变），或者从行动阶段（正在做）到复发阶段（出现倒退）。当这种情况出现时，我们应该利用这个机会总结复盘，调整后再出发。每个人面对循环往复的情况都会有自己的反应，到这个阶段时也具备了一定的成功基础。通过对话来正视并解决复发的问题，而不是单纯地将它视为失败的表现，这对于家长和导师来说都有很大帮助[①]。家长面对这样的状况时，可能会表现出脆弱和动摇，对接下来需要做什么感到迷茫。他们需要帮助，来厘清发生了什么。导师的作用就是倾听，并帮助家长将这个过程视为学习的机会，而不是失败的前兆。现在导师需要继续推进这个改变，或者是重新开始。过程中会涉及分析及设定目标、努力达成目标、取得显著进展、迷失方向失去动力，或者遇上一系列新的问题、休息调整、重新出发——在这些阶段需要利用实用工具和知识技能的支撑，来帮助解决各种状况。

---

① 原注：有很多动机访谈相关的工作坊、书籍、在线的网页资料、培训等，适用于正在接受辅导的家长们，也适用于各类目标行为的改变过程。这些资源里面列举了很多包含这个改变过程的实例，其中的经验可以用作家长辅导的参考。此外，还可以参考本书附录 A.11 的内容，其中描述了不同变化阶段的家长辅导的动机工具，这些信息也对干预师进行家长辅导有所帮助。

导师常用工具

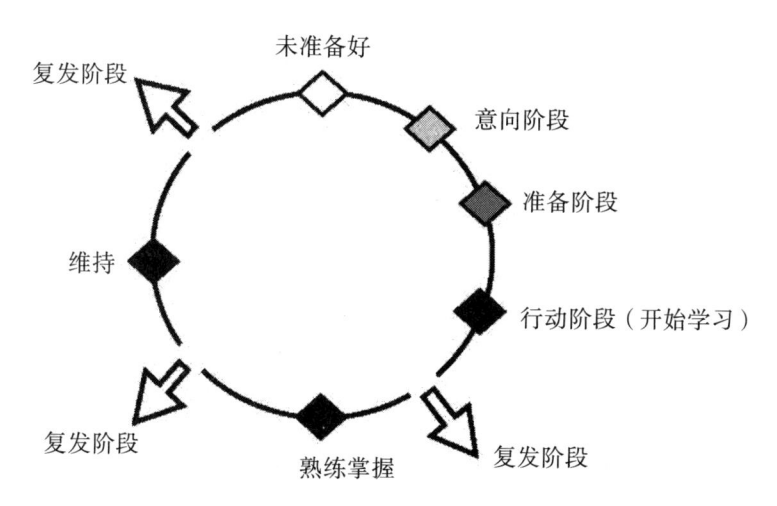

图表 4.1　ESDM 家长辅导的阶段变化理论（Prochaska et al., 2002）

谦逊 / 客观

作为导师，跟家庭的接触越多，对家长的教养方式也会更加了解，也能更清晰地看到孩子问题行为形成的底层原因，以及家长不恰当的干预方式是怎么样持续影响孩子行为的。有时导师认为很容易改变的行为，家长调整起来却异常困难。当我们明确知道家长可以做到，并且在课程中见过家长正确操作，却在后续的记录数据中发现家长并没有坚持干预时，就会很容易将责任推到家长的身上。作为家长的导师，类似于"只要家长能够……"的句式肯定使用了几百次。当这样的想法出现时，我们需要迅速反思自己的行为，反观自己在改变家庭成员的行为中所做的努力，并且要更充分地认识到家长行为改变的困难程度，已经重复过千百次的错误模式改变起来一定是很难的。我们自己想改变与周围人互动的方式时，尝试了多少次？失败了多少次？孩子身上的哪些改变是家长付出了巨大的努力所促成的呢？从我们个人的生活经验来看，要想达到理想的结果，必定需要多次的努力。时刻牢记这一点有助于我们保持合理的期望，走好眼下的每一步，保护自己和家长免受不良情绪的影响。

清晰的关系边界

参与到家庭生活当中，频繁地进出家庭，这对于导师（专业人士）来说是一个非常独特的服务场景。这表示着，在机构环境里面的专业服务关系的模式都不复存在，没有办公室或者教室场景，也没有其他同事、财务收费这些公事公办的元素，有时候正是这些元素让治疗师保持了很好的专业服务关系和专业形象。但当你在别人家里提供服务的时候，专业服务关系会受到不小的挑战。想象一下，你坐在餐桌旁观察孩子的就餐行为，而孩子朝你脸上扔饭菜；你坐在地板上进行家长辅导，孩子突然跑过来亲了你一口；你走进客户的家门，看见一团糟的客厅，小狗摇着尾巴寻求关注，年幼的弟弟妹妹在哭闹，等着换尿布；你进行家庭会议时，其他家庭成员频繁地插话和打断，这些密切的相处场景都会模糊你与家庭之间的关系界限。面对家庭的社交邀请，你要谨慎而得体地处理——约你去吃饭或喝饮料，邀请你参加生日派对或者学校毕业典礼，节假日送礼以及与家长亲密的拥抱。有些交往行为在其他场景也许合适，但在这段家长辅导的关系里面我们需要恰当地规避。当这些越界的情况出现时，我们可以听取同行的建议，邀请同行评估，并且依据专业伦理条例做出恰当处理。很多专业机构也会出具明文规定，将恰当和不恰当的行为逐条列出，确保员工与家庭保持得体的专业服务关系，也让专业人士在提供服务时尽量避免两难选择。家长付费购买服务，作为专业人员，我们所有的行为规范都应该时刻保持专业性。

轻松的心态

引用苏格兰诗人罗伯特·彭斯（Robert Burns）的诗句（来自他1785年所作的诗歌《致老鼠》）："计划赶不上变化。"导师在一节课里的掌控程度是有限的，可能会状况百出：门铃响了，小狗吐了，孩子睡着了，学校巴士到了，课程一下子就到结束时间了。居家干预对于环境泛化非常有利，但对环境的控制却是非常困难的。当状况出现时，我们可以从容一些，说一句："有了孩子的生活就是这样。我可以做些什么？"客观认识生活的复杂性与多样性，可以消除家长的自责情绪，缓解自己对于课程暂时偏离计划的焦虑，让入户干预得以轻松、顺利地进行。这些意外状况的发生也让导师能更好地体谅家长的难处，家长进行每日干预时，生活中的种种插曲会不断地带来挑战，而家长还需要持续地思考和尝试新学的干预策略。

问题解决

导师需要具备的首要技能就是娴熟的问题解决能力。一位合格的导师需要在不同的场景下迅速形成解决问题的思路和方法，并且与家长协作，不断尝试和调整，直到问题被解决。接下来，我们会分享一些问题解决方法以及实际应用的案例。

问题行为是孩子达到目的的最佳方式

我们在处理孤独症孩子的问题行为时，第一步就是识别问题行为背后的功能，以便教授孩子以更加恰当的方式来达成同样的目标。我们需要将这套方法教给家长，让家长从功能性、适用性的角度去思考问题。我们引导家长在做任何处理之前，详细地观察和分析孩子的问题行为，找到行为背后的目的。问题行为的具体表现是怎么样的，家长期望的行为是什么，行为发生时都有谁在场，行为在哪里发生的，行为在什么时间发生的概率更高。家长需要掌握问题行为发生的时间、地点、原因、行为模式、涉及的人物等信息，综合起来形成解决方案。

家长向导师倾诉，每当他们从家里离开的时候，女儿都会尖叫、哭闹。导师让家长描述得更详细一些。家长为什么要打开大门？出门去干什么？离开的时候对女儿说了什么？父母离开的时候女儿在干什么？父母离开后女儿都做些什么？女儿开始哭闹了之后发生了什么？当家长跟导师进一步分析女儿的行为时，他们发现了问题所在：女儿不理解父母为什么离开，也不知道父母要去哪儿。这个转变对于女儿来说发生得太突然，让她难以理解当下的场景。家长希望能制定一个方案来帮助女儿更好地理解，而自己需要离开家的时候也不会充满愧疚。

提出方案

当家长明确了问题行为以及行为背后的目的之后，导师就可以和家长一起制订计划，明确孩子可以用什么样的替代行为来表达需求，最终让问题行为被替代。需要留意的是：我们选择的替代行为比问题行为更容易做到吗？在沟通需求方面比问题行为更高效吗？导师接下来使用恰当的沟通技巧（在家长辅导的部分有提到）充分聆听家长的需求，帮助家长教授替代行为，跟家长一起帮助孩子习得所需的技能，在问题行为发生的前、中、后期能进行有效地教导。

导师问家长，以前当他们需要离开家的时候采取过什么策略来安抚女儿。家长提到，他们每次都会跟女儿说再见，告诉女儿自己要去哪里，并且解释说自己一定会回来。在父母跟女儿说再见的时候，女儿通常都在忙一些别的事情，例如正在吃饭，正在看视频，或者玩玩具之类的。当导师进一步询问家长，他们觉得接下来可以怎样调整自己的策略时，家长提到，自己可以更详尽解释给女儿听，更多地说明自己为什么离开以及去哪儿。起初家长担心提前告知女儿自己将要离开会让女儿更加焦虑，但现在家长认为给女儿更多的预告，让她知晓接下来要发生的事情是非常重要的。家长意识到，在女儿正在做其他事情的时候告诉她接下来的事情，这会让她立刻焦虑不已，在女儿处于不平静的状态时，是很难认真听家长讲话的，更别提理解话语的意思了。家长提到了以不同的方法和策略来及时获取女儿的关注，增进女儿对于自己离开家这件事情的理解，同时帮助女儿处理她的焦虑情绪。

确定方案

导师和家长共同商议，找出所有可能的解决方案或者多种解决方案并举。他们根据以下标准来评估不同的解决方案：方案如何实施，每种解决方案需要耗费多长时间，以及怎样才能获得最优结果。然后导师和家长会根据评估的结果来确定最后的行动方案。

  导师和家长最终确定了方案，帮助女儿理解家长的离开，并且管理好自己的情绪。家长发现，每天的睡前时间，他们能更好地获取女儿的注意力，更详细地跟女儿说说明天要发生的事情——家长需要去哪里，会怎么离开，以及他们大概什么时间回家。导师和家长共同制作了一些视觉材料，将需要说明的信息编写成故事，让女儿更感兴趣，也便于女儿理解。家长决定将自己要前往的场所以及自己要做的事情通过图片展示出来，制作成一本小书。女儿最喜欢书了，这样的形式可以让女儿更好地聆听和理解父母的预告信息。导师还建议家长引导女儿想一想，在家长不在的时候她想做什么，以及家长回来了之后她想和父母一起做些什么。这样的方式可以让女儿更多地关注到自己可以控制的事情（例如，父母在和不在的时候她可以做哪些事情），而不是过度放大自己无法控制的部分（例如，父母的离开）。家长认为这个方法很可行，还拓展性地列出了不同的活动供女儿选择。家长还提到可以使用图片制作活动选择板，更好地激发女儿的兴趣。导师和家长定下来每两周对方案进行回顾、评估和调整。家长认为，如果女儿能够自己选择活动，那干预计划便取得了初步的胜利。在家长离开时，女儿有一些不安的情绪是可以接受的，只要女儿没有大哭大闹，无法安抚到家长完全走不开的程度，就算是达到了初步的预期。

方案的实施

导师和家长针对要做的事情进行分工，明确各自要做的部分以及在什么时间做什么事情。在家长初次实施方案的时候，导师最好在场，并且能及时提供帮助。这样能确保方案是按照计划执行的，并且能根据实施的效果适时调整。有了导师的引导，家长在导师来之前或者课后也能知道应该做什么和怎么做。

接下来的两周里，家长实施了这个方案。在睡前时间，他们以故事的形式给女儿说明了第二天将要发生的事情——当爸爸妈妈说再见的时候就是要出门啦，爸爸妈妈要去哪里，做什么，什么时候回家这些也都告知女儿。家长给女儿看手机上的照片，告诉她自己要去哪里，同时引导女儿梳理一日的时间安排表。家长将不同活动的图片展示给女儿，跟女儿讨论爸爸妈妈不在家的时候她可以做什么事情，爸妈回来了之后又可以一起做什么。家长还给了女儿一块电子表，教女儿怎么看时间，理解时间的概念。家长引导女儿关注爸爸妈妈回家的时间；还帮助女儿理解闹钟，在爸妈回家的时间点设置一个闹钟提醒。每天早晨，父母会在女儿穿衣洗漱的时候，预告一遍自己离开的时间，在女儿吃早餐的时候再预告一遍。家长会引导女儿更多地关注提前一天做好的活动安排，这样女儿会更多地感知到自己能做到的部分（例如，选择决定权）而不会过度关注失去的部分（例如，父母的离开）。刚开始的几天，女儿还是有些情绪崩溃，家长坚持重复上述的策略：预告自己的离开；使用电子表，告知回家的时间；引导女儿多期待爸爸妈妈回家之后的活动。慢慢地女儿能够平静下来，接受爸爸妈妈的离开。当家长分别或者一起回到家的时候，他们会第一时间跟女儿问好，并且立即投入到约定的活动当中。前几天的坚持初见成效，在接下来的日子里家长继续在睡前时间给女儿预告第二天的流程和活动安排。

方案的评估和回顾

导师需要帮助家长找到评估当前方案有效性的方法，因为仅凭感觉得出的结论是不客观、不可靠的。给家长制定一套简洁易行的数据收集系统，并且指导他们练习和使用，客观的数据记录是行为改变过程中非常重要的一部分。当数据显示进展不大甚至出现退步时，家长需要及时停止当前的干预，导师也要持续跟进，保持关注，避免无效的策略被执行太久，避免家长长时间得不到正向反馈而放弃。导师需要及时修正方案，推动进步。

方案执行两周后，家长和导师进行了一次会议来评估进展。家长看到孩子进步明显。家长这样描述：女儿会积极参与睡前的故事时间，也会在白天主动使用电子表来计算时间。爸爸妈妈离家的时候，女儿不再有激烈的情绪，可以跟爸妈说再见；爸妈回家的时候女儿也会很开心地迎接，邀请爸妈一起玩约定好的游戏。看到方案取得了很好的效果，家长很欣慰。暂时来看，方案也没有需要额外调整的部分，家长希望能继续执行这些有效策略。家长还考虑到，女儿在其他场景也存在转换困难的问题，例如女儿需要去到一个新的地方，或者需要走一条新路线去经常去的地方，这些策略也许同样适用于这些不同的挑战。导师和家长决定在下一节课来一起探索策略的拓展。

结语

为谱系家庭提供家长辅导是一份高强度、高需求，又成就感满满的工作。本章介绍了包括肢体语言、认知、情绪和社交等方面的工具，来协助导师保持初心，坚持以最佳的状态来完成这份重要的工作。我们还提供了一些高效地解决问题的方法，帮助父母处理孩子的情绪和行为。还有一点，导师需要持续学习，以更好地应对工作中累积的压力，不至于出现疏远、贬低、悲观等负面情绪，从而消极对待家庭的感受和需求，持续的充电也让导师能更好感家长之所感，急家庭之所急。

第五章

评估、设定目标和制定方案

在一段关系的开始，第一印象是非常重要的。在低频率干预的模式中，成功的第一节课能让家长看到希望，对未来充满期许，能极大地推动后续导师和家长之间关系的良性发展。有些家长一开始不太理解导师的专业建议，或者对于这段新合作关系的未来感觉不太明朗。第一节课上如果没有做出合理安排，很容易角色倒置，变成家长在旁观看，导师直接上手干预，这样的模式一旦形成就会很难改变。长此以往，孩子的进展甚微，导师感到沮丧，家长也会感到失望，充满了无力感。进入这样的恶性循环后，导师对于家长的期望值很难达到，家长对于孩子快速进步的期望也并未实现，反而陷入了更深的忧虑：孩子的问题照旧，这些热心帮助自己的专业人士好像并没有帮上太多的忙。如果你不想这样的情况出现，我们可以充分利用好第一节课的能量，开启一段完全不一样的合作关系——达成导师与家长的通力协作。

从诊断到制定方案

在有些社区里，有特殊需要的家庭在一开始就能获得充足的一对一干预资源，频率可达每周数十小时。而有的家庭在刚诊断的时候只能获得每周几个小时（甚至更少）的干预时数，通常由早期干预的专业人士来进行。后者这种低频率的干预通常需要其他的配套资源来加强，一般有两种配套形式：（1）其他领域的专业人士同步提供干预支持，例如言语和语言治疗师、心理学家、作业治疗与物理治疗师等；（2）按照99-457号公开法案所提倡的0~3岁儿童服务提供模式，配套建立起家长与家庭支持系统，具体可参考本书第二章所描述的模式。推动这项法案通过的专业背景要么是早期干预领域家长主导干预模式的发展，要么是密集干预模式的进步（无论哪种都涵盖了家长干预和家长辅导的内容；详见文献综述，Ramey & Ramey, 1998）。对于确诊为谱系及高风险的儿童，唯一被证实有效的低频率干预服务来自家长主导干预的模式，相关文献非常新，并不为家长所熟知（Landa，2018）。

有些家庭在联系干预机构的时候会同时与导师取得联系，导师服务往往是公共干预服务的一部分。这些家长会收到相关的电话或者短信，与分配好的导师预约上门家访。家长在这之前不一定见过这位导师，这也有可能是家长第一次接触专业人士。有的家庭会主动积极地寻求导师资源，家长会根据他人推荐或者自己收集的信息来联系专业人士，预约初次见面的时间，约导师面谈，观察导师与孩子的互动情况，综合比较下来再决定自己要跟哪位导师合作。在这样的情况下，家长会主动选择自己的导师，还可能付给导师额外的费用。无论是以上哪种情况，家长一般都会自然地设想传统的专业合作模式，即导师全程主导干预，并且直接上手操作。因此，初次见面/接触尤为重要，因为双方对于这段合作关系的设想明显是背道而驰的，导师在第一次接触家长的时候就要首先明确共同协作的含义。家长与导师的初次接触是调动家长积极性、建设协作关系的重要机会。

家长通常在收到明确诊断或者发育风险警示之后开始对孩子进行干预。家长普遍认为，在等待诊断以及诊断期间是最难熬的，也是压力最大、最情绪化的时候（Bonis & Sawin, 2016）。而收到诊断后四处搜寻干预服务和专业资源的时候，家长需要不断跟各个机构接洽，预约访谈、参观的时候，这种压力和焦虑的情绪会进一步升级（Neely-Barnes, O'Hare, Powers, & Swick, 2012）。

家长与专业人士第一次见面的时候会带着强烈的情绪。尽管已经获得了干预资源，家长可能仍然在消化孩子的诊断结果，不停地回想从诊断到申请资源的种种经过。在正式诊断前，家长可能经历了长时间的焦虑，包括诊断前漫长的等待期，评估过程和诊断结果的宣布，请假扣薪所带来的经济压力，以及对于未来的担忧，担心着其他家庭成员以及他们对于孤独症诊断的反应。家长有着太多未被解答的问题；他们可能得到了无用的信息，可能得到的信息与自己的意见完全相左，颠覆了自己对于孩子一贯的认知。这些经历都会让家长更加质疑专业人士的专业能力和所能发挥的作用。

对于家庭来说，正式开始干预是一项重大转折：从每日熟悉的日常生活转向完全未知的孤独症相关、发育障碍相关的新世界。家长需要体验不同的干预服务，探索什么对孩子最有益，这个过程可能是孤独的、迷茫的、压力重重的。新手家长们会遇到很多问题、积累各种情绪、经历起起伏伏，新的改变和新的需求也会不断出现。在这段时间里，伤心、忧虑、愧疚和焦虑等各种情绪交织在一起，家长对于孩子的未来感到迷茫。生活发生巨变之后，在这个陌生的世界里，导师就成了家长支持系统的重要部分。

在确诊后，由家长选定的专业人士会聆听家长的诉求，并且可以从干预的开始就给予家庭支持，在家长情绪崩溃时陪伴他们一起走出来。在有些情况下，承担导师角色的专业人士在前期已经参与了诊断的过程，并且已经就评估结果和诊断过程与家长进行了沟通。家长已经将这位专业人士代入了某个角色，而诊断过程与家长辅导课程是完全不同的，诊断过程中的医患关系和家长辅导中的专业协作关系也存在很大差异。诊断评估中的专业权威角色需要转变为导师和合作伙伴，这样才利于协作关系的形成，与家长结为真正的专业盟友。如果评估者已经明确知道自己就是日后的导师，那么他应该在前期评估诊断的过程中多使用家庭本位的策略，注重建立平等协作的专业关系，为后期角色的转变和关系的平稳过渡做铺垫。在评估中多邀请家长分享和展示孩子的技能和偏好；简明扼要地表明专业共享的角色；与家长之间形成良性的循环互动；给到家长一定的主导权；明确家长的重要性，家长是最了解孩子的人，导师应当积极聆听家长所表达的信息，表现出足够的尊重，在评估和撰写报告的过程中将家长的想法和信息充分地纳入考量——这些都有利于后期向导师制协作关系的转变。

互相了解

对一些家庭来说，导师是由专业干预机构指定的。有的家庭会自己选择导师。无论是哪种情况，想要形成一段新的合作关系，导师这边需要做到：抛弃传统的高高在上的"权威"形象，将"发言权"交给家长，同时倾听并了解他们的价值观和优先事项，了解他们对孩子的规划，以及他们对于未来的担忧和期望。如果在第一次会面时，父母或者孩子其他的主要照顾者都能参与到，就再好不过了。这样的会面能实现重要信息的共享，双方能一起做出重要的决策。作为将来共同协作陪伴孩子成长的人，双方都需要彼此的支持。导师还需要与孩子日常生活中的其他人见面，着手开始与整个家庭建立关系。

在第一次的接触中，导师需要获取以下几个方面的信息，以便于后续工作的开展：

1. 导师需要向家长了解他们的需求、最担心的事情，最希望看到孩子在哪些方面的改变，了解家长已经见过哪些其他领域的专业人员，已经获取了哪些信息，了解家长在日常生活中最大的挑战是什么。

2. 导师需要了解家庭中成年人之间的关系面临什么问题，孩子生活中的主要参与者是谁，孩子的日常时间表，以及家庭成员在家里和在外面主要进行哪些活动。

3. 导师需要观察孩子的行为，了解孩子喜欢做什么，理解孩子对人和物品的感知以及对沟通的理解，了解孩子如何表达愿望和需求，观察孩子在社交方面的反应。

4. 导师需要观察父母与孩子的互动。他们一起玩玩具的时候是什么样的？没有玩具的时候是怎么互动的？吃饭的时候是什么样的？他们对彼此的社交信号会做出什么反应？在他们的互动中，有哪些情绪是占据主导的，并且是彼此都有所感知的？

> **导师提问参考**
> - "你希望从我们合作的时间里学到什么？"
> - "在接下来的六个月里，你希望看到孩子哪些方面的进步？"
> - "你最喜欢跟孩子进行的活动是什么？最不喜欢的呢？"
> - "一天之中，你跟孩子相处的哪个部分是最有趣的？哪个部分是最让你沮丧挠头的？"
> - "你倾向于什么样的学习方法？最不喜欢哪种？"
> - "对于我们接下来的协作，你有什么顾虑吗？"

与家庭的第一次接触中，导师需要收集以上信息，以了解家庭的需求。同样地，家长也需要了解导师可以提供什么样的帮助。

1. 家长需要了解自己将要学习的干预方法，即家长主导的干预模式。他们需要了解有关这种方法的循证支持，相关研究证实了这种方法在低强度干预中确实能帮助儿童取得进展（Sandbank et al., 2020; Fuller, Oliver, Vejnoska, & Rogers, 2020）。

2. 家长需要了解，自己作为干预实施者在日常活动中的角色，导师主要是作为家长的助手提供协助，而不是直接提供干预。家长需要知道他们与导师在一起的时间里将要做些什么；导师将如何帮助家长学习，教家长如何将孩子的干预需求融入日常生活中；而实施这种方法的基础共识是双方都认可：家长是最能帮助到孩子的人，因为家长与孩子相处的时间最长，他们与孩子有着无法割舍的亲子关系，而且有着全力帮助孩子的决心。

3. 家长需要了解他们和导师将如何共同合作制订一个计划。在计划中家长和导师会重点关注当前的主要需求。

4. 家长需要感受到导师对于这种干预方法的信心，相信它是适用于孩子的。导师先观察家长已经教给了孩子哪些技能，从已有的基础出发，来建立家长的信心，让家长相信自己有能力成功地实施干预计划。家长还需要感受到导师对于孩子学习能力的信心，相信孩子在家长选择的目标上能取得进展。

如果家长和导师都认可这种方法，那么导师将安排下一次会议，评估孩子在日常活动中的表现，收集必要的信息，用于干预计划的制定。干预计划将明确孩子在近期需要重点培养的技能，并提供有效的数据记录系统来反馈进展。虽然家长可能时常对计划产生怀疑，认为他们的孩子不可能在计划的时间内学会这些技能，但导师的信心和乐观精神会支持着家长，为未来的干预实施产生源源不断的动力。

评估孩子的技能

建立孩子的短期目标是家长与导师主动合作的下一个环节。为此，导师通常需要了解孩子目前的技能水平和行为模式。在我们自己的以家长主导的干预实践中，这些信息是早期干预丹佛模式课程评估的一部分，"P-ESDM 婴幼儿——学步儿课程清单"涵盖了这些内容（见附录 B）。无论导师使用何种类型的评估方法，评估和目标设定的过程都应该由导师和家长共同进行。导师需要将家长纳入评估过程当中，使用日常活动的框架来进行评估，让家长与孩子在地板上以不同的方式玩耍，从而孩子自然地展示出技能，导师进行评估；导师需要细致询问家长在家中观察到的情况；让家长演示饮食、阅读和其他常规活动的执行过程。导师通过以上的引导，也让家长明白：亲子互动和家长对于孩子的了解为干预提供了重要的基础。通过共同的努力，孩子在不同领域的能力水平得到了精准的评估，这个过程也向家庭展示了家长与导师的合作伙伴关系在接下来的几周、几个月里将如何推进。

评估可以在办公室进行或者在家庭访问中完成。如果评估发生在家里，可以充分利用家里已有的材料。无论在哪里评估，导师都需要确保提前收集好所需材料。评估需要至少 1.5 小时，保证孩子和家长有足够的时间进行各项环节，包括评估前准备、亲子互动、家长—导师互动、阐释和评分、讨论以及清理工作。如果需要额外的时间，在下一次上课时可以适当多安排点时间。然而，与标准化评估不同，这种课程评估的重点是确定下一步的学习目标，即孩子在不同领域的就近发展区，这些区域内的目标更容易达成。在评估中，并不是每一个项目都需要被执行。对评估进行录像并不是强制的，但对于初次进行家长辅导的人来说，录像会对之后的自我评估非常有帮助，有助于客观地评价家长—导师互动的质量。在家长辅导全部结束时，回放评估视频对于家长来说会是一份令人动容的经历，因为它记录了在辅导课程中我们一起取得的所有成就。

评估环境

因为干预的重点在于日常活动，评估环境最好具有家庭环境的类似特点，以便在各种游戏和每日流程中进行互动，就像在家里一样。互动可以在不同的场所进行：在地板上，在适合儿童高度的桌子上，在沙发上或咖啡桌上，在高椅子上，在地板的垫子上。导师为家长和孩子设置各种活动，并在各种活动之间转换的时候提供支持，保证评估项目的顺利测评。

评估过程

导师会"指导"家长进行相关的活动，以便观察相应的技能："你能给我看看你和儿子是怎么一起玩积木的吗？""你能给我展示一下孩子是如何穿脱衣服的吗？"亲子互动中孩子展示出来的技能和行为模式，有一些是导师直接上手互动的时候所没有的，因为家长更了解自己孩子的习惯以及孩子平常进行这些活动的常规情况或环境。亲子互动中进行各种活动的方式孩子更为熟悉，这种熟悉可以减少孩子的压力，最大程度地提高孩子的参与度。与陌生人相比，幼儿（包括谱系儿童）更喜欢与父母互动，与他们的主要照顾者在一起时最为舒适和放松。当父母和孩子一起玩耍或执行任务（打扫、穿袜子和鞋子）时，导师需要待在一旁，可以随时指导父母应该问什么，帮忙递材料和布置环境，在关系搭配好了之后在亲子互动中插入一些测试项目，直接观察孩子不同的技能表现，观察家长进行教导或支持的方式，询问家长孩子今天的表现是不是正常水平，对于当下环境中无法评测的技能可以通过家长访谈获取信息。当导师从当前活动中获取了尽可能多的信息之后（跟活动要求相关的所有领域，而不仅仅是最直接相关的领域），会开启另一个新的活动，让孩子展示其他技能。转换到新活动之后通常也会调整互动的节奏或者活动的场所，有时也会根据孩子和家长的需求提供恰当的休息时间。

结束评估

评估的顺利结束、氛围融洽的总结与复盘有利于下一次课程的推进。通常来说，评估会增加家长对孩子未来的焦虑与担忧。直接参与评估可能会让家长觉得自己的生活完全暴露在外人面前，在评估过程中自己和孩子互动的每一个细节都会被观察、被评估。导师可以邀请家长主动分享他们所看到和经历的，同时导师也可以分享和反馈自己的个人经验，以此来减轻家长的焦虑。家长需要听取导师的专业意见：对于孩子的优势和发展潜力的分析；家长对孩子的认识是否客观，对孩子的技能了解是否全面；孩子与家长在一起时的愉悦感、安全感和舒适感是否足够。导师能够基于自己的经验，关注到孩子和家长所表达的情感，基于孩子的优势做出规划，这些都向家长传递出强有力的信心：让家长相信自己的努力切实而有效，相信孩子得到了充分的关注和支持。这也为接下来的每一次辅导课程中即将出现的相互观察—反思—分享—计划模式打好了基础。导师对家长和孩子无条件的积极关注与支持，能够减轻家长对于干预课程的迷茫，无论是与自己相关的部分还是与孩子相关的部分。

评估应该按计划及时结束，这很重要。将最后几分钟预留出来，与家长预约安排第一次的家长辅导课程，提前给家长相关的阅读或浏览材料，并告知家长下一次课程的重点——共同讨论和确定短期（一般是12周）的学习目标和干预计划，开始学习具体的互动技巧。可以提前告知家长，辅导课程和评估过程是类似的。家长和孩子进行亲子互动，互动的过程会分为几个小节，导师会在亲子互动过程中从旁支持，每个小节之间会有短暂的休息时间，供导师和家长复盘讨论，或者进行日常交流。最后，导师跟家长和孩子道别，评估就此结束。

合作制定短期目标

在第一次接触或评估时，导师和家长需要讨论孩子的短期目标——家长目前最紧迫的需求。对于目标的达成时间可以选择大概三个月后的某个重要时间节点（孩子的生日、某个重要的节假日、某个季节的开始或结束），并引导父母设想一下三个月之后的变化。

> 对家长来说，孩子哪些方面的学习和变化是最重要的？我们倾向于选择一个未来3个月左右的里程碑，让家长想象从现在到那时的变化。

短期目标一个个地达成，逐步累积之后达成长期目标，这个过程鼓励着家长着眼当下，积极展望未来，而不是望洋兴叹。制定短期目标时，还要考虑到孩子各项技能发展的速度不完全一致，某些技能可能会比其他技能学得更快。需要注意的是：技能的习得可能会出现阶段性的爆发，爆发期后又会出现回落，学习速度降低，循环往复。这种情况在教授一项全新技能时常常出现。进入新目标的学习时，第一阶段通常需要花费更长的时间；习得的过程更像是先打好基础，后续的学习让技能得到进一步的巩固和泛化。

有的家长清楚地知道自己希望孩子学会什么技能。他们在第一次见面时会带着想好并写好的行为/期望清单。当家长分享他们的期望目标时，导师会逐字记录而不进行任何更改或拓展，这样做可以明确家长在这段协作关系中的重要地位：家长提供的信息和优先级很重要。研究表明，超过 80% 的孤独症儿童的家长承受着"超出个人极限的压力"（Bitsika & Sharpley, 2009, p. 540）。因此让家长在干预的过程中感到被认可、被支持，觉得自己的想法得到了充分的重视，而不是被贬低或误解，这一点非常重要。还有一些家长可能刚开始对孩子没有明确的期望，不知道孩子应该学习什么，他们更多地需要导师的帮助。家长之间可能对于需求的优先级存在分歧，听听导师的建议可以帮助他们找到共同点。有时，家长提出的目标是长期的，在这种情况下，导师可以帮助家长思考要达成这个长期目标首先需要打好哪些基础，跟家长一起确定一个切实可行的短期目标。

导师还应该从家长访谈和对孩子评估的信息中提炼出必要的目标。导师时不时会听到家长描述孩子在日常生活中的特定行为、在特定活动或事件中遇到的困难，导师可以引导家长自己总结出孩子遇到的挑战，并建议相应的干预目标。如果家长提出了导师没有关注到的目标需求，那导师需要尽快补充了解相关的信息，围绕着这些需求进行深入地观察，具体形式可以通过看视频，或者直接实地观察问题发生的场景，然后制定出相应的干预目标和干预策略。家长和导师还可以通过角色扮演的形式来重现问题情景，制定新的学习目标和策略。花在共同制定目标上的时间彰显了家长在这段专业合作关系中的角色与价值。

制定目标和学习步骤

在结束了评估并确立了短期目标之后，导师将继续细化孩子的目标和教学步骤/关键阶段。可以参考使用早期干预丹佛模式的相关材料，这个过程在罗杰斯和道森（2010）的手册中有详细描述。尽管没有绝对的数量标准，一般来说，以三个月为期，在家长每周实施的干预中，制定10~12个目标对于大多数儿童和家长来说已经足够了。定好干预目标后，我们会将每个目标分解为五到六个小步骤，我们希望孩子能在一两周的时间内学会这些步骤。按照早期干预丹佛模式的流程，第一步锚定孩子的基线或初始能力，在随后的步骤中添加新的技能、提高熟练度或者进行泛化，直到习得目标技能。当导师为家长制定目标和步骤时，需要用日常用的语言代替行话、专业术语和学术用语。关于孩子和家长的行为、活动类型、材料和掌握标准的描述需要清晰地传达给父母及相关家庭成员。尽可能地使用家长常用的词语。描述目标时，应将其与日常的亲子流程和活动联系起来，这样家长能够知道在什么时间、以什么方式与孩子互动更合适。

对于每个目标行为，我们会清楚描述行为背后的原因或目的，行为可能发生的情境或活动，以及在家庭生活中测量行为进展的方法。每个目标的具体要求都会包括孩子能够在最后一个阶段中在不同时间、不同场景中独立表现出相应的技能。以下是一些有助于家长规划干预目标的"引导"问题：

- 这个目标涉及什么技能？
- 这个技能可以在哪些日常活动中用到？
- 怎么知道孩子正在习得这个技能？
- 教授这个技能需要哪些材料？
- 习得这个技能之后，在什么场景或情况下孩子会使用这个技能？技能的使用是否与同龄普通儿童的表现类似？

以下是一些"家长友好型"的目标和学习步骤的范例。

目标

"我和孩子一起看书的时候，当我触摸书里的某张图片并命名时，孩子会看向图片并伸手触摸，同时自己命名、配以音效，或者看向我，示意我命名、发声。我们每次读书时，孩子都会这样做，并且可以阅读三本不同的书，每本书浏览 4 张或 4 张以上的图片。"

学习步骤

- 第 1 步："在我触摸和命名图片同时配以音效时，孩子可以看向图片。孩子可以阅读 1~2 本图书，每本书浏览 5 张或 5 张以上的图片。"（这是孩子目前的技能水平。）
- 第 2 步："在我为图片配上音效之前，孩子会自发地触摸或者模仿我的动作触摸不同的图片。看了 2 本书，他都能这样做。"
- 第 3 步："在我触摸并命名图片之后，我会在配上音效之前暂停一下，这时候孩子会触摸或命名 3~4 张图片，然后看向我。看了 1~2 本，他都能够这样做。"
- 第 4 步："孩子会自发地触摸并命名 3~4 张图片，然后看向我，期待我配上音效。我们每周能阅读 2~3 本书。"
- 第 5 步："我命名了 4 张图片之后，孩子可以触摸或者命名这些图片，然后看向我，等我配上音效之后，孩子可以模仿其中的一些音效。我们每周能阅读 3 本书。"

下一个示例中的目标和步骤是关于教孩子与家长玩轮流游戏的，游戏由孩子或者家长开启都可以。由家长来选择教学材料。

目标

"当我和孩子一起进行美工活动时，孩子在每次活动中能跟我进行至少 4 次的轮流，包括在纸上增减元素、使用 3 种或 3 种以上的材料（例如马克笔、贴纸、闪粉、剪刀、胶水），以及活动结束时的清理等环节。每周进行 2 种活动，每次活动持续至少 5 分钟。"

学习步骤

- 第 1 步："当我向孩子展示如何在纸上使用材料时，孩子能持续观察 5 分钟或 5 分钟以上。"
- 第 2 步："当我示范了一个动作之后，递给孩子材料，她能在适当的辅助下进行纸上操作，连续 3 次。"
- 第 3 步："当我递给孩子材料时，她会自己画上记号，然后我模仿她的操作，我们可以轮流进行 3~4 次的操作。"
- 第 4 步："孩子可以帮我从盒子里拿一些马克笔出来，并自发地选择其中一支在纸上涂画，我们可以轮流操作 3 次。"
- 第 5 步："孩子可以帮我从盒子里拿一些材料出来，并自发地选择其中一种在纸上操作，我们轮流进行 3 次之后，孩子可以帮我把材料放回收纳盒。"
- 第 6 步："当我把材料盒放在桌上时，孩子能独立地取用马克笔，独立涂画，跟我进行几个回合的轮流操作。当我告知孩子到结束时间了，并把收纳盒递给她时，她可以马上开始收拾，将材料放回盒中。"

下面的示例侧重于一个家庭目标：让孩子在晚餐时间参与家庭活动。这个目标适用于吃饭动机强，但是会频繁离座并带着食物四处走的孩子。学习步骤中列出了家长可以用来教导孩子新行为的策略。

目标

"告诉孩子晚饭时间到了时,他能自己走过来,坐在椅子上,认真吃饭,直到吃饱了,说'我吃完了'才离开。一周里面他可以做到 5 天。"

学习步骤

- 第 1 步:"走到桌子旁,自己坐下,吃自己喜欢的食物(可以选择),想离开座位时可随时离开。"

- 第 2 步:"走到桌子旁,自己坐下,吃几口喜欢的食物,家长询问时可以说'我吃完了',在辅助下递给家长盘子和杯子,然后才离座。"

- 第 3 步:"当家长叫孩子吃饭时,他能过来自己坐下,吃几口饭菜,在家长问到时或者自己主动说'我吃完了',在家长要求下递过去盘子和杯子,然后才离座。"

- 第 4 步:"当家长叫孩子吃饭时,他能过来自己坐下,吃一些饭菜,当家长问到时或自己主动说'我吃完了',在家长的手势提示下递过去盘子和杯子,然后才离座。"

- 第 5 步:"当家长叫孩子吃饭时,他能过来自己坐下,吃饭全程不离座,吃完适量饭菜后,自己说'我吃完了',主动递过去盘子和杯子,然后才离座。"

这些目标反映了家庭的优先事项,在首次家长访谈中聊到对于未来 12 周的目标时,家长针对优先事项进行过详细描述,并且在导师提供目标初稿供家庭参考时会再次确认。尽管目标是由家庭选择的,但在实施过程中可能会出现新的挑战,需要在干预期间对目标进行修改、删除或添加。在这期间,导师会遵照家庭的意愿,根据需要,调整和更新目标及学习步骤,以便书面干预计划与家庭的优先事项和实际情况始终保持一致。

创建和实施跨学科干预计划

在家长主导的干预模式中,导师创建一个干预计划,它涵盖了个案短期学习需求的各个技能领域。虽然有一些团队通过让不同学科背景的团队成员共同编写干预目标来实现技能全覆盖，但这种分头行动的方法可能会导致信息重复、矛盾和遗漏。我们发现，让导师统一编写所有的目标是最有效和最高效的方法。其他对儿童进行了评估或者掌握了季度干预数据，以及实际观察了儿童干预过程的团队成员，可以根据其所属领域的专业知识，对目标和学习步骤进行审查和调整。这个过程有助于形成一致的目标和学习步骤。其中的标准可以固定下来，用于指导后续跨学科干预计划的制定。使用内容全面的标准化评估工具来反馈季度干预进展，可以极大地促进跨学科团队成员的协作，因为这些工具涵盖了所有发展领域，而且导师可以了解到不同发展领域的技能进展情况。

干预计划定稿后，导师需要了解每个目标和学习步骤所对应的教学内容及过程，以便更好地辅导家长。不同学科背景的专业人员彼此合作，例如言语语言病理学家和物理治疗师联手，在团队会议中通过辅导、示范和讨论如何评估，来互相学习引导/评估儿童技能表现的方法。这样在会议过后，就可以由其中一位团队成员针对所有的干预目标来对家长进行培训了。此外，将干预要达到的所有目标列在数据表上，便于在一次会议中制定出大部分甚至全部的计划。在家长辅导模式中，这是至关重要的，更能让家长认识到所有目标的重要性，并且相信在日常活动中就能完成干预而不需要额外花费数小时的时间。这是我们在家长辅导中的目标：让家长在日常活动中就能满足孩子所有的学习需求。团队成员还可以在会议中分享学科专业知识，以便每个人都能获得全面的干预信息，同时将这种多学科整合的知识教授给家长。

多位导师参与整合干预计划

当孩子要同时接受多个治疗师的干预时，各方要在目标和方法上保持高度一致，才能使孩子和家庭的受益最大化。导师可以通过跨学科会议、互联网会议或电话会议等方式，加强各方与家庭的联系，无论哪种方式都有助于家长与专业人员及时沟通、统一干预目标。如果不方便组织各方直接沟通，家长可以汇总收集各方的干预计划,这样导师可以对比分析各个方法和项目优先级的共同点和差异性。当跨学科团队中不同成员的方法和目标存在冲突时,导师要注意避免直接批判或公开反对其他专业人士的方法,这可能会加重家长的焦虑,产生强烈的不信任感。确切来说,家长和导师需要先理解其他专业人士的不同理念。导师可以帮助家长梳理问题,通过咨询相应的专业人士来更好地了解其理念和观点。导师还可以帮助家长构思如何博采众长,将看似不合拍的干预建议整合在一起。

当家长接收到的多方信息中出现明显矛盾时,导师可以支持家长主动思考,利用家长自己对孩子行为和发展情况的认知,选择自己希望采取的方案,对于家庭做出的任何决定,导师都要保持支持的态度。有些情况下,家长可能会请求导师帮忙出面协调和沟通,这也符合家长—导师协作决策的模式,而且这种模式在干预早期尤其合适。然而,家长辅导的重要目标之一就是:家长能独立地与各方沟通和对话,在促进相互理解和尊重的基础上妥善地协调冲突、解决问题。在支持家长成长的过程中,导师需要觉察到自己被需要的程度,合理管控好自己的主导欲望,给家长充分的成长空间。

结语

在家长刚开始接触和寻求专业资源时,导师与家长的辅导关系需要同步开始,其重要性前文中已有论述。我们还讨论了如何通过分析家长对孩子的期望/目标,来充分了解家庭和孩子的优势及需求,逐渐发展出一个以日常活动和学习机会为基础的、匹配家庭情况的干预计划,其中包含了目标、步骤、行动及成果标准等内容,且这个计划能够涵盖所有相关的家庭成员、整合利用所有潜在的学习资源。此外,我们还讨论了这种低频率干预方法的优点,以及在利用日常流程进行家庭干预时可能出现的挑战,同时在干预中还要融入家庭价值观、文化信仰和优先事项等因素。最后,我们讨论了将家长主导干预与其他以儿童和家庭为中心的干预方法整合起来。与特定的干预环境相比,家庭环境和社区环境为孤独症儿童提供了更为丰富的学习机会。家长—导师的协作关系可以为家长提供专业知识和技能的支持,让家长能充分利用日常活动中丰富的学习机会。赋能家长可以提高家长的信心,促进家长自我效能感和主导力的培养,鼓励家长积极看待孩子未来的发展。而所有的这些都有利于促进家长的心理健康和家庭关系的和谐发展,有助于孩子的潜能得到充分地发掘。

第六章

家长辅导课程

我们在家长辅导课程中的具体目标是什么？课程是什么样子的？感觉如何？导师要如何规划课程，以确保课程内容完整、整体体验良好，而不是忙乱和零散？我们可以做些什么，让家长能带着收获离开：能更好地了解自己、了解孩子，清楚地知道一周内想要实现的目标，并感到自信，感觉这节课是干货满满的。本章将着重讨论每节家长辅导课程的时间和环境安排、学习内容以及人际沟通。而且这一切安排应该从第一次课就开始。本章将焦点从家长与孩子的互动转移到家长与孩子的共同学习上。这样的转变促使我们从计划走向实际行动，向未来迈进，导师与家庭之间的关系也有了进一步的发展。

家长辅导第一课

第一次课程代表着阶段的过渡，过去几次的家庭访问结束了，接下来进入家长主导干预的新合作方式。在第一次课上有两个主要议题。课程的开始是对上一次会议内容进行总结，突出强调创建干预计划所需要搜集的数据。与其他课程一样，一开始先是**简短的问候时间**，并快速复盘上次会议的任何待办事项（保持简短！在课程结束时会有充足的讨论时间来处理任何需要商议的内容）。接下来导师会在计划的时间点过渡到日常活动环节，导师会提醒家长今天将要进行的两个主要活动：（1）各方面决议达成一致，确定干预计划；（2）按照课程计划进入亲子互动环节，一起进行一项亲子活动。课程的最后会按需安排**讨论时间**，然后是**告别的环节**，结束课程。

在本节课中的问候时间会出现一个在其他课堂中同样存在的挑战——家长和

导师沟通时如何安排孩子。导师需要为孩子提供活动材料，让孩子有事可忙，尽可能少地占用大人们的注意力。有些孩子会愿意坐在家长腿上，或者自己玩玩具。如果两位家长都在场，其中一位可以在需要时照看孩子，以便另一位家长与导师充分沟通。如果只有一位家长和导师在场，那么在每次课程到了反思—讨论环节时，导师可以先安顿好孩子再与家长沟通，以便家长能够完全投入到当下的思考和讨论当中。

所有人都坐下来之后，先梳理解决上次会议的待办事项，之后导师描述当天会议的两部分主题，并且为每位家长都提供一份干预计划的副本，其中写了按照家庭友好型的方式编写的干预目标（示例详见本章的后半部分）。导师在介绍目标的时候可以同时说明，这些选定的目标都来源于导师和家庭以前的讨论内容，以及导师在评估中建议过的目标技能。导师会让家长通读干预计划，同时提炼总结每个干预目标的核心要点，并且强调家长应该把这些提为较高优先级。当所有的问题都得到了讨论和解决之后，导师通常会告知家长，他/她需要在每次干预中记录孩子每个干预目标的进展情况，及时分享信息，而且在干预的过程中，家长应该能看到孩子在各个目标上取得进步的迹象。

然后，话题转向如何在辅导课程中实现共同合作，完成这些目标，从当下开始努力。导师通常会介绍一下常规的课堂流程——几分钟的问候和聊天，一项热身活动帮助孩子进入状态，家长当天的主题计划，提供几次机会让家长练习，家长练习的同时导师从旁辅助支持，然后在课程结束前详细讨论任何未解决的问题。导师接下来会向家长介绍课程将要使用的材料，其中可能包括家长手册、导师为家长准备的笔记本，或其他供家长日常使用的通用材料（附录 A.5 中提供的名为"获取孩子的关注"的冰箱便利清单，始终可以作为每天活动的开场内容）。

现在是时候开始第一次的家长辅导体验了！在简短的描述中（最多 10 分钟！），导师使用讲义作为视觉辅助，跟家长过一遍主题要点（如果需要额外的支持，请参考第 7 章，学习如何介绍这个话题及其他话题）。导师会介绍一些提高孩子技能表现的技巧，然后征询家长意见或者直接建议，确定本节课重点关注哪些技巧。导师的建议应该基于之前对家长—孩子互动过程的观察，分析出可能需要加强的部分。家长挑选好第一项活动的材料（或者使用孩子正在认真把玩的材料），开始与孩子一起玩耍。导师坐在家长旁边，通常是三角形的位置安排，导师与孩子和家长之间的距离相同，要明显位于他们的游戏空间之外，但又不会离得太远，便于在需要的时候将物品递给家长。

在第一节家长辅导课中，导师可能会在活动开始时重新阐述一遍目标技巧。导师的两项任务是：(1) 支持家长使用新技巧；(2) 不打断家长与孩子之间的互动。在这个持续3~5分钟的游戏活动中，导师从旁观察，并在家长使用之前讨论过的技巧时进行点评（"就在前面"，"你是他关注的中心"），并通过手势和简短的话语提供快捷的提示或支持，以确保活动按计划进行，要注意的是这些提示不能打断孩子和家长正在进行的互动。导师找到合适的时机来结束活动，以便家长和自己有机会复盘刚刚互动的细节。双方各自分享了自己的思考，导师在分析的时候要特别提到家长刚刚在活动中的具体操作有哪些是可取的，并且这些操作是怎样影响了孩子的行为，与孩子的哪些干预目标相关。如果还有时间进行另一个活动，可以用同样的方式进行——基于前面的活动复盘，使用不同的材料让家长练习同一目标，然后再进行复盘—评估。导师的主要目标是让家长熟练掌握这项技能。

然后，导师结束讨论，让大家返回座位，再次安顿好孩子（如果需要的话），最后留出几分钟时间，解答家长的问题或提出建议。所有人共同确定下一次课程的时间和地点，导师向家长提供与课程相关的所有材料的副本，提醒家长下一次上课需要准备的物品（笔记本、问题、家长手册、孩子的饮料和零食等）。导师向家长和孩子告别，然后离开。

后续的家长辅导课程

我们分享的课程安排基于汉夫特及其同事的研究（Hanft，2004），课程安排包括了规划、观察、辅导、复盘和评估的环节。既包括了整体的课程结构，也有每个环节的常规模块。辅导过程不仅涉及家长和孩子的学习，还给家长提供了自我发掘的机会：了解自己已经知道了什么、正在做什么、为了目标和需求做过什么样的尝试。而活动模块定义了一种导师与家长共同制定和管理课程内容的方式，在这个过程中同时将优先事项列入考量。这样的课程结构设计，是为了解决成年人花费过多时间在交谈上，而亲子互动实操太少的问题。

后续家长辅导课程的结构安排（如下方所示）一般从问候和签到开始，紧接着进行一个热身的亲子活动，为本节课后面的内容做铺垫；然后会进行两到三轮的家长辅导，所有辅导都嵌入在亲子活动中进行，且每一轮辅导都包含复盘的环节；接下来是用于讨论其他未尽事宜的时间，最后以结束语结束课程，大家各自离开。在每个亲子活动中，导师都在持续评估家长和孩子的技能，及时提供支持。在每个活动中，导师都会留意家长已经掌握和使用的技能，以及他们需要学习的新技能；导师还会考虑什么样的额外支持、资源或示例可以推动进展或增进家长对某个主题的理解，以及新学的内容和家长之前已经学习和应用的知识是否有冲突的地方。在每个活动中，导师都会协调家长和孩子主导关系的平衡，家长和导师在讨论和干预中始终保持着平等友好的盟友关系。

辅导课程教案（每节）

- 问候：彼此约见在一起，互相问候，准备开始上课
- 推进：倾听家长的进展汇报以及他们对本节课的目标
- 热身活动：在第一个活动中观察家长的互动技能
- 复盘/评估：复盘分析家长在亲子互动中的表现，帮助家长理解和评估自己所使用策略的有效性；决定下一个活动中重点辅导的目标和策略
- 辅导活动1：家长练习所学的技能；导师通过即时的辅导支持家长干预目标的学习

- 复盘/评估：在家长自评所使用策略的有效性时，认真聆听并提问；决定下一个活动的目标
- 辅导活动2：家长练习所学的技能；导师通过即时的辅导支持家长干预目标的学习
- 复盘/评估：点评家长的当前进展，倾听家长的自评分享，提出改进不足的下一步计划；制定本周计划，侧重目标技能或概念的实操，让家长在不同环境和活动类型中利用不同的材料进行实践
- 讨论未尽事宜（如果有的话）
- 结束：互相告别，结束课程

这种活动结构为持续的观察—规划—实践—复盘—评估循环提供了框架，支持着家长和孩子的学习。我们在所有家长辅导课程中都使用"课程计划表（导师用）"（见附录A.2）进行备课。计划表将课程活动细分，并根据90分钟的课程时间提供了每个活动的建议时长（导师可以根据需要缩短课程时间）。计划表中还预留了空间用来记录观察到的内容以及与家长讨论过的内容。我们强烈建议导师使用这样的表格，记录内容、安排时间和备注内容，让每节课的准备、开展和复盘过程更加结构化。

家长辅导课程常规

第一次课程是后续其他课程的一个缩影，为导师、家长和孩子设置了整个辅导干预过程中要遵循执行的常规。经历了辅导课程的全环节，现在是时候走进幕后，看看支持课程顺利开展的脚本、道具和工具了。孩子的干预进展、家长的技能发展情况以及家长对课程和辅导关系的满意度都可以作为衡量课程是否成功的标准。

导师准备

成功的课程源于导师的充分准备：了解上次课程涵盖的家长干预技能，孩子当前的干预目标，导师需要牢记的辅导技巧，以及在接下来的课程中需要继续加强的主题。在课程中记住这么多信息是不切实际的，所以在课程计划中将这些信息具体化（将附录 A.2 作为范例）是一项关键的准备步骤。导师需要的所有其他课程材料也要准备好放在手边（或者统一放在笔记板上，萨莉喜欢这样整理材料！），包括书面课程计划、儿童数据表、效度评估工具（家长用）、儿童干预目标、家长手册、有关新旧主题和干预技巧的家长阅读资料（以防需要更多的练习），任何与当前主题相关的家长清单或其他材料（手写材料和网站资源都包括在内），以及一个供导师在课程结束后复盘的辅导效度评估工具（coaching fidelity）。

问候和签到

所有人先互相问候，逐步进入到工作氛围，家长和导师坐在一起，在成年人沟通时，孩子独立玩耍。问候的过程尽量简洁！这一阶段的目标是大家聚在一起，尽快地让家长和导师入座，同时在必要的情况下安顿好孩子，以便开始课程。从社交闲聊开始，询问彼此的近况，然后转换到课程主题上来。座位需要安排在能同时看管孩子的区域，家长和导师坐在一起。导师问候家长（先）和孩子（后）。如果孩子正在忙，最好不要打断他/她，这样导师可以跟家长继续沟通。每次课程尽量坐在同一个地方，无论是在家里还是在机构，都有助于开启流程。最开始的问候能够让轻松的聊天转换到有序的工作氛围。当导师坐下来，拿起笔和写字夹板的时候，就是开始工作的信号。当家长和导师都坐下来，孩子在旁边自己玩，"问候环节"就结束了。

接下来，由家长或导师将话题转移到上节课后家长与孩子互动的关注点上面，关注的重点是基于当时情况制定的家长目标。导师需要回顾上次课程结束时定好的干预计划来开启话题，并跟踪该计划在这段时间内的进展。对于目标的回顾可以唤起家长的工作状态，重温相关的内容。如果家长记录了数据，导师就可以在这个时间进行数据的审核，在审核之前记得真诚地感谢和认可家长在记录数据中所付出的努力。对数据的积极关注可以表明这些信息的重要性，也可以充分肯定为记录数据所付出的努力。

导师仔细倾听，收集相关信息来梳理本次课程的关注重点。当被问及自上次课程以来的进展时，家长可能会分享成功的喜悦，也有可能会表达担忧、挫折感或迷茫，同时可能会说明未能跟进的原因。

罗伯特的父亲迈克尔告诉导师，他很自信自己能做好跟随模仿儿子玩玩具火车的动作。迈克尔说，由于自己的模仿策略，罗伯特的烦躁情绪和离开活动的倾向已经显著减少。但他感觉自己只是在单纯地模仿儿子，这样并没有教给儿子任何新东西。迈克尔想知道除了模仿儿子的每个动作以外，还有什么其他方法可以与罗伯特玩在一起，同时保持游戏的进行。导师认可了这个问题的重要性，并指出他们将在课程的结尾重点讨论这个问题。

安德烈亚斯的妈妈玛丽亚分享了她与儿子互动的失败经历，儿子将玩具汽车抓在手里，而不是模仿她示范的动作。导师建议他们在本节课中再玩一次这个游戏，重现当时的情景，以便导师能更好地发现和解决问题。

在这两个例子中，导师都做到了倾听并跟进家长分享的需求、问题或经历（直接或非直接陈述的），将这些设为课程中需要解决的重点。

可能出现的问题

通常情况下，在最开始阶段，家长可能会提出一些跟课程主题无关的问题。这些问题需要回应——因为我们是来提供支持的——但我们也需要保证课程目标的主导地位：家长通过辅导课程获得解决问题和支持孩子进步所需的概念和技能。当这样的情况发生时，导师倾听并理解家长的忧虑，并认可问题的重要性，放在稍后的讨论环节中详细展开。在课程计划表中记下这些问题，以免忘记，但当下要暂且"搁置"，将注意力先集中在亲子互动和学习上。

热身活动：初始观察

我们发现，互相问候之后，要求家长帮助孩子做好课程的准备，或者分享他们在过去一周内的居家干预情况，这些信号对于从聊天过渡到上课的状态非常有帮助。导师可以这样提议："你能帮助艾莎热个身，做好上课准备吗？""你能分享一下上周的干预进行得如何吗？"或者也可以自己组织语言，邀请家长向你展示他们上周是如何与孩子练习目标行为的，或者直接展示他们所遇到的问题。

这个简短的热身活动通常是一项由家长或孩子选择的活动，活动的过程向导师展示了当前的进展——可以评估家长或孩子迄今为止所掌握的内容。这是一个密切观察亲子互动的机会，通过家长效度评估工具来进行评估（表格此刻应该在导师手中）。在这个活动中，导师不会进行家长辅导，也不会在活动结束之前打断正在发生的事情。导师与亲子二人组保持物理空间上的分割，全程关注效度表上的内容，且不与家长或孩子的任何一方进行眼神接触。这段没有被干预的亲子互动过程，可以真实地展现家长当前的知识和技能水平，同时为导师提供机会评估家长和孩子的进展以及需要加强的技能。

通常3分钟的时间就足够导师完成观察。如碰上恰好的情况，活动会在一个自然的（正向的）时刻结束，但导师也可以建议结束时间并在需要时提供帮助。或者，导师可以建议家长从活动中抽离出来，安排休息时间，让孩子先自己玩一会儿。当家长从活动中抽身出来时，导师要确保孩子有事可做且专注在手头的事情上，以便两位成年人可以交谈。导师可以说"这个点很重要，我获得了很重要的信息。让我们讨论一下，先让孩子自己玩一会儿"，这种过渡语言有助于大家从活动中抽离出来，坐到沙发或椅子上，或者至少彼此转过身，将注意力从孩子身上移开。这些信号标志着流程的转换，并通过非口语的沟通方式（身体语言）向孩子表明大人目前在忙别的事情，然后可以开始下一个环节：复盘和规划。

可能出现的问题

1. 游戏活动持续时间过长，或者由一个活动演变成另一个活动，接着又变成另一个活动，频繁变换。活动必须简短，为辅导家长留出时间。导师可以适时建议："让孩子自己继续玩，我们来聊聊。"

2. 第一个活动过于简短，亲子二人组迅速从一个活动过渡到另一个活动，没有停顿。活动开始后，导师只需要观察 2~3 分钟的时间，所以导师需要及时打断并结束活动。

3. 家长开始与导师频繁交流而不是与孩子互动，例如提出问题、评论等。导师可以恰当回应，"活动结束后，我们会专门沟通"。导师要注意与亲子二人组分开坐，身体微侧，全程专注于写字夹板、孩子表现或手中材料，这样有助于减少这种类型的家长行为。

4. 导师忍不住对孩子的互动发起行为作出回应，或者急切地想要上手帮助孩子。坐在稍远的地方可以预防这种行为。专注于评估家长的技能，有助于导师保持安静，客观地观察亲子互动。避免与孩子进行眼神接触也会有大帮助！

5. 在休息时间孩子继续寻求与家长的互动，打断了导师和家长的讨论。在实际工作中，导师的责任是提前安顿好孩子，让家长能全身心地专注于当下的学习任务，孩子能安静地专注于某项活动。如果可能的话，大家最好都坐下来，这样更加方便于家长和导师进行思考、交谈和规划。

复盘和设定课程目标

复盘和设定课程目标是下一个流程，之后课前讨论环节就结束了。安顿好孩子之后，导师和家长有时间进行新一轮的沟通，导师就会跟家长进行复盘讨论，这样的流程在每次亲子互动之后都会进行。有些情况下，导师会引导复盘讨论，例如在热身活动的复盘环节，导师可能会询问家长对于热身活动的思考。导师的问题越开放，家长能够分享的信息就越多。类似于"你觉得怎么样？"或者"这是否和你预期的一样？"这样的问题可以引导家长更多分享与目标相关的有用信息，以及目标已达成的情况，或者未能实现的具体原因。我们在实践中发现，导师要做到深入倾听，不中断，不提问，也不要反复确认或赞美，直到家长说完为止，这样能更好地获取信息。如果家长给出笼统的回复（例如"还好"），导师可以引导家长分享更多信息："多分享一些细节"或"你当时的具体想法是什么样的"或"多说说（家长最初期望实现的）目标"。这不是一种双向讨论，而是导师听取家长如何构思亲子互动并详细说明自己和孩子的行为模式的机会。

结合这些信息和观察的情况，导师和家长现在需要设定一个课程目标，主要有三种选择：(1)继续讨论先前的主题；(2)开启新的主题；(3)利用第一项活动来进一步完善与先前主题相关的技能，然后使用后续活动来开启新的主题。家长会根据自己的想法来决定是继续话题还是开启新话题，导师也会根据相关的学习数据提供建议。如果目标是继续讨论之前的主题，那么导师需要确认好本次课程中要掌握的具体技能，并且明确表达出来，跟家长达成共识，以便双方的目标一致。

卡拉非常重视帮助女儿索菲亚学说话，她用拼图开启了热身活动。导师观察到，卡拉将每个拼图块递给索菲亚并命名，以便索菲亚进行仿说。有时索菲亚会回应，而其他时候她会试图从妈妈手里直接拿走拼图块。即使索菲亚进行了仿说，卡拉也会抓住拼图块接着问索菲亚另一个问题（例如"你想把它放进去吗？"或"这块拼图要放在哪里？"）。最后索菲亚站起来想要离开，卡拉立即塞给她拼图块，想鼓励她回到活动中继续。索菲亚却拿着拼图块和拼板走到另一个地方自己开始玩起来。导师建议让索菲亚先自己玩一会儿，同时跟家长进行复盘讨论。卡拉同意了，导师询问家长觉得这个活动感觉如何。卡拉说，这样的互动经常发生，索菲亚每次都不愿意配合命名，自己很沮丧。卡拉说索菲亚很固执，所有事情都想要自己做。当索菲亚试图拿走拼图块时，自己不知道该怎么办。

这为导师提供了一个很好的机会，导师可以基于卡拉的学习需求来确定本次课程的主题。导师肯定了家长的想法，确认了家长关注的重点可以作为今天的主题——如何鼓励儿童以沟通的方式进行拼图和其他活动。从专业角度来看，导师计划引导家长掌握跟随孩子引领、与孩子轮流以及根据孩子的兴趣主题开展活动的技能。

如果需要与家长开启新的主题，导师可以使用家长的效度数据来决定下一个合适的主题。通常来说，我们先确保家长掌握了**核心技能**：有效吸引孩子的注意力，跟随孩子的引导，使用叙述技能，模仿孩子，做出评论，客观地"赞美"，与孩子轮流，以及在游戏中使用主题和变化（早期干预丹佛模式中共同活动的四步常规）。然后我们将干预目标进行细项划分后再教学，关注社交沟通、姿势、语言、模仿孩子、构建和假扮游戏、共同注意等领域的具体目标。**核心技能**的建立为家长创造了许多学习机会，这些互动具备以下特点：孩子能更多地关注到成年人；孩子具备较高的动机，愿意继续活动；成年人密切关注孩子的表现，积极响应；从活动开始到结束，孩子全程参与。

如果本节课继续进行当前的家长学习主题而不是开启新主题，那么导师和家长需要确定好要重点关注的关键技能（基于导师观察到的热身活动的情况），由导师帮助家长规划下一个活动。在活动中，通常会使用不同的材料和不同的活动主题（参考附录A.4的活动类型图鉴中的建议：读书、玩玩具、用餐、感觉社交游戏、家务活动），并帮助家长顺利转换到下一个亲子活动。如果本节课计划开始新的家长学习主题，那么需要介绍该主题的学习目标。

这是整个课程中指导性最强的部分。导师介绍目标主题，主题是什么，为什么对所有孩子都很重要，为什么对ASD儿童尤为重要，以及家长需要关注的具体行为（冰箱便利清单），并从对亲子活动的观察中择出例子。在第七章中，我们提供了一些范例，展示了如何对自然发展行为干预模式中的课程主题进行说明，类似的说明在我们的ESDM家长手册的每一章结尾都有提供（Rogers, Dawson, & Vismara, 2012）。导师使用核心策略（冰箱便利清单）作为视觉辅助工具，对各个主题的要点进行讨论。这是考虑到两方面的平衡：向家长呈现足够的信息，以便他们理解，但又避免陷入细节过多的冗长讨论。家长需要有机会发表评论、提出反馈并分享他们对新信息的理解。这些主题对他们是否重要？这是否引发了他们的担忧？他们可能会遇到什么挑战，或者他们已经遇到了什么挑战？一旦导师和家长就学习目标达成了共识，就可以进入家长辅导环节了。

备注 1：如果有多个家长同期都在积极参与，那么每个家长可能会有不同的学习重点，并且他们可能会轮流完成其中一项活动。

备注 2：在第一个复盘和规划的环节，一般需要涵盖很多内容，导师必须力求简洁，因为学习的关键在亲子互动的实践，而不是单纯的讨论。导师只需直达要点，以便能尽快转换到亲子互动。在进行下一个活动之前，导师和家长的讨论时间不应超过 10 分钟。

在本环节结束后，导师将带着所有人一起转换到下一项亲子活动，接下来会侧重于指导家长学习新的育儿技巧，提高孩子参与互动的积极性。

可能出现的问题

在本环节以及复盘环节中，可能出现的最大问题是需要对孩子进行管理。这是孩子的休息时间。如果可以的话，给孩子一个能在 5 分钟内不需要成年人监督的物品或玩具。如果房间里还有其他成年人，而且他/她能够专心照顾孩子，那最好不过了。如果没有额外的人手，那么由导师同时监管孩子会比较有帮助，这样家长可以专注于复盘过程。管理孩子的人需要注意：不要教导孩子或与孩子互动（这会分散家长和导师的注意力，孩子也得不到休息），而要支持孩子独立玩耍，同时关注、聆听家长的发言。

另一个可能出现的问题是家长和导师对下一个要讨论的目标技能持有不同意见。有时候，家长可能准备转移到新主题，而导师认为更多地练习先前教授的内容可以更好地为新技能做准备。导师认可家长的期望或偏好，并解释自己推荐的主题可以如何支持家长朝着目标迈进。导师可以这样说：

> "我和你们一样，都希望孩子更多地使用口语。然而，言语和语言的前提是儿童能用手势、面部表情和动作沟通，以及能发声和说话。她还没有很多的手势表达，我认为在这个星期加强练习这些手势表达会帮助她更快地掌握语言。我们下周可以专注于教孩子更多的开口说话。这个计划听起来怎么样？"

通过这种解释，导师向家长说明了发展语言的重要途径，重申了他们共同的目标，表达了他们会优先考虑语言，并制定了行动计划，展示出仔细聆听、尊重家长选择的工作风格，以及平等协作的工作伙伴关系。

家长辅导活动

所有亲子活动的辅导过程都是相同的。当家长开始与孩子一起开展活动时，导师会跟随二人的行动，靠近家长并准备通过动作或点评进行辅导。导师要避免坐在孩子和家长中间，家长和孩子应该面对面。导师需要与家长沟通，支持、提示和强化家长，家长的技能发展是导师努力的目标。家长这边开始与孩子互动，尝试新策略。这是导师在专注辅导家长之前，快速记录孩子进展数据的机会。

辅导的目标是帮助家长实现计划中的目标技能，让家长增加成功的经验，了解自己的操作如何帮助孩子学习。为了实现这些目标，在活动过程中进行辅导要以不打断亲子活动的流程为前提，以不过度分散家长注意力的方式进行，让家长能专注亲子互动。这意味着活动期间的辅导必须简短而明确。例如，将一个效果更好的玩具直接交给家长；指向需要注意的孩子行为或家长需要留意的物体；命名正在展示的目标技巧及成功点；在家长成功后，向家长点头、赞美或微笑；口头模拟家长可能会说的话，或提供简要指示："阻止他。""抓一下注意力。""等一等，现在给。""提示一下。""抓住那个玩具。""表扬她。""太棒了，就是这样，好样的。"在这个阶段，任何需要家长回应的提问或评论都不要提，留到复盘和评估阶段再说。

> 在亲子互动过程中，导师和家长的沟通应该是简洁的、清晰的、精确的、有前瞻性的和具体的，避免做出任何点评，不论是评价性的、批评性的，还是笼统的或者模糊的。

这种亲子活动一般持续3~4分钟，直到出现了自然的转折点或结束点，进入下一个复盘—评估活动，转换的过程中孩子持续参与，位置进行变换，同时做好家长—导师讨论的准备。

在引入新的目标之前，达赖厄斯会跟随儿子杰登的引导，模仿他的行为，并且只在轮到自己的回合时这样做。在关于四步共同活动的辅导中，导师观察达赖厄斯的互动过程，并对达赖厄斯和杰登的动作给出及时的肯定或进行说明："你正跟随着他将火车行驶在轨道上。""给他演示你如何将动物放在火车上面，然后绕着轨道行驶。""当你模拟发动机声音时，他刚刚看了你一眼。"

妈妈朝美想要跟孩子练习非口语沟通。当她的儿子小宏指着拼图上鱼形的空缺时，朝美会同步命名，这时导师提示妈妈："把鱼递给他，让他放进去。"导师提醒朝美将更多的词融入互动中，"描述你正在做的事情"，朝美说"放（进去）"或边用手指指着边说"这里"，同时将拼图块放置在适当的位置。导师指出，小宏有关注到妈妈的手势。小宏指向拼图的某一块空缺，朝美安静地回应，没有说话。导师提示妈妈："说出它的名字，然后把拼图块给儿子。"在后续的互动中，朝美开始对自己和儿子的每个动作同步进行命名。

在这两个例子中，导师通过简要的、重点突出的口头或姿势指导来支持家长在亲子互动中的学习，以确保实操的成功。

复盘—评估—计划的循环

每个活动结束后都有一个简短的复盘，让家长有时间回顾刚刚发生的事情，并通过讨论来巩固他／她的学习成果，如图 6.1 所示。复盘—评估—计划的过程中有一个特定的主题，即家长的行为和策略与孩子的行为之间的关系。导师可以通过使用开放性的、非指导性的问题来引导复盘，或者通过促进自我反思来引导家长仔细思考互动中不同方面的问题。

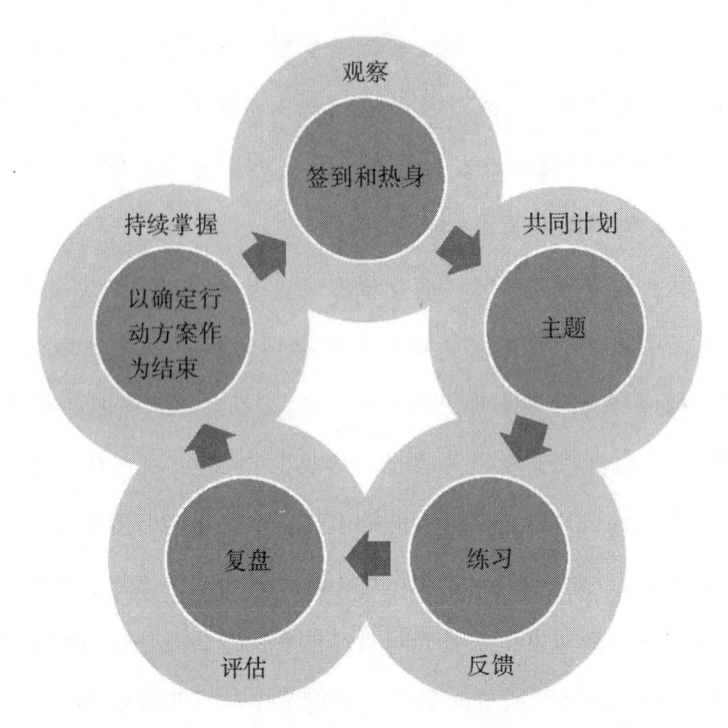

图 6.1　家长辅导过程：行动与互动

开放式问题可以用"**什么**""**何时**""**在哪里**""**谁**"和"**怎么样**"来开头。问题可以从整体复盘开始，随着谈话的深入变得更加聚焦——例如，"经过**某件事之后**，孩子看起来话变多了。我在想为什么？""你的孩子对那项活动很感兴趣。你是怎么做到的？""这个活动与你设定的目标相比如何？""基于你刚才分享的内容，下次你会怎么做？""**为什么**"这类问题应该谨慎使用，避免产生责备的感觉。在提问"为什么"的时候以一种更谨慎更自然的方式，可以避免让家长感觉自己做错了什么——例如，可以这样问，"你觉得她为什么不喜欢这项活动？"

当家长分享自己的反思时，导师可以重述或总结相关内容、知识点或感受，表现出积极倾听的态度。这让导师可以确认或厘清自己的理解，同时如果有必要的话，还可以进一步收集更多的信息。例如："你感觉在与孩子玩玩具的活动中使用这种策略很恰当，但在不涉及玩具的其他活动中却不太合适。我觉得我们可以尝试一些其他类型的活动。你觉得呢？""我听说，在她发脾气的时候，你很担心其他人的反应。带她去公共场合这件事对你来说意味着什么？""孩子没有达到你的预期，你好像很失望。是遇到什么阻碍了吗？"

导师还需要就互动过程发表自己的简短反思——自己的思考、感受以及期望有哪些实现了，哪些没有实现。这些陈述（而不是问题）可以用"我注意到""我想知道""我在想""我在观察时想到了"之类作为开头，着重关注家长行为和孩子反应之间的关系，或亲子互动的目标。导师的反思可以进一步关注与互动目标相关的其他更多方面。既然家长和导师之间是平等协作的关系，导师有时候也可以先进行反思，这样就不会每次都是家长来引导这个环节，流程也不会显得刻板。要在各项活动中平衡复盘环节的主导权，这样家长就不会总是被架在"聚光灯下"，刚主导完一项亲子活动之后马上又进入局促不安的状态。

轮到家长发言时，导师必须对可能出现的沉默有所预备，不要急着抢话。思考和整理思绪需要时间。家长可能不愿意探讨某些想法或感情；花时间整理思绪会让沟通更顺畅。如果导师总是急于填补沉默的空白，无论是出于帮助家庭的善意，还是出于自己对沉默氛围的不适，都可能在无意中剥夺家长反思或整理思绪的机会。家长可能会感到匆忙间自己需要说点儿什么，或者感觉自己给不了导师想要的"正确"答案。这会破坏安全感和信任关系的建立。导师需要学会在提问或发表陈述之后保持沉默，不要提出额外的问题或建议。导师的安静等待表现出对家长充分的接受和尊重，强调了家长的重要地位。

导师和家长可以将复盘内容进行提炼总结，评估家长目标的进展，规划下一个活动的目标。计划的内容通常有以下几种情况：（1）在同一类型的活动中进一步改进有针对性的家长技能；（2）将技能泛化到不同类型的活动中。如果之前的活动涉及玩具，那么下一个活动可能是感官社交活动，或者日常起居类活动，或者看书、艺术类活动。附录 A.4 "活动类型图鉴"中的漫画为技能泛化提供了框架。在每节家长辅导课中，这个框架能帮助家长进行泛化，变换活动类型，练习到不同的技能。如果复盘紧跟在课程最后一项活动之后，那么制定计划时需要涵盖从本次课结束到下次课之前家长在日常生活中可以与孩子进行的互动内容，其中也会涉及一些泛化的部分。尽管听起来内容很多，但整个复盘—评估计划的过程最多只有 5~10 分钟，需要导师进行严格的时间管理。下面是对这个过程的具体描绘，帮助你形成更清晰的概念。

让我们回到之前两段家长辅导的场景，来分析导师是如何使用反思性问题和积极倾听的技巧的。首先，我们继续与凯尔（2 岁孩子的父亲）进行辅导谈话，他的目标是在引入其他游戏想法之前模仿和跟随孩子的兴趣进行游戏。当孩子继续玩小火车时，导师邀请父亲对比活动开始时自己设定的目标进行复盘。

导师：你在活动中有两个目标。你想让利亚姆玩得开心，同时也试着跟随他的引导。你觉得怎么样？

凯尔（父亲）：我意识到我不能从一开始就按照我希望的方式玩火车玩具。否则，利亚姆会哭泣并抓住火车不放，再想尝试与他一起玩就变得非常困难。

导师：今天没有发生这种情况。

凯尔：是的。从一开始我就没有尝试控制或拿走所有的火车。我觉得他刚开始可能以为我又要这样做，所以当我和他一起坐在地板上的时候，他有些情绪。但是我让他自己拿着整袋的火车，这样他可以马上开始活动，进入状态。当他打不开袋子时，我等着他看向我或说些什么来寻求帮助。如果他没有这样做，我会主动问他是否需要帮助，然后他把袋子递给了我，看着我打开袋子。我很高兴！我让他从袋子里拿出他最喜欢的火车，然后把袋子重新合上，放回他面前。当他想要从袋子里拿出轨道时，他立刻把袋子递给了我，并且说道："打开。"

导师：你给了他引导，他在游戏中不断地回来找你。看起来他愿意让你一起参与游戏。

凯尔：是的，我之前一直以为他只想一个人玩。这一次我以为他也会自己玩，但他没有。他一直把我带到游戏当中去。

导师：我有注意到，你一次又一次地加入了选择（物品）的练习。

凯尔：我问他是想要直线的还是弯曲的轨道。我还让他选择了下一辆火车的颜色，以及将火车连接在轨道上的顺序。

导师：他有很多种选择，但他愿意接受你的选择。

凯尔：这次我放慢了自己的速度，之前我会试图控制一切并向他展示火车怎么玩，这一次我更仔细地观察了利亚姆喜欢的玩法，然后模仿他的动作，直到他接受我的加入。然后我加入了一些我想要的玩法，比如撞击火车！

导师（评估性评论）：看起来，你给利亚姆越多引导，他就会越多地关注你，想让你继续下去，然后他可以进一步接受由你来展示新的、不同的玩法。

凯尔：是的，真的很不可思议！我从没想过他想和我一起玩，也从没想过他会尝试模仿我！

导师（话题转向计划清单）：那么你在下一个活动中会关注什么？

凯尔：我可以尝试在活动中教他一些新的东西，当然是在他愿意尝试时，而且新的内容必须与他喜欢做或想做的事情相关。就像我们上次谈论的那样，一次只加入一件事情，而不是一次性加入许多想法。

导师：我们还有时间多进行一次活动。你想尝试用不同的材料吗？例如书或者美术材料？

凯尔：当然，这个主意不错。但感觉书太难了。我会和他一起画画，跟随他的引导和模仿他，然后偶尔加入一些不同的东西，每次只加入一样新的东西。

在这次反思中，凯尔了解并命名了几种策略，让自己成为利亚姆游戏的一部分。他提到，与他过去试图控制火车的尝试相比，他和利亚姆在共同游戏中体验到更多的乐趣。他为能够向儿子展示新的游戏玩法感到自豪，利亚姆喜欢这个做法，并希望爸爸在同一活动中能继续这样做。导师和凯尔讨论了凯尔在与儿子共同探索新的游戏玩法时所使用的技能，以及由此产生的学习机会。凯尔表达了对于扩展利亚姆游戏策略的信心，但他也并不是对所有的策略都感到自信。他倾向于更多地练习如何在活动中引入新的游戏操作和不同场景。导师和凯尔决定在剩余的课堂时间里继续探讨这个主题，并制定计划，让凯尔在下节课继续朝着目标努力。

在我们的第二个辅导片段中,德博拉希望女儿利娅在活动中有更多的语言表达。她尝试教利娅如何要求物品或材料,但发现利娅会在互动中直接走开,或者等到妈妈离开后自己才开始活动。德博拉了解并练习了新的策略来与利娅沟通,现在导师想要德博拉对之前的辅导课程进行复盘和反思。

导师:我们让利娅自己玩几分钟,同时我们重新回顾一下拼图活动。除了在活动开始时暂时控制住材料之外,我们还讨论了其他练习沟通的方式。你尝试了哪些,效果如何?

德博拉(妈妈):尝试的效果与我预期的或过去的效果完全不同。

导师:怎么说?

德博拉:之前,我会一次性拿走所有的拼图块,然后在她提要求之后我再给她,每一块都是这样。这个过程对我们两个人来说都很紧张,也毫无乐趣。她更在乎拼图块,而不关注跟我玩的过程。我觉得如果我手上没有这些拼图块的话,我对她来说就毫无意义。而且一旦她拿到了所有的拼图块,我就不知道要怎么把它们拿回来,除非我直接把它们都收走,但这个时候她总是会起身走开。

导师:这次的活动与之前的有什么不同?

德博拉:这次活动更放松。我把注意力和思考都放在如何与她一起玩,而不是担心拼图块上。直到今天我们讨论时,我才意识到,我在自己回合中的做法会帮助她开口表达。当我说了"鱼"之后,她也说了"鱼"时,我真的很惊讶。利娅确实有倾听和学习我的表达。

导师:在利娅观察你的行为时,我们听到她说了几个词。她在想要放入拼图块时,她说了"放""那儿"。她的沟通有明显的社交属性。

德博拉:什么意思?

导师:有几次,她在你放入拼图块之后说"鱼",但这件事情跟从你那里得到拼图块有不同的目的和感觉。她说的时候很兴奋,面带微笑。看起来就像利娅正在认真看着你,对你正在做的事情很感兴趣,而在这种情境下说

"鱼"是一种与你互动的方式，她仿佛在说："嘿，那是一条鱼。我知道那个叫'鱼'！"她其实是在评论。

德博拉：我没想到这些，但我看出了两者之间的区别。

导师：除了口头表达之外，你还向她展示了其他的沟通方式。我看到她观察了你的示范，然后尝试了这些非口语的沟通。

德博拉：你是指当我示范了之后，她也指向拼图块的位置或者拼板上的图片吗？

导师：是的。在那些瞬间，她在向你传达什么信息？

德博拉：有时候她似乎是在要求另一块拼图块，但有时候与你刚刚谈到的意图相关。当她看到拼板上的图片感到兴奋时，她想要分享这种兴奋，想要向我展示那张图片。

导师：她想知道你是否看到了她看到的。

德博拉：如果她没有立即回应我说的话或者我的示范，我应该怎么做？

导师：嗯，让我们考虑一下。有时候她在活动中没有说"鱼"，也没有指向什么东西。在这些情况下，你是怎么做的？

德博拉：确实有这样的情况。我会再说一遍这个词，或者向她再展示一遍这个动作。

导师：特别是，当这是一个新的词或动作时，她可能需要多听多看，需要你重复几次。如果在你重复这个词或动作后她还是没有主动回应，你还能做些什么呢？

德博拉：我不能帮助她说出这个词，但我可以帮助她表达这个意思，或者我可以想一想有没有什么手势或动作可以指代这个词，方便她更容易地告诉我她想要什么或在想什么。她可以指向拼图块放入的对应位置，或者把她想让我放入的下一块拼图块递给我，或者她可能会喜欢我在我们放入所有拼图块之后画条鱼，或者唱一首"滑溜溜的鱼（Slippery Fish）"。

导师：你知道很多可以帮助她沟通的策略。你的想法很好，在词汇和语言还跟不上的时候，可以用手势和有趣的身体动作吸引她的关注。我们要再次练习一下吗？

德博拉：是的，也可以尝试不同的活动，比如换衣服。她不喜欢我帮她换衣服，但如果我边换衣服边唱歌，她就能接受一些。也许我们可以练习沟通策略，而不是我一直唱歌。

导师：我们下一步就练习这个。

导师协助德博拉对活动进行复盘，并制定下一步的计划，以继续培养女儿的沟通技巧。导师首先要求德博拉回顾她在激发利娅沟通方面使用的策略，并鼓励她详细描述更多的信息，以便更好地理解她的想法。导师肯定了德博拉的进步，并列举了更多例子来说明她已经掌握了这些技能。对话中导师还提出了开放式问题，以帮助德博拉拓展思考更多支持利娅沟通的策略。导师和德博拉决定继续关注沟通这个主题，以便她可以在利娅不太喜欢的日常流程中帮助利娅练习手势和口语沟通。

在以上两个辅导示例中，导师鼓励家长探索和运用与辅导主题相关的知识、技能和经验，并根据需要做出调整，采取下一步行动。在这两个示例中另一个突出的部分是，导师给到家长的建设性意见，针对家长的自我反思进行分析和回应，提供了进一步的支持。导师首先跟随家长的思路，以确保自己能准确理解家长的想法、观点和需求。导师可以先等一等，不急着提供建议。即使导师明确知道家长可以使用其他策略，也会先保留意见，鼓励家长独立思考、形成自己的解决方案，导师会列举分析自己观察到的细节来支持家长的想法。

当导师提供建议、想法或反馈时，语言力求清晰、简洁，并且做到与进行的活动相关。导师会描述家长与孩子互动行为的具体示例，以便家长能够将反馈的内容与自己及孩子的行为联系起来，更好地理解导师所表达的意思。还有一点，导师要避免在对话中使用批评或负面的语气。导师无需指出任何被忽视或错误的行为。家长与导师之间的对话促进了信任、尊重和开放关系的建立。在以上两个辅导示例中，家长辅导会继续进行，鼓励家长进一步练习，增进对目标技能的理解，建立更多信心。下面框架里的内容总结了这个反思/评估过程的关键特点。

导师将继续使用观察、复盘、反馈和实践的流程来进行总结和计划（在下一次讨论之前的计划），以及与家长共同回顾辅导成果。

最后一项辅导活动结束之后紧跟着的是评估。基于评估制定出一周的计划，而不仅仅是下一项活动的计划。在评估讨论中通常会对整节课所练习的技能进行总结，并在家长自行练习之前巩固他们的理解。同时需要注意将技能泛化应用到其他家庭活动当中。在制定计划时，家长需要设想在一天和一周的不同活动中运用到目标技能或概念（也就是"泛化"）。附录 A.4 的"活动类型图鉴"，以及附录 A.3 的"家长日常练习图表"都可以作为讨论时的视觉辅助工具。在家长讨论、计划这些不同活动时，导师可以帮忙记笔记，直接记录在每日表格上。在评估环节，任何关于家长所做事情的记录都应该拿出来仔细分析和讨论（如睡眠记录、食物记录、词语清单）。

辅助家长进行自我反思

- 导师以开放性的问题来引导家长进行反思（或者以导师自己的反思开头）
- 导师复述家长的意见，确保准确理解了家长的想法
- 导师针对影响孩子学习 / 行为的家长操作做出反馈
- 导师和家长讨论活动过程，梳理家长已经掌握的技能以及需要继续精进的技能
- 针对还未掌握的技能，导师鼓励家长自己寻找解决办法
- 导师的语气应该是体贴关切的，让人容易接受的，不要颐指气使或者苛责家长

这也是讨论孩子进展情况的好时机，导师可以分享在活动过程中记录的数据，指出孩子能力有所提高的技能领域，以及没有进展的技能部分。紧接着就可以帮助家长计划在下一周内重点干预的儿童技能，确保家长知道如何引导这个技能，如何促进孩子更快地掌握，并且了解在哪些日常活动中可以练习这个技能。

针对孩子的技能发展设定一个具体的目标，在下一次家长辅导中评估学习进展，并且记录下来，作为导师和家长的参考（在课程计划表上进行记录！），这些都展示了孩子学习进展的重要性。导师可以提议通过电子邮件或短信与家长沟通技能进展情况，或要求家长在这节课和下节课之间的特定时间主动发送信息或电子邮件跟自己同步情况。为家长设定一项具体的目标以及明确的课后练习计划，这些通常会让家长更有动力，同时也保证了能迅速地发现和解决家庭教学中的任何问题，让家长和孩子少走弯路。如果在目前阶段来说，在家中教授这个技能过于困难，那么这个问题本身就可以作为下节课讨论的第一个主题。在最终轮的复盘—评估—计划的讨论结束时，导师可以询问家长在本节课中有哪些部分是特别有帮助的或完全没有帮助的。这样家长可以向导师直接反馈相关的课程体验。

回顾整节辅导课程能帮助导师和家长评估家长和孩子的进展。这也为家长提供机会，直接反馈出家长辅导课程的实用性和对自己的影响。导师需要了解家长的真实想法，家长认为辅导课程有多大帮助，以及家长还需要什么样的支持来促进他们学习，辅导课程和辅导关系还有哪些需要改进的部分。家长的反馈有助于导师对自己的辅导技能进行自我评估，以及了解哪种风格、技巧、沟通和互动形式最适合这位家长。

可能存在的问题

导师在每个活动结束后，甚至在活动过程中，经常扮演啦啦队队长的角色，目的是强化家长的努力，从而让家长更有动力。根据汉夫特等人（Hanft et al., 2004）的建议，我们全力采用一种不同的辅导风格。表扬/赞美之中蕴含着评价和威信。通常来说儿童更需要这种反馈，因为他们还不能做出自我评价，但成年人能够进行自我评价。家长需要具备自我评价的技能，因为他们有大量的时间与孩子相处，而这些时间里导师都不在现场。家长和导师共同进行自我反思的过程促进家长提高自我评价技能，这样导师不在场的情况下家长也能独立进行干预。这种自我评价过程是从治疗师进行自我工作评价的框架中演变而来，每节课一次，这也是成年人用于自我监控和改进工作的常用工具。因此，我们要尽量抑制在活动结束后立即赞扬家长的冲动,让家长能学会自我评价,从而可以对成功的部分做出自我肯定,纠正错误的操作。这种学习会伴随复盘、聆听家长的自我反思,分享观察到的家长和孩子的目标行为和情感,关注家长行为对儿童行为的影响,以及梳理已经掌握的主题和技能的整个过程。

讨论时间 / 环节

在这个环节,我们可以回到家长在本节课早些时候提出的、还未得到解决的问题,或者询问家长是否还有其他想要探讨的问题。如果没有,就可以继续进行下一轮的活动和反思,直到本节课结束。如果有问题需要讨论,鉴于本环节时间较短(10 分钟左右),可能没有机会详细讨论多个问题(因此家长需要提前确定优先级),也没有机会解决任何大问题,但是我们可以制定行动计划,导师和家长可以在下节课商议出解决方法。孩子的某一项行为问题可能需要进行具体描述和定义,以便在家中收集频率等数据,可以将其列为下一次课程的讨论重点,讨论的内容包括行为的 ABC,跟进其他家庭成员对此行为的反馈,讨论是否需要转诊或寻求其他咨询,不管是寻求专业团队以外的资源还是与现有团队内的其他咨询资源(其他成员在这个特定领域的专业知识比导师更丰富)。家长学习过程的一个重要部分是亲历每个步骤,收集所需的信息,并确定必须完成的任务,制定行为计划,从而改变行为,这些技能帮助家长在未来独立解决问题。在讨论的尾声,导师要记录下必须延伸到下节课的计划或主题,将之设定为下节课的目标。如果某一项新的技能或者问题需要在下节课之前跟进情况,那么也应该一起列入计划当中,因为这个环节之后就到课程结束环节了。

结束环节

课程结束环节是大家各自准备离开的时间。在这段时间里,可以简要确认和记录家长和导师设定的行动方案,确认下节辅导课程的日期和具体时间,并在门口与家长和孩子告别。在这个环节,很容易重新陷入漫长的讨论,导师必须有意识地发出结束的信号，"暂停"所有需要进一步讨论的话题，留到下节课继续。导师也可以通过肢体语言来表示课程结束：起身、收集材料、与孩子道别。

导师的自我反思与记录

在与家长和孩子分开后，关上门，无论导师此刻是独自一人在治疗室里还是坐在车里，都可以花5分钟的时间整理思绪。导师需要完成关于孩子进展的笔记；记录在下节课需要解决的问题和主题，行动计划、成功的部分或担忧的问题；或者完成一两张数据表的记录。在整理自己想法的时候，可以在文件夹板上放上一张新的计划表，用这张表来计划下节课的重要事项。使用家长辅导的信效度表格和评分工具（详见附录A.9或者A.10）可以帮助你反观自己的辅导风格和课堂管理情况，这也许会给你计划下节课的内容提供一些新的思路。花点时间回顾一下自己在本节课中的情绪状况。这些有助于你自己进行复盘—评估—计划的过程梳理。当你开始会见下一位客户，开始另一节课的时候，就无暇顾及这些情绪了。本环节的信息也可以用于同侪督导，当在家长辅导过程中出现的问题引发了沮丧、自我怀疑的时候，当家长不满意或者自己不满意的时候，当你陷入愤怒或绝望的时候，这些能帮助你寻求额外的帮助。

未完成的任务

到目前为止，我们一直在完善基本原则和实践操作，使我们能够支持孤独症儿童的家长在家庭日常活动中嵌入干预实践。我们的研究表明，家长完全能够学会这些知识，并且能按照要求准确地执行核心操作。所描述的家长辅导方案已经一再证明了家长可以学会这些方法，并将其应用到家庭环境当中，在每周一次的课程结束后仍然能够保持这些技能。

然而，在家长辅导中，在促进家长学习之外还有更多的事情需要处理。本章接下来将重点关注与家长辅导有关的三种情况，这些情况往往发生在家长辅导进行了几个月之后，聚焦在如何确保儿童从家长实施的干预中得到所需的帮助。这三种情况是：第一，如何在辅导课程中增加对儿童的干预进展和目标的关注，同时在以儿童为中心的互动中仍然做到重点关注成年人的行为。第二，涉及与家长的辅导关系中存在问题时相应的处理方式。第三，涉及如何妥善地结束辅导关系。

在辅导课程中关注儿童的学习目标

到目前为止，我们一直专注于帮助家长掌握支持孩子学习的互动技巧。然而，孤独症儿童的核心障碍造成的结果就是很难学习他人。孤独症儿童在社交沟通、共同注意、模仿和假扮游戏方面存在困难，他们对社交互动的兴趣偏低，他们有着重复刻板的行为和狭隘的兴趣。在日常情境中，这些都给家长带来了很大的挑战。当我们评估儿童的技能来制定学习目标时，我们会看到学习障碍所带来的一系列问题。

P-ESDM 与其他以家长主导的干预方法的区别在于，我们相信对于大多数儿童来说，他们的学习需求必须在家长实施的干预中得到直接解决，以促进各个领域的全面发展。毕竟，帮助孩子进步就是干预的目的！那么导师该如何促进这一目标的实现呢？这是一个循序渐进的过程，从导师在每节课中记录孩子的进展数据开始，家长也会逐步掌握新的知识。

每周，导师都会记录孩子在干预目标上的进展。为了跟踪进展，导师必须观察与干预目标相关的亲子活动。虽然有些目标可以在任何类型的活动中加以练习，比如语言、模仿或社交互动之类的；但其他类型的目标，例如假扮游戏、自理技能和精细动作，则需要特定的材料、操作和主题来完成。为了监测这些领域的进展，导师必须看到家长在课程中有围绕这些目标进行针对性的活动。因此，从记录数据开始就对活动进行了选择和塑造，从而做到将侧重点放在儿童的干预目标上面。对于那些不是家长首选的活动（假扮游戏通常是其中之一），则需要导师对家长进行引导，要求他们选择能引发孩子目标行为的道具和活动。这对于家长来说是一个重要的学习机会，在这个过程中他们可能需要辅导和支持，来了解如何以满足孩子学习需求的方式来进行这项活动。因为这是一个专注于儿童学习而不是家长习得技巧的新活动，所以最好是放在一天的最后一项活动中进行。导师通过活动来辅导家长，并指出孩子当前的能力水平和目标技能。在这个时间节点，可以顺其自然地问家长是否有信心在接下来的一周在家里独立练习这项活动。如果家长表示同意，在下一节课的讨论时间里可以回顾这个问题，以帮助家长制定掌握活动操作的计划。记录数据的过程本身已经直接地将孩子的学习目标引入到家长辅导的课程中。这就是为什么我们强调要在课程中始终记录数据的原因。

数据带来的第二点好处是有助于将注意力放回到孩子的学习目标上，当导师开始总结自己所观察到的进展时，这一过程就会发生。我们期望在几周的时间里，孩子在社交、沟通和游戏等许多方面都有所进展，因为家长学会了更好地帮助他们保持注意力、参与活动、沟通和模仿，这些可以在所有的活动中进行。与家长分享孩子在具体目标上的进展，对于家长来说也是个莫大的鼓励，能促进家长更加努力地做出改变。分享的环节可以放在导师完成了反思—评估—计划的亲子活动流程之后的任意时间。向家长展示数据表和取得的进展进一步肯定了他们的努力。这也可以让导师更多地关注到孩子没有取得进展的部分，对此导师可能会在讨论时间中与家长分享，将其作为下一周的家庭活动或列入下一周的课程计划。有些技能需要进一步加强，比如孩子在第一次下指令时就做出反应。对于在发指令时总是搭配手势或总是多次重复指令的家长来说，孩子没有机会展示这项技能。导师会指出这个问题，然后要求家长留意这种行为，尽量只给一次指令，然后给出辅助。导师还可以跟家长一起进行角色扮演，以确保他们准确地理解了这样的操作。这一部分也可以作为家长本周的"家庭作业"。请参阅附录C中提供的，简单的自我监测工具的示例，家长可以使用这些工具让自己在家里更加专注于正在学习的新技能。

通常情况下，在课程结束后的复盘时间，导师往往才会意识到孩子在一个或多个目标上没有取得进展。这种情况下，支持儿童学习这一技能的需求可以优先考虑列为下一次课程的主题之一。将孩子的学习目标列入家长辅导课程的计划中，导师通常会先向家长演示"如何做"，然后请他们模仿。出于种种原因，我个人不会使用这种方法。我们更倾向于先与家长讨论这项技能，让家长和孩子在某项活动中进行互动，然后在合适的学习机会出现时指出来，并根据需要辅导家长支持孩子学习目标技能。通过这种方式，家长亲身体验了帮助孩子学会新技能的过程，这一进展是从他们自己主导的亲子活动中和他们自己的互动风格中产生的。我们选择不进行技能模拟，是因为我们希望家长能亲身体验，按照自己的方式来做。

随着干预的进行，家长获得了越来越多的技能，我们也持续保持着对孩子干预进展的关注——同时将最初的关注点从家长的学习转移到了家长和儿童的共同学习上来。随着家长开始展示他们正在学习的技能，课程也变得越来越专注于儿童的学习。通常，在第一个活动中我们会用热身环节来开启我们的课程，使用信效度的数据来发现任何需要家长检核的领域，然后在剩下的活动中就会将重点放在儿童的学习目标上，在这些活动中家长会用到自己所学的技能。

我们的数据显示，平均在八节课之后，家长能掌握导师一直辅导他们学习的技巧。到这个阶段，导师会在维持家长技能的同时关注儿童的进展，并且在每个活动中都专注于孩子的学习。导师继续记录家长的信效度数据和孩子的进展数据，但导师和家长可能会转向协同干预，他们在干预过程中交替进行互动，每个人都关注着孩子的学习和进展，都关注干预技巧，都努力地将这种互动方式嵌入到更多的孩子日常例行活动中。

辅导关系中的挑战

我们前面已经提到的理念和方法有助于建立积极的导师—家长合作关系，既能提高家长的能力，也能增强孩子的技能，并且能获得较高的家长满意度。我们的数据也显示了这一点！然而，无论哪种关系都有可能出现问题，有时这些问题会长期存在。家长可能会开始找新的专业人士，或者要求结束辅导关系，或者要求由干预师提供直接干预，当这些情况出现时，预警信号其实早就出现了。

频繁取消课程，缺席课程，没有时间练习，更乐意与导师交谈而不是与孩子一起学习，辅导课程中家长的态度和行为发生改变，家长或儿童的数据没有进展，要求干预师直接上手干预而自己只想旁观——所有这些都是事情不顺利的迹象，需要妥善处理。我们之前已经讨论了用于解决动机问题的动机访谈的有效性，它为需要进行的专业讨论提供了一组非常实用的辅导工具。当预警信号出现时，导师的第一步是寻求具有处理这类问题经验的同行或主管的指导与支持。对于处理问题的讨论需要列入导师辅导课程计划的一部分，以便导师可以有思考、有计划地进入讨论的主题，而不是直接面对负面的情绪和防御性的情感。

当你准备以导师的身份提出这个话题时，讨论时间就是个很合适的机会，可以讨论所观察到的迹象并提出自己的担忧。在点评了当天课程中成功的部分之后（记得家长和孩子做得好的地方都要提到），就可以适时地提出你观察到的预警信号了，并且分享你认为这些信号反映出家长与你一起工作时可能遇到了哪些困难。可以直接询问家长有什么困难，然后保持恰当的沉默，准备深入倾听，同时也给家长一些时间，思考一下自己要说什么。家长可能会直接告诉你问题是什么，你可以平静地接受这些信息，避免出现防御心理，并客观冷静地回应他们所说的任何内容。也许家长想解决问题，并且愿意与你一起找到解决办法；也许家长想要换一个导师；也许家长想尝试不同类型的方法；也许家长希望你的辅导更加明确，更具有指导性。你与家长讨论了问题之后，可能会得出一些解决方案和行动计划，这些计划可以在下一次课程中进行尝试，并且双方都愿意主动寻找解决方法。在这个过程中，所有人都看到了这段关系的价值，表达了对已完成部分的肯定，在始终以孩子进步为核心的优先级上达成了共识。

也许家长会回避问题或否认问题的存在。在这种情况下，导师仍然可以预约下一次课程，然后建议家长在下节课上尝试一些不同的事情。询问家长是否有特定的想法或想要调整方向，如果他们回答"没有"，那么导师可以继续像往常一样结束本节课，并在下一次课程的热身活动之前，在问候的环节回到这个问题。随着时间的推移，两节课之间的空档让家长有机会仔细考虑这个问题，更好地复盘他们的想法和需求，这也是考虑到上次课程结束时大家可能都不在一个很好的情绪状态。

这些情况对导师来说是个不小的挑战，他们可能需要来自同行督导小组的支持，需要具有相关经验的主管或团队中的心理健康专业人员的帮助。在大多数情况下，导师能做的最有帮助的事情是针对问题进行开诚布公地沟通，大多数的困难都能通过讨论和沟通得到一些改善，哪怕家长这边并没有太多的共情。在主动提出问题的过程中，导师对家长和孩子以及辅导关系的关心和重视程度已经得了充分的体现，这本身就可以加深关系并提高各方继续工作的动力。

结束辅导关系

家长辅导通常是一项阶段性的课程，填补了孩子在三岁之前还不能接受公立学校教育的空白。干预关系的结束是干预师工作的常规事项，结束的方式可以是各种各样的。可能是导师和家庭在之前已经约定了课程节数，在服务一开始就进行了沟通。例如，这种情况在学科研究中经常发生。或者，当导师和家长双方都认为辅导课程的目标已经达到了，而且家长对自己有信心，能在导师不在场的情况下对干预知识运用自如，独立地进行自我评估和自我纠正，这时辅导课程也有可能结束。有时，保险的额度用完了，或者补助资金用完了，辅导课程也可能会结束。或者家长需要开始另一种干预，时间不够用了。

关系的结束对于导师和家长双方来说有可能成为负面的经历。导师可能会认为还有很多未竟事项，或者完成的内容很少，导致出现失败感、"冒充者综合征"，或者对导致课程必须终止的系统很不满，因为家庭配合度低而感到愤怒。导师也可能会感到极度的内疚，因为孩子几乎没有得到他/她所急需的干预，或者因为孩子白白耽误了学习的时间而难过。

家长也可能对于结束辅导关系充斥着负面的情绪，认为这段辅导是在浪费时间；或者导师在辅导中让他们感到手足无措，准备不充分，感到孤立无援；又或者悲观地觉得再也没有人会像这位干预师一样全心付出，帮到自己和孩子这么多了。

在辅导关系结束之前，导师可以采取一些措施，让每个人提前做好结束的准备，让辅导关系积极地结束，这需要导师持续地关注家长在帮助孩子学习和孩子进展方面所取得的成绩。这几章里面提到的增强家长的独立性、问题解决和决策制定的能力等目标的实现，都可以为辅导关系结束后家长的独立干预奠定基础。最后几次课程中导师应该引导家长更多地关注孩子的进展。家长多使用自我监察工具和数据记录工具，能够自行评估收益和需求，以及加强问题解决能力和将新知识应用于决策的能力。导师从带领和辅导的角色转向了从旁支持，更像是家长的回音板，用来试探家长的想法，而不是内容的发起者。课程内容转变为维持已习得的内容，继续在家庭例行活动中使用目标、步骤和数据系统来增进孩子的技能——具体内容根据家长的偏好从简单到复杂都有。鉴于在辅导课程中孩子已经取得了很大的进展，导师可以从专业的角度为家长再提供一些新的目标建议。如果之后的干预资源不会为家长提供居家干预的帮助，那么这些内容将是最实用的。

在结束辅导的前四周，课程计划可以转向家长根据自己在课程结束后的需求来选择当天的课程主题，这样的安排可以在每段辅导课程的最后几节课中进行。跟家长讨论他们所需要的额外辅导资源，这对于未来的干预很有帮助，也让家长感到安心。在有些辅导关系中，课程频率可以有意地开始减少，从每周一次变为每两周一次，帮助家长做好结束的准备。有些导师可能会在最后一次课结束的几个月内继续保持每月一次的见面，以持续支持家长的独立干预。如果导师没办法安排定期的后续见面，可以与家长一起探讨，是否有另一位可以胜任导师角色的同事或其他资源能够提供帮助。如果计划了后续见面，我们发现在见面中保持与辅导过程相同的活动结构很有帮助，在讨论的环节决定下一步的策略。

最后一次辅导课程通常是苦乐参半的，我们会进行回顾和展望。使用相同的课程结构，通常是与孩子进行一次活动，以观察孩子的进步，也是享受与孩子互动的过程。讨论时间是一个检阅已经取得的成就和进展的时刻。家长和导师将分享这次经历中他们各自的成长，以及他们如何一点点地看到了孩子的成长。家长可能会带来一份小礼物，导师可以与孩子一起进行一些艺术创作，将作品保留作为纪念，或者家长可能邀请导师和孩子一起摆姿势拍照留念。家长也会意识到，在这段时间里建立起来的协作关系不会轻易消失，也不会被遗忘。

结语

本章带着导师完整地梳理了家长辅导课程的常规流程，为导师提供了一个辅导课程的模板，这个课程框架计划了大量的亲子互动时间，同时也为更大范围的人际关系的建立提供了支持，做到了以家庭为核心，这些都是导师想要提供的内容，同时也是刚诊断的小龄儿童的家长非常需要的。我们还讨论了，当专业辅导关系已经建立起来，并且家长已经进行了数周的实操之后，这个阶段可能会出现的问题。对应的解决办法包括：加强对孩子学习本身的关注，在家长掌握了一定的干预技能之后调整为联合干预的课程模式，以及在必要时妥善终止辅导关系。我们还讨论了应对潜在挑战的方法，所有这些解决方案的制定和执行都需要从其他人那里获得一些持续的支持，因为这对于导师来说也是一件费心劳神的事情，需要获得更多自身以外的能量和支持。早期干预服务（从孩子出生到三岁）中的辅导关系从本质上来讲是一段短期关系，而这段辅导关系的终止也是苦乐参半的，结束的时间既是回顾和庆祝已取得成就的时刻，也是失落感袭来的瞬间，这段伙伴关系的结束意味着双方时刻围绕着孩子需求的干预也随之终止。

第七章
如何给家长引入新的干预主题及策略

随着早期干预师从直接干预到辅导家长主导干预模式的转变,我们发现,给家长引入新的干预主题通常会出现很多困难。核心的困难主要有三点。第一,有的专业人士反馈,很难将早期干预领域的专业研究和实践文献中的概念呈现给家长,讲这些内容时就像研究生导师在讲课。照本宣科的讲座会让这些概念变得晦涩难懂,而使用日常的语言来表达会让家长更加轻松,并帮助他们将新的信息与自己当前的育儿方式联系起来。第二,干预师反馈说很难将话题介绍压缩到5~10分钟,经常讲着讲着就发现自己讲了太久,以至于整节课偏离了实操的重点。第三,干预师发现,很难让家长充分地理解课程中所涉及的干预技能的重要性以及如何将它们融入日常生活中。

本章的目的是为导师提供一些引入新主题的指导方针。虽然这些主题主要参考了《孤独证儿童早期干预丹佛模式:利用日常活动培养参与、沟通和学习能力》(Rogers, Dawson & Vismara, 2012)一书中的内容,但它们与许多针对孤独症的自然发展行为干预方法中涵盖的内容相似,可以为不同专业领域的干预师提供参考。

主题一:获取孩子的注意力,打好学习的基础

基本原理:获得儿童的视觉关注对学习非常重要

与家长分享的内容:观察他人所做的事情(动作、手势、面部表情)以及听取与这些行为相关的语言是幼儿了解世界、他人和周围物体的方式。幼儿依赖这

种环境的熏陶来发展技能和语言，支持自身里程碑的发展。事实上，幼儿的大脑自然地就会产生观察、倾听和回应他人的连接，从生物学角度来说，这些互动与饥饿、疲劳、害怕时大哭一样，都是重要且必要的反应。

写给导师：强调幼儿对他人的关注，而不仅仅是对周围环境的关注，这对于观察性学习的发展至关重要。

补充说明：为什么这一点对孤独症儿童如此重要？

与家长分享的内容：孤独症儿童在观察、倾听他人和与人互动等方面的兴趣不如其他儿童浓厚。对他们而言，物体比人更简单或更有趣。物体的表征是直接而具体的。跟物体能进行的操作互动是有限的，通常来说，跟物体互动的结果是可预测的。与人的互动则完全相反，过程中需要更多的技能（观察、倾听、理解、说话、行动或移动），这些技能是同时使用的，而且在每次互动前无法预测将会发生什么。

当孤独症儿童与物体（而不是人）相处的时间更长时，他们会错过与人互动的学习机会。他们错过了看和听他人所做和所说的机会——身体动作、肢体语言、面部表情、手势和口语，也就错过了学习机会。随着时间的推移，错过的机会越来越多，孩子的学习速度会减缓，技能增长的潜力也会降低。辅助儿童更多地关注到他人的面部表情、声音和行为，使他们在互动中获得最多的社会性学习，这也是家长辅导的第一项主题。

写给导师：列举在亲子互动中观察到的社交行为、语言或情感示例，或者提出家长分享的内容中所包含的孩子对人关注的表现，用来强调为什么更多地关注他人意味着更多的学习机会，这对儿童的发展至关重要。

增加儿童对成年人关注的五个步骤

与家长分享的内容：命名和描述今天要学习的步骤（或策略）。帮助家长选择在哪些活动中与孩子练习这些策略，并帮助家长制定在下次辅导课之前的实操计划，提供问题解决方案。

写给导师：时刻留意家长在亲子互动中已经使用了哪些互动技能。还要留意有哪些技能需要在辅导课程中继续加强。当然前提是不要一次性给出过量的信息，让家长混淆，倍感压力。

步骤1：找到儿童的兴趣点

与家长分享的内容：当我们知道儿童喜欢什么材料、活动、游戏、动作、声音效果或有哪些兴趣点时，我们可以帮助儿童产生更强的动机，提高参与度。我们要始终记住，儿童需要通过观察、倾听和参与来学习，如果没有活动或互动为载体，这些都不可能发生。通常来说，有参与活动意愿的儿童也会希望互动能继续下去，这意味着提供的学习机会越多，活动的持续时间就越长。让我们一起观察或讨论你的孩子喜欢什么。

写给导师：与家长分享一些亲子活动的思路，并与家长一起观察孩子的行为。孩子主动拿了哪些材料，看向哪些材料，触摸了什么材料？孩子如何操作或玩这些材料？孩子说了什么词或发出了什么声音？鼓励家长在你发表观点之前先分享他们自己的观察。

步骤2：主动迎上孩子的目光，找到合适的位置

与家长分享的内容：在互动中，如果儿童没有关注他人的声音、面部表情和行为，学习就无法更进一步。我们希望儿童在互动中轻易地就能做到关注他人。当家长主动位于儿童的视线焦点处，儿童自然会看向他们——他们的眼睛和面部表情、他们视线看向的地方、他们说话时嘴巴的动作、他们在操作玩具或物体时采取的动作，家长也需要找到支持儿童身体和感官需求的合适的位置或活动。儿童与家长一起看书时坐在豆袋上面，这样可以获得更好的背部和脚部的支撑吗？如果长时间的安坐对于孩子来说比较困难，可以让孩子靠在桌子上吗？在玩社交游戏或唱歌时，躺在地上是一个选择吗？如果要让一个被动、安静的孩子玩儿起来，要怎样设计运动类的游戏？如果是一个精力旺盛、感官需求较高的孩子，又要怎么设计游戏避免让他过度兴奋呢？让我们一起集思广益，想出提高孩子关注

度的方法。

写给导师：请参考这一步的活动思路，帮助家长找到与孩子互动时的合适位置。参考孩子在步骤1中的表现与家长一起思考，哪些位置是合适的。鼓励家长多分享他们的想法，遏制住自己想先分享的念头。

步骤3：消除干扰

与家长分享的内容：我们要随时留意，并有效管理那些会分散孩子注意力的干扰因素，避免影响到孩子对家长、对活动、对有趣的氛围以及学习机会的关注。干扰因素可能是以下这些：某些玩具或材料；一次性给孩子提供多少种玩具/材料；孩子已经使用某样东西的时长；电子设备，如手机或平板电脑；背景噪音；甚至是参与互动的人数。一旦我们了解到哪些是（或可能成为）干扰孩子注意力的因素，我们就可以讨论如何消除它们，帮助孩子更多地关注到家长。

写给导师：分享活动建议，以帮助家长确定真正的或潜在的干扰因素（如果他们不能确定），以及提供管理干扰因素的工具。你可以分享之前在亲子互动中观察到的情况，来帮助家长复盘，可以以提问或陈述的形式进行分享。

引导家长回答以下问题，帮助他们规划方案：

- "当你尝试与孩子一起玩橡皮泥时，你注意到了什么？"
- "你是如何将孩子的注意力逐渐从桌子上的橡皮泥盒子转移，让孩子看向你手里的橡皮泥盒子的？
- "我注意到你和孩子妈妈没有同步执行轮流的策略。"

步骤4：确定孩子的社交舒适区

与家长分享的内容：关注孩子对其他人的靠近会做出怎样的反应，这有助于评估他们在互动和学习中的社交舒适区。如果孩子会向后倾或退后一步，远离靠近自己的成年人，表明孩子对近距离的相处感到不适。如果孩子看向靠近的成年人，或者观察成年人在活动中的行为，甚至嘴角露出微笑，这表明孩子能够接受近距离的相处。我们通过观察儿童释放出的信号，特别是根据他们的非言语反应（身体语言、面部表情、动作）推测他们的舒适程度，并在必要时进行调整。你的孩子在今天或之前的活动中感到舒适时会有什么表现？在不舒适的社交场景中又有什么表现？我们应该如何回应来尽量改变不舒适的部分？

写给导师： 提供这一步的相关活动建议，引导家长分享孩子在舒适和不舒适的社交场景时分别有什么反应，以及如何应对这些反应。可以考虑以提问或陈述的形式来分享你对孩子活动表现的观察，帮助家长复盘。

引导家长回答以下问题，帮助他们规划方案：

- "你觉得孩子在唱这首歌时的社交舒适度怎么样？"
- "当你边唱歌边向孩子靠近时，孩子有什么反应？"
- "你觉得在活动中自己处在哪些位置比较合适？"

步骤5：跟随孩子的引导，加入活动

与家长分享的内容： 倾听是一种支持孩子学习的关键策略。对于语言表达能力不强或者没有口语的孩子，我们希望遵循四种策略，让孩子感到家长的存在，知道家长关注着他们，并且愿意倾听他们的分享。这四种策略分别是表现兴趣（showing interest）、叙述（narrating）、辅助（helping）和模仿（imitating），以建立与孩子的关系，并鼓励他们主动表达自己的想法，展现社交兴趣，而不仅仅是单方面地回应我们。

表现兴趣是侵入性最低的策略，也是一个很好的起点，尤其适合于会中途离开活动，或者在家长试图加入活动时出现负面情绪的孩子。家长处在足够靠近孩子的位置，让孩子感知到自己的存在，同时又保持一定的距离，避免孩子因为不适而离开活动；面向孩子，方便观察孩子的行为，做出鼓励的手势（或点头、微笑），发表简单的、描述性的评论，跟随孩子的表达来体现自己的存在，并表现出对孩子关注点的兴趣。对于非常回避社交的孩子，家长可以坐在孩子旁侧，表明接下来不会有过多的互动。这个策略的具体操作是点头、微笑和观察——向孩子传达家长对他们的关注点同样感兴趣，并且正在密切关注，同时展现友好的面部表情，而不是强行改变孩子的关注点并要求他们做些什么。

叙述的策略类似于比赛实况解说，即描述孩子当下所做的事情（用简短的句子！）。这个策略为家长提供了思路，让家长能够跟随孩子的动作、情感、能量和状态来进行相应的表达或采取相应的行动。在叙述的过程中要及时观察孩子的情绪状态和行动节奏，让自己的描述和孩子的状态做到同步，这样的互惠方式可以表现出家长对孩子的关注，让孩子知道，家长与他们的情绪状态处在同一个波段。

在孩子遇到明显的挑战前，提前提供辅助，也是一种参与互动的方式，可以使孩子更容易实现自己的目标。帮孩子获得下一个玩具或完成更具挑战性的任务让家长能够更多地以积极的角色出现，而不是带来不安或挫败情绪的角色。提供帮助不是生硬地要求孩子做出哪些行为，而是辅助孩子，使他们能更容易地实现目标。

模仿孩子是四种策略中"最具侵略性的"策略，但对于已经尝试过前三种策略的家庭来说，这是下一种要尝试的策略，这些家庭中的孩子往往也能够很好地接受家长作为帮手加入自己的活动。模仿意味着拿起与孩子手中一样的物品，执行相同的操作，或将物品递给孩子。家长还可以模仿孩子的动作、声音、面部表情或其他。

家长在使用这四种策略的时候并没有主导互动，而是展示给孩子，他们看到了孩子正在做什么。这样一来，孩子会更多地关注到家长，并且更容易接受家长的存在。

写给导师：参考这一步的思路和提示，帮助家长做好练习的准备。要逐个练习不同的策略，而不是一次性地在一段互动中练习所有四种策略。可以安排更多的课时来支持家长和孩子进行这些策略的练习。

主题二：为什么亲子互动对所有人都如此重要

与家长分享的内容：帮助孩子在与他人的互动中找到乐趣对孩子的发展非常重要。乐趣意味着更多的机会、更长时间的注意力，以及更强的动机来练习和学习新技能，尤其是那些一开始比较有挑战性的技能。互动中的乐趣吸引着孩子通过看、微笑、动作（迈出一步或挥动手臂）的方式与他人互动，兴奋地期待着活动继续。他们发出信号，表明"我喜欢这个""我很开心""再来一次"。这些瞬间为家长提供了机会，教导孩子如何将信号发展成清晰的手势、动作或词语。这种交流引导和支持着孩子主动成为沟通的主导者，而不仅仅是被动的观察者。

写给导师：为什么乐趣是帮助孩子学习的重要因素，主要有以下六点原因：

1. 更多的乐趣＝更快地学习。我们都想要继续自己喜欢的活动，道理很简单，是其中的乐趣使我们坚持下去，对于孩子来说，更多的练习意味着更快地学会新技能。

2. 更多的乐趣＝更多的学习机会。与孩子互动的时间越长，就可以为孩子创造更多的学习机会。

3. 在学习活动中增加乐趣有助于学习和记忆。愉快的活动比机械地走流程更能激发高效的、持久的学习。

4. 与他人继续某种活动的意愿是孩子学习沟通的基础。看、猜测、微笑、伸手、兴奋地蹦蹦跳跳等信号都可以发展成清晰的手势、词语，然后最终形成句子！这对于家长来说是最好的教学机会之一。

5. 喜欢的活动本身就是一种奖励！在孩子表达还想要之后，重复他/她喜欢的活动会极大强化孩子的沟通。在游戏中教学的效果就建立在这种自然的奖励系统之上。

6. 为孩子提供源源不断的快乐，让自己成为乐趣的来源，这可以全方位地提高孩子对你的关注。当孩子关注到你用来开启活动的提示信号时，他/她会更多地观察到你的沟通方式（Rogers & Dawson, 2010, p. 92）。

这六个要点可以做成宣传页，随时与家长分享。

为什么缺少乐趣会成为问题？

与家长分享的内容：我们从与他人的互动中学到沟通和语言、批判性思维、推理、游戏、交友等心智和情感生活的各个方面的技能和能力——从与他人互动的循环往复中学习。每天，我们从这些交流中获得新的实践经验和更深层次的洞察和知识。当社交互动被遏制或受到限制时，我们将错失观察、倾听、行动和学习的机会。本章介绍了一种社交互动游戏，旨在让孤独症儿童在与他人的互动中找到乐趣和学习的价值。这种游戏被称为"感觉社交游戏（sensory social routines，SSRs）"："感觉"是因为这些例行程序通常涉及感官刺激；"社交"是因为活动的主体是你和孩子，而不是游戏中使用的物体或感官材料；"游戏"是因为这些活动或游戏的流程有部分是固定的，这让整个流程变得熟悉和可预测。可预测性让孤独症儿童学习如何主导与他人的互动（通过手势、动作和语言）变得更加容易。我们希望孩子成为主动的学习者，能够主导自己的行为，而不仅仅是被动的观察者，被动地对他人的行为做出反应。接下来，我们将探讨通过三个步骤，来促进孩子参与和学习，做好主导者。

写给导师：在面向家长的说明中，你可以提及家长已经与孩子进行过的技能练习，或者是家长希望孩子在感觉社交游戏中学会的技能，让家长看到感觉社交游戏里面所提供的学习机会。如果家长没有主动提起这些信息，可以引导他们反思并分享实例。

如有需要，协助家长回答以下问题，帮助他们规划干预内容：

- "在与孩子一起进行的感觉社交游戏中，有哪些学习的瞬间让你印象深刻？"
- "你觉得，可以在现有的感觉社交游戏中添加哪些内容，或者可以设计哪些新的感觉社交游戏来进一步促进孩子学习？"
- "你对感觉社交游戏有什么其他的担忧或者顾虑？"

在亲子互动中增加乐趣的技巧

步骤1：找到感觉社交游戏的节奏

与家长分享的内容：有两个黄金准则让感觉社交游戏与众不同。与其他用到玩具或材料的活动不同的是：(1)家长和孩子面对面参与感觉社交游戏，以突出我们所强调的社交注意力和参与度，并将乐趣与游戏内容联系在一起；(2)感觉社交游戏要求家长和孩子之间平等互动，没有哪一方永远都是领导者，也没有哪一方总是跟随者。家长和孩子轮流主导和跟随对方。他们通过言语、手势、面部表情以及肢体动作保持沟通，让游戏持续进行。尽管通常需要家长来开始游戏，以便向孩子示范游戏流程，但家长也准备好了在音乐暂停或者游戏暂停的时候迅速做出反应，支持孩子来主导游戏，家长应该停下来等待，并鼓励孩子打手势、说出单词、看向自己，或者移动自己的身体来开启下一轮游戏。随着回合的不断重复，孩子变得越来越擅长参与游戏，知道了如何使用言语、手势、肢体动作、面部表情或其他信号示意家长继续。感觉社交游戏有明确的节奏和平衡。这是两位合作伙伴之间的交流。家长开始，家长暂停，孩子示意，家长继续，家长暂停，孩子示意，家长继续，循环往复。与家长讨论孩子喜欢做哪些或者有可能会尝试哪些感觉社交游戏，以及家长要如何开始练习一来一往的互动节奏。

写给导师： 参考这一步的活动思路和技巧，帮助家长创建可以与孩子一起练习新的感觉社交游戏活动及相关策略。需要注意的是，家长在采取暂停游戏的策略之前可能需要先完整示范至少两到三次感觉社交游戏的流程。当家长需要示意孩子进行回应时，指导家长采用从最少到最多的策略——开始时做出动作或说出关键词，然后暂停，为动作或关键词配上强调或夸张的语气，热切地看向孩子，兴奋地期望着孩子进行模仿，或者再次示范以鼓励孩子进行模仿，或者通过肢体辅助来帮助孩子模仿，注意肢体辅助不要过度，以免使孩子感到不安或剥夺他们独立尝试的机会，避免形成辅助依赖。在辅导和支持家长进行感觉社交游戏时，保持一来一回的节奏，确保涵盖了必要的示范。

如有需要，协助家长回答以下问题，帮助他们规划干预内容：

- "你想尝试哪个感觉社交游戏？"
- "让我们完整地过一遍开始、暂停、示意和继续的流程，以便我们熟悉模式，有相应的计划来支持孩子。"

步骤2：加强相关技能并不断完善游戏流程

与家长分享的内容： 任何事情重复了多次之后就会开始失去吸引力。同样，每个活动或游戏流程都会有乏味的那一天。有些时候是孩子的肢体语言、注意力或兴奋程度发生了改变，以此示意家长自己不想继续游戏，有的时候需要家长提前预防或者主动停止。这一步骤中提供了在家庭活动中添加更多感觉社交游戏的方法，以及在引入新的游戏流程或者进行转换的过程中有哪些信号是需要留意的，通过恰当的调整让游戏持续地充满乐趣，不断地创造新的学习机会。

以下是扩展感觉社交游戏的三种方法。三种方法中无论首先尝试哪一种都是可以的，没有错误的选择。选择您喜欢的或尝试所有的选项都可以，帮助孩子发现与人互动的乐趣，并通过参与游戏来观察和学习新的技能。

1. 家长换一个全新的游戏。如果孩子对某些游戏立马产生了兴趣，而对另一些游戏不闻不问，也不要灰心。有些孩子是"慢热型"，需要多次尝试某个游戏才能参与其中，甚至主动参与。除非孩子出现了明显的抵触情绪，其他情况下都可以重复该游戏或者换个时间再试一次。

2. 家长可以为熟悉的歌曲或游戏添加新的玩法，例如加入新的动作、声音效果或其他玩伴（将"如果感到开心你就拍拍手"改成"如果感到开心你就——跳起来"；在唱《王老先生有块地》的时候假装是歌词里面唱到的动物；或者邀请其他兄弟姐妹一起加入"围着玫瑰绕圈的游戏"）。

3. 家长可以在游戏中添加道具、物品或材料。孩子和家长面对面互动时，道具放置在孩子和家长中间，并由家长管理，以保持孩子对道具的关注度。避免出现孩子拿起道具直接走开。选择孩子喜欢看着家长操作的道具，或者需要家长的帮助才能正常使用的道具，这样可以防止道具喧宾夺主，占据孩子过多的注意力，家长应该吸引孩子的注意力，引导他们看向自己的脸、留意自己的肢体动作，认真观察、理解并回应家长的沟通和互动信号。使用道具的时候，家长执行感觉社交游戏的节奏和方式与没有道具时一样。家长开始使用道具，家长暂停使用道具，孩子示意，家长继续使用道具，家长暂停使用道具，孩子示意，家长继续使用道具，依此类推。任何事情重复了多次就会失去吸引力。同样，每个活动或例行程序自然都会有失去乐趣的时候。

游戏成功的关键不仅在于游戏内容的选择，还在于不同游戏之间进行转换的时间点。孩子的肢体语言、注意力或兴奋程度的变化可能预示着游戏到了需要结束的时间。在有些情况下，家长可能需要提前准备好，主动结束。当然，对于时机的把控肯定需要不断地尝试和调整。当"全部完成"的时候，提前预告孩子活动即将结束，并明确告知何时结束，然后开始下一个活动（无论是另一个感觉社交游戏、玩具活动还是其他类型的活动），帮助孩子进行活动转换，知道自己应该如何跟随你进入下一项活动。

　　就我们能想到的游戏，无论是需要道具还是不需要道具的，进行深入地探论。

　　写给导师：参考这一步骤的活动思路和策略，帮助家长练习新的感觉社交游戏（有道具的和没有道具的），并在熟悉的感觉社交游戏中加入变化。需要注意的是，家长在采取暂停游戏的策略之前可能需要先示范至少两到三次游戏的完整流程。当家长需要示意孩子进行回应时，指导家长通过从最少到最多的策略——开始时做动作或说出关键词，然后暂停，为动作或关键词配上强调或夸张的语气，热切地看向孩子，兴奋地期望着孩子进行模仿，或者再次示范以鼓励孩子进行模仿，或者通过肢体辅助来帮助孩子模仿，注意肢体辅助不要过度，以免使孩子感到不安或剥夺他们独立尝试的机会，避免形成辅助依赖。辅导和支持家长进行扩展感觉社交游戏的三种策略的练习，在进入第三步之前，帮助家长建立起一来一回的节奏。这样我们可以同时维持家长和孩子的动机，保持游戏的乐趣。

　　如有需要，协助家长回答以下问题，帮助他们规划干预内容：

- "你想在感觉社交游戏中尝试什么样的变化或者加入什么道具？让我们一起过一遍，开始游戏，暂停游戏，示意，然后继续游戏并重复操作的流程，以便我们能对新的游戏流程拟定具体的教学计划。"
- "孩子在游戏转换的过程中表现怎么样？你觉得哪些部分我们可以保留，又有哪些部分可以做出调整？"

步骤3：优化孩子的学习状态

与家长分享的内容：与成年人一样，孩子只有在保持专注和警觉并且积极参与时，才能获得最佳的学习状态，注意力分散、焦虑、焦躁、过度兴奋或疲劳都会产生负面影响。这一步旨在帮助孩子找到并保持他们的最佳状态，让孩子在活动中感到有趣，并积极与他人互动，进行学习。我们将继续练习感觉社交游戏，并交替进行其他活动，观察孩子是否积极参与、享受游戏，是否出现过度兴奋、疲劳、无聊等迹象，或出现其他中断游戏的行为，以及尝试如何恢复孩子的学习最佳状态。有时家长可能需要降低游戏的"强度"，以防止孩子过度兴奋——不听不应、四处疯跑、大喊大叫、尖叫、打人或表现出其他问题行为。有时家长可能需要提高游戏的"强度"，对于兴奋度不足的孩子，激发他们的兴趣，例如孩子表现出懒洋洋、无聊、反应迟钝、不感兴趣，或者其他懒怠的表现。

写给导师：参考此步骤的活动思路和策略，帮助家长提前考虑能够促进孩子在互动中观察、参与和学习的行为，并在游戏期间根据孩子的注意力、动机和能量状态进行调整。在每次游戏之后与家长进行复盘，反思在游戏中所做的调整以及孩子对这些变化的反应。对于家长来说，这些可能需要更多的练习，因为家长可能需要多次尝试帮助孩子处于最佳状态水平，在与他人的互动中找到乐趣，学习新的技能。对于家长来说，看到自己的行为对孩子产生影响，这一点至关重要，这些信息让家长知道自己是应该重复当前的操作还是做出新的调整。

如有需要，协助家长回答以下问题，帮助他们规划干预内容：

- "你觉得在当前的感觉社交游戏中，孩子的注意力和学习能量处在什么水平？"
- "当你在感觉社交游戏中做出调整时，孩子的注意力和能量水平会如何变化？
- "在当前的游戏流程中，你希望保留哪些部分？对哪些部分做出调整？"

主题三：为什么轮流（一来一回）对于学习如此重要

与家长分享内容：在这个部分，我们关注的是儿童和家长在活动中全程一起参与，我们称之为"共同活动（joint activity）"。"共同活动"可以发生在与儿童互动的任何时刻——从游戏、看书、正餐和点心时间、换尿布、穿衣、洗澡、睡前准备以及其他幼儿常规中的亲子交流。为什么共同活动对幼儿的发展如此重要？原因还是在于这些特定的互动中潜在的自然学习机会，涉及多种技能的练习。孩子可以在这些特定互动中学习耐心和忍耐的概念，例如与他人轮流、耐心等待、分享材料或玩具、客观看待他人做事情的方式、灵活解决问题，以及协商和解决冲突。与家长主导发起的活动不同，共同活动会跟随孩子的兴趣和行为来进行，旨在将家长和孩子视为平等（或比以前更平等）的游戏伙伴，从而在亲子互动中找到更好的平衡。没有人永远是主导者，也没有人永远是跟随者。相反，两个伙伴轮流主导和跟随。其中一个人主导，另一个人就跟随。然后角色互换，之前的跟随者主导，主导者在新一轮互动中跟随。像这样的一来一回发生在一起选择活动、加入新的游戏想法以延长活动时间、分享材料和轮流使用玩具，以及双方的动作、面部表情、言语或声音之间。

写给导师：随时邀请家庭分享已经在与孩子进行的共同活动示例；如果还没有开始，帮助家长认识到共同活动的重要性，然后鼓励家长思考他们想和孩子一起尝试哪些共同活动。

如有需要，协助家长回答以下问题，帮助他们制定干预计划：

- "在你看来，有哪些共同活动对于孩子的发展或者家庭生活而言是很重要的？无论是现在正在进行的或者还没来得及尝试的共同活动，都可以。"

为什么不进行亲子轮流互动会成为问题

与家长分享内容：对于孤独症儿童来说，看到并回应家长发出的轮流或其他沟通信号很重要，这样他们可以建立起玩耍、模仿、分享、在人和物体之间交替关注、解决问题、灵活变通等核心技能。我们担心，如果没有这些核心技能，孤独症儿童将继续独自玩耍，并随着时间的推移变得更加疏远他人，而不会主动邀请家长或其他儿童/游戏伙伴参与他们的活动，也就不存在持续的参与游戏和学习。在幼儿时期错过这些社交学习机会对儿童的大脑发育及他们的行为发展都具有很大的影响，幼儿的大脑细胞网络在这个时期对于吸收和处理社交、语言信息尤其敏感。我们希望通过共同活动来提高家长的眼神、面部表情、肢体动作和声音的存在感，帮助孩子更好地期望、观察并回应这些沟通信号，更愿意主动发起互动，而不会失去社交互动的乐趣。接下来我们将讨论如何进行共同活动并进行练习。

写给导师：亲子互动包括眼神、面部表情、肢体动作和声音等形式，这意味着信息通过这些渠道中的任意一个或多个发送和接收。考虑为家长提供不同的分享沟通信号的示例，以及家长提及的在共同活动中孩子已经能做到的或希望孩子做到的技能，帮助家长思考如何进行共同活动，以便将它们用作练习这些目标的学习机会。如果家长没有主动提供这些信息，可以邀请他们思考并分享。

如有需要，帮助家长回答以下问题，帮助他们制定干预计划：

- "到目前为止，在你和孩子正在进行或者计划进行的活动中，有哪些学习时刻让你觉得尤其重要？"
- "针对你沟通的部分（注意，这里包括眼神、面部表情、肢体动作和声音），你觉得自己有哪些是可以提高的，来获取孩子更多的关注？"
- "孩子的眼神、面部表情和肢体动作的哪些部分需要提高，以更好地帮助到他/她的表达？或帮助他/她找到表达的方式"
- "你对于尝试共同活动有什么担忧？"

轮流游戏、选择游戏主题和变换游戏的技巧

步骤1：了解共同活动中进行轮流的"四个部分"

与家长分享内容：共同活动由四个部分组成，每个部分都提供了学习机会和社交价值，促进孤独症儿童和家长之间的轮流与互动。将共同活动视为家长和孩子之间的对话，这样的对话和互动会在日常生活的各个环节中进行，例如轮流玩游戏、唱歌、看书、吃零食、穿衣、玩耍等，在这些环节中家长和孩子轮流练习目标行为。共同活动的重点是分享，或者说轮流进行这些练习，而不是家长直接包圆，替孩子做所有的事情，也不是让孩子独自执行所有的动作。该框架包括四个部分：

1. 家长或孩子选择一首歌或游戏来开启活动，重复两到三次，让孩子发现活动的乐趣并希望继续游戏。这一步称为"准备"。

2. 孩子或家长加入其中，进行相同的活动，这样家长和孩子就可以互相观察、模仿、轮流，或者与对方进行一来一往的互动，一起继续当前的活动。这一步称为"主题"。

3. 有些时候，重复做同样的事情会让活动变得无聊甚至不经意间就引发问题行为，使得活动更难停止。家长通过识别孩子的肢体语言来判断在何时需要对活动进行调整。家长和孩子继续观察、模仿、轮流或一来一往地进行同一个活动，只是活动的方式跟最开始的方式会有一些不同。这一步称为"变奏"或"扩展"。

4. 在某个时间点，让活动自然地结束。家长提前准备，按计划结束活动，或者活动本身到了需要结束的时机。孩子向家长传达他/她想结束活动的愿望。家长辨别孩子的身体语言，接收到孩子想结束活动的信号。不管哪种方式，都会由其中一方传达活动结束的信息，另一方会接收这个信息。如果活动中用到了玩具或物品，结束的时候需要收拾好。

准备、主题、扩展和结束四大部分将在下一个活动及后续其他活动中继续进行，以此类推。

写给导师：我们希望家长能够理解这个框架，并且根据这个框架思考在家与孩子的日常互动中要进行哪些活动和流程。为了让家长更加深入理解这个框架的应用，最好是选择家长已经在辅导课程中与孩子练习过的活动，例如玩拼图、看书、搭积木、捏橡皮泥、唱歌、吹泡泡或玩社交游戏（如捉迷藏或躲猫猫），这样你就能了解他们目前是如何进行这项活动的，并支持家长思考如何将这个框架应用到同一个活动当中。可以提出问题或分享信息，协助家长思考在互动中已经满足了在共同活动中进行轮流的哪些方面，以及互动中的哪些部分需要进行调整，以增加家长的沟通能量，使孩子能够"听到"并参与到对话当中。使用视觉手册来描述共同活动的四个部分可能会有所帮助；如果有必要，可以在手册中设计和家长共同填写的内容，以帮助家长将这些步骤的实际操作视觉化。表7.1就是一份共同活动的样例模板。请查看每个步骤下面的主要问题以及与这些问题相关联的共同活动示例，帮助指导你和家长一起进行活动的规划。

步骤2：开始练习——共同活动的开端

与家长分享的内容：家长与孩子之间共同活动的开启方式将为后续的互动奠定基础，让活动顺利进行。活动的准备环节始于家长如何"吸引"孩子的注意力和兴趣，让孩子主动观察、靠近和参与活动。以下是有关家长和孩子如何开启活动的几种不同的场景设置。无论选择哪种方式，恰当的身体姿势都能更好地支持亲子沟通，以便孩子可以看到家长的眼神、面部表情、手势、身体动作，并且听到家长说的话，以理解活动主题并且参与其中。

• **选项1**：家长根据过往经验选择孩子喜欢的玩具或社交游戏，或者选择他们认为孩子可能喜欢的新活动（玩具/社交游戏）。家长通过示范他们希望孩子理解和模仿的语言和动作来开启活动。

妈妈知道女儿喜欢水，但除了洗澡，女儿还没有尝试过和水有关的游戏。妈妈拿来一个喷水瓶，打算尝试一个新的社交互动游戏。妈妈跪坐在女儿面前，确保双方姿势恰当，然后向女儿展示喷水瓶。妈妈把水瓶递给女儿让她摸摸，然后把水喷洒在自己的手上，让女儿看着，并观察她对这个动作的反应。女儿看看瓶子，妈妈再次把水喷在自己的手上，然后用手将女儿的手稍微蹭湿，让女儿也能感受到水。因为妈妈还不确定女儿是否喜欢这个游戏，让女儿感知到水可以让她更好地读懂女儿的反应。女儿把沾了水的手放到嘴巴里。妈妈再次把水喷洒在手上，然后伸出手让女儿摸自己手上的水。在这个过程中，活动的主题逐渐显现出来。

表 7.1　共同活动

活动名称	准备	主题	扩展	结束
	由谁来选择活动？活动怎么开启？	家长和孩子一起做哪些事情/互动？	家长或者孩子能够为活动加入哪些其他的思路或者变化？	什么时候结束活动？如何结束活动？下一个活动是什么？
橡皮泥	将装橡皮泥的收纳箱放在桌上。提供两盒橡皮泥（未打开的）给孩子选择。伸出手，鼓励孩子将选好的橡皮泥递给你，要求帮忙打开。	家长用自己的橡皮泥，模仿孩子的操作。	用卡通眼睛和扭扭棒，以及橡皮泥捏一个昆虫。用擀面杖和饼干模具将橡皮泥做成各种各样的形状。	拿起收纳箱，让孩子把材料放进去收拾好。接下来的活动，提供"Hokey Pokey（胡琴舞）"或者"We're Going on a Treasure Hunt（寻宝歌）"让孩子选择。

来源：*Coaching Parents of Young Children with Autism: Promoting Connection, Communication, and Learning* by Sally J. Rogers, Laurie A. Vismara, and Geraldine Dawson. Copyright © 2021 The Guilford Press. 购买本书的读者可以复印用于个人工作和学习（详见版权页说明）。读者可下载本表格的高清版。

- **选项2**：家长给孩子提供不同的活动选择，并展示他们希望孩子理解和模仿的活动主题。

    孩子在爸爸提供的书和拼图之间做选择时，一直盯着拼图。爸爸发现了孩子的眼神信号，将她看向拼图的行为解读为女儿在表达她想进行的活动，然后爸爸把拼图放在地板上，准备和女儿一起玩。爸爸拿起一块拼图放进拼板中，但女儿并没有注意到他的动作。她的视线在别处，她正看着地板。他再试了一次，但女儿也错过了这一轮。父亲将沙发垫子移到女儿注意力所在的地方，并把拼图放在垫子上，让活动区域更接近她的视线。这次当他拿起一块拼图时，女儿看到了爸爸将它放进拼板中。然后爸爸递给女儿一块拼图，让女儿做同样的动作。现在爸爸和女儿之间建立了更好的联系，有助于继续活动。

- **选项3**：孩子选择玩具并为活动设定主题。

    孩子拿起一辆小车来回滑动。妈妈拿起另一辆小车重复相同的动作。

- **选项4**：家长或者孩子选择玩具/社交互动游戏，并在主题开始之前共同参与活动的准备。对于用到玩具的活动，家长和孩子可以一起带玩具到活动区域，打开收纳盒，一起摆放玩具。对于用到道具的社交互动游戏，家长和孩子也可以采取相同的步骤。

    妈妈拿着一袋小火车，而儿子拿着一袋轨道，走到桌前。到了桌前，妈妈帮儿子设置火车游戏规则——他们应该先打开哪个袋子，应该从袋子中拿出哪一段轨道或哪一列小火车，谁拿轨道谁拿小火车，轨道或小火车应该放在哪里，等等，直到全部设置好。接下来，沿着轨道开起小火车就是这个活动的主题。

每个玩具选项和场景安排都体现出家长和孩子从共同活动的一开始就是合作伙伴。一方选择了玩具或社交互动游戏，并示范了相关的动作，另一方轮流参与和模仿。有时，在尝试新活动时，家长需要稍微多做一点，重复地示范动作，或更多地鼓励和帮助孩子参与，直到孩子更熟悉这些动作，更理解主题，并且体验到游戏的乐趣。有些时候，家长或者孩子，或者双方都对活动主题失去了兴趣，又或者孩子对主题变得非常熟悉，家长则需要添加其他的游戏点子，以保持游戏的趣味性，让游戏继续进行，从而创造更多互动学习的机会。这是在后面的步骤中会练习到的"变化"环节。当孩子开始失去兴趣或家长无法再增加新点子时，是时候收拾一下，准备结束活动了。

写给导师：家长无需练习所有四种选项来与孩子建立共同活动。帮助家长选择对于亲子互动有益的玩具、物品或社交互动游戏。如果能切实地帮助到家长，可以考虑选择那些你和家长在"共同活动"（表7.1）中已经"拟好"的活动。以下是本步骤的重要目标：

1. 家长已经找到了合适的活动（有玩具的/没有玩具的），与孩子保持恰当的身体距离。
2. 家长可以跟随孩子的兴趣，示范游戏的玩法，模仿孩子的动作，与孩子进行轮流，以此为基础发展游戏的主题。
3. 家长充分理解了共同活动的四个部分，即使这些部分在他们的活动中还没有得到体现。

如有需要，引导家长回答以下问题，协助他们规划干预内容：

- "你和孩子将如何设置共同活动？"
- "共同活动的主题是什么？"

步骤3：设定主题

要与父母分享的内容："主题"是指家长和孩子轮流进行活动流程，形成互动的一种方式。上文提到，主题可以由家长或者孩子来选定，或者由双方共同决定。如果孩子设定主题，家长先跟随孩子并轮流做相同的事情，家长可以使用自己的玩具或材料，也可以与孩子轮流共享材料。无论是由家长还是孩子设定主题，家长都会在活动中使用语言命名材料、动作和声音效果，并说出自己和孩子的操作。孤独症孩子的语言交流可能存在障碍，因此我们要提醒家长在与孩子交流时，使用的语句长度和复杂程度要符合孩子的语言能力水平。我们会在后文中详细说明这一点，在这里先举一个具体的例子，对于还没有口语的孩子，家长的用语应该保持在一到两个词，对物品、动作和声音效果进行命名。对于已经能开口说话的孩子，家长的用语应该是两个或者三个词，这取决于孩子的沟通能力水平。现在，让我们回到上一步骤的场景，说明家长和孩子如何设定主题，以及在活动中使用哪些语言。

情景1：每次妈妈在自己或女儿的手上喷水时，她都会说"水"。稍后，当女儿伸手要拿瓶子时，妈妈说了一遍"手"，然后握住女儿的手；接着在往女儿手上喷水的同时说一遍"水"。妈妈示范的口语"手"和"水"就变成了活动主题的一部分，每一次妈妈伸出自己的手，或者握住女儿的手，或者往女儿手上喷水的时候，都会加入这些词。然后，当女儿想要自己拿起瓶子喷水时，妈妈加入了"按"这个词汇，同时帮助女儿按压阀门。接下来妈妈和女儿继续重复这个活动主题。

写给导师：帮助家长和孩子共同开发和执行活动主题，让他们成为平等的游戏伙伴。你可以参考《孤独症儿童早期干预丹佛模式：利用日常活动培养参与、沟通和学习能力》[①]中的其他示例（Rogers, Dawson, & Vismara, 2012）。对于你和家长来说，在前几轮互动中的主题可能稍有重复。在一定程度上来说，这是必要的，帮助孩子了解接下来会发生什么，以及如何正确等待自己的回合。但我们还需要孩子在活动主题中找到乐趣，这意味着这个活动主题必须是他们想做的事情，并且在活动中有足够的机会尝试。分享在之前的家长辅导中提到过的活动范例，有针对性地提问，或者回顾在"共同活动模板"中规划过的活动，帮助家长准备他们想要与孩子练习的主题。

导师需要留意的另外一点是，有些家长可能不会立刻将语言加入亲子活动中，或者在与孩子的交流中会错过一些学习机会，没有对活动中发生的事情进行命名。家长的注意力可能更多地集中在自己的行为和孩子的行为上，建立主题，在这个过程中他们可能会关注到内心的想法，但在语言表达上却是完全沉默的。在这样的情况下，我们需要考虑如何支持家长在积极行动之后还要更多地加入自

[①] 编注：《孤独症儿童早期干预丹佛模式：利用日常活动培养参与、沟通和学习能力》一书于2016年由华夏出版社引进出版。

己的语言示范。

如有需要，协助家长回答以下问题，帮助他们规划干预内容：

- "共同活动的主题是什么？"
- "你和孩子如何轮流进行活动主题？"
- "孩子对活动主题有什么反应？"
- "在你看来，孩子在活动主题上的注意力持续时间和参与度怎么样？"

步骤4：详细介绍共同活动并加入变化

要与家长分享的内容：在活动主题范围内，家长或孩子选择一个点并重复进行游戏互动。然而，在某些时候，这个点可能会失去新鲜感，无论对家长还是对孩子都是如此。在动作重复了一段时间后，我们都会自然地想停下来，做做别的事情。这就是加入变化的机会。家长或孩子可以添加其他想法让互动变得新鲜，变得不同，扩展孩子的想象力和灵活性。有三种方法可以改变主题：在活动当中增加新的材料，增加或更改活动中的动作，或者针对活动中正在进行的操作增加新的步骤。同样地，让我们回到之前的情景，一起看看在活动中加入变化具体是怎样操作的。

情景1：当女儿能够做到和妈妈轮流往对方的手上喷水，这时候妈妈会加入新的玩法。妈妈边触碰女儿的脚趾边命名"脚趾"，然后往女儿脚趾上喷水，然后在自己脚趾上重复相同的操作。这样的方式逗得女儿笑了起来，然后妈妈又说了一遍"脚趾"，接着往女儿双脚的脚趾上喷水。在下一轮学习机会中，妈妈给女儿提供了不同的选择：是往"脚趾"上喷水还是往"手"上喷水。当女儿看向自己的双脚时，妈妈说"水"，然后边往脚趾上喷水边说"脚趾"。妈妈又重复了几遍这样的选择题，让女儿选择"喷手"还是"喷脚趾"，然后继续加入新的身体部位。这一次，妈妈边摸自己的头边命名"头"，然后往自己头顶喷水雾。接着妈妈摸了摸女儿的头，问道："头？"同时观察女儿的反应，看看女儿是否想要往头顶喷水。当女儿也摸着自己的头时，妈妈立即说一遍"头"，然后往女儿头顶喷水。到这个阶段，妈妈和女儿有三个身体部位可以选择。此外，妈妈还想到了其他一些可以尝试的变化：(1)询问由谁来喷水；(2)增加喷水对象的选项，比如物品（塑胶动物或玩具车）；(3)将活动转移到其他地方进行，让女儿对场所或者物品命名选择（例如，桌上的杯子，或者花园里的花朵）。变化可以给游戏带来更多的乐趣和学习机会。

写给导师：参考本步骤中的游戏思路和策略，帮助家长在游戏中加入变化。需要注意的是，家长也需要同步留意孩子的表现，思考游戏可以有哪些变化。这里提供一项解决问题的小策略（当变化无法开展的时候）：在一开始就精心设计活动主题的话，可以让孩子理解活动的流程并且产生浓厚的兴趣。其他的策略还有家长要跟随孩子的兴趣或者行为，在改变孩子的关注点之前重复多次，或者在引入活动变化之前首先确保孩子的注意力是在线的。如果变化的部分对于孩子来说实在是太难了（无论家长怎么努力跟随孩子或者尽力让活动有趣起来，都无济于事），家长可以适当地辅助孩子完成变化的部分，及时表扬和赞美孩子；接下来引导孩子回到之前的活动主题，和孩子一起再进行几个回合；然后再重新尝试变化的部分。

除了活动主题，家长可能也想在日常流程中尝试引入变化，例如换尿布、洗澡、穿衣和吃饭。如果在家长辅导课程中无法涵盖这些内容，可以将它们纳入行动方案，鼓励家长自己尝试，并且在下一节课分享进展。如有需要，可以使用步骤 1 提到的共同活动（表 7.1）来辅助家长进行规划。

家长有时可能会忘记命名新加入的材料、动作和步骤，需要从旁提醒。跟上一步骤的情况类似，家长的关注点可能会更多地放在自己的动作上，更关注孩子的动作以及怎么加入变化，而往往忘记了针对活动中发生的每一件事情进行命名。作为导师，在家长辅导的过程中，你可以优先指导家长多开发一些变化的内容，然后再提出这一点，或者在家长有了成功的经验，自信心增强之后再引导家长逐渐地在变化中加入语言命名。

如有需要，协助家长回答以下问题，帮助他们规划干预内容：

- "你可以怎么样扩展共同活动，或者加入哪些变化？在变化的部分你会怎样与孩子进行轮流？"
- "你想要在活动主题当中加入哪些其他材料、动作或者步骤？"
- "你如何确定扩展活动的时间？或者你曾经尝试过在哪些时间节点扩展活动？"
- "孩子对活动变化有哪些反应？"
- "孩子可以为活动的扩展提出哪些想法？或者在以往的活动中，孩子提出过哪些想法？"
- "你觉得在活动扩展部分，孩子的关注度和参与程度怎样？"

步骤5：结束当前的共同活动并过渡到下一个活动

与家长分享的内容： 当孩子失去兴趣、家长失去兴趣或者家长不再有新点子时，游戏就会变得重复、乏味，这就是结束共同活动的时候了。当这种情况发生时，孩子或者家长会发出信号，表示是时候结束活动了。孩子可能会说"完成了"，或者自己开始收拾材料，以表示他们已经完成了。家长会跟随孩子参与整理。有时候，家长有机会教授孩子这些技能。家长可以问孩子："完成了吗？"或"我们应该停下来吗？"并将收纳箱递过去，看看孩子是否会把材料收起来。家长可以开始整理材料，向孩子展示如何收拾并引导孩子跟着做，或者家长可以准备下一个活动，引导孩子进行活动的转换。以上任意一种行为都表示家长和孩子共同活动的结束，双方一起整理玩具或使用的材料，然后一起过渡到其他事情。这就是结束的环节，也是共同活动中最后的部分。让我们看看前文中提到的妈妈和女儿是如何一起结束他们的共同活动的。

情景1： 妈妈和女儿继续轮流选择要喷水的身体部位。除了手、脚趾和头，她们现在还添加了肚子、眼睛和手臂。当妈妈注意到女儿似乎对于轮流喷水或者选择（喷水的对象）不太上心时，她会问："不玩了吗？"并将瓶子放在厨房台面上，示意女儿如果游戏结束了，要把瓶子放回那里。女儿看着妈妈，但没有伸手去拿瓶子，所以妈妈认为女儿的眼神是在表示她不想继续游戏了。妈妈又说了一遍"不玩了"，这次是陈述而不是发问，并将瓶子放在台面上，表示游戏结束了。然后，妈妈拿起女儿的杯子递到她面前，问："果汁？"看看女儿是不是渴了。女儿伸手拿杯子，表示她渴了，接着妈妈帮助女儿坐到厨房的桌子旁边，然后倒了一些果汁给她喝。妈妈还给自己倒了一杯水，坐在了女儿旁边。现在，母女俩又可以开启另一个共同活动了。

写给导师： 参考本步骤的活动思路和策略，帮助孩子结束当前活动并过渡到其他活动。其中一个活动思路涉及家长在从一个共同活动过渡到下一个活动时，是选择进行感觉社交游戏还是玩具/物品活动，以及家长是如何做出这个选择的。我们将在下一个步骤中针对这一问题分享一些建议，以此作为本章的总结。你可以等到进行下一步骤时提出这个话题，或者根据家长提供的信息和在亲子活动中观察到的情况，在当下就与家长分享这一话题——无论哪种方式都是合适的。

选择家长之前进行过的活动帮助家长决定如何加入结束和过渡的部分。家长可能还想要练习或讨论游戏以外的其他活动的结束和过渡部分，例如日常起居和家庭生活常规。在表 7.1 中添加两列，用来记录结束和过渡部分的内容，这种方式可以帮助家长思考如何与孩子从头到尾完整地完成不同的活动，尤其适用于偏好视觉化学习的家长。

如有需要，协助家长回答以下问题，帮助他们规划干预内容：

- "一起筹备共同活动时，你和孩子会做哪些事情？"
- "共同活动的主题是什么？你和孩子会怎样就活动主题进行轮流？"
- "你会怎么样来进行活动的变化和拓展？在活动扩展的部分你们会怎样进行轮流？"
- "你和孩子会如何结束当前活动，转换到下一个活动？"
- "你是如何判断活动结束时间的？"
- "当孩子不想继续时，他/她是如何表示的？会发出（或曾经发出过）什么信号？你是如何回应的？"
- "孩子对于活动的结束和转换有什么样的反应？"

- "针对结束和转换的部分，你觉得有哪些地方可以保留？你希望在下一次操作中对哪些地方做出调整？"

步骤6：在日常流程中创建共同活动，促进多领域发展

与家长分享的内容：家庭生活中的各种场景都具有共同活动的结构。例如，换尿布的过程，首先是"准备"（家长将孩子放在尿布台上或放在地板上，并准备好湿巾、药膏、干净的尿布，可能还有一套干净的衣服）；然后是"主题"（换上干净的尿布，可能还有干净的衣服！）；接着是"扩展"，插入一项或多项变化（唱歌、玩脚趾游戏，或在常规流程中加入像毛绒动物、洋娃娃或小人偶之类的物品，边挠痒痒/唱歌，边逗孩子）；最后是"结束"（家长伸出手抱起孩子，或帮助孩子自己站起来）。每天的就餐、洗澡、刷牙和梳头、读书、做家务、穿衣或出门准备等常规，都可以变成与孩子一起进行的共同活动，以新的方式与孩子互动。特别是当家长很难找到专门的时间坐下来和孩子一起玩耍时，日常常规中就提供了充分的学习机会。现在，家长知道了共同活动的四个部分，他们就有了一个"脚本"，可以思考，将任何日常活动转化为可以与孩子一起进行的互动。孩子与父母、其他家庭成员或照顾者的每一次接触交流中都有很多的学习机会。这是真正的全天候干预。而成年人和孩子也可以在这样的互动中找到更多的乐趣。我们都希望看见一个快乐的、活跃的孩子。

在前文中，我们讨论了如何选择过渡时的活动类型。到上一步骤为止，我们只在使用玩具/物品的共同活动与感觉社交游戏之间做选择，但现在我们有了第三个选项：生活起居的常规流程。我们建议轮换三种活动类型，以保持活动的新鲜感，并对孩子的状态和学习动机保持敏感。让我们想象如下场景：一位妈妈和孩子正在玩枕头游戏，从沙发上跳下来，扑到枕头上。妈妈和女儿摆放好枕头，轮流扑进枕头。妈妈逐渐加入了新的玩法，先是自己滚过枕头，然后让孩子滚过枕头，接着用枕头互相挤压。但进行了一段时间之后，妈妈观察到孩子精力过剩，开始四处跑来跑去，妈妈试图把孩子的注意力拉回到游戏上，但孩子完全不予理会。妈妈意识到现在是时候结束这个游戏并过渡到其他活动

了，让女儿能够冷静下来、减少肢体动作。而此时，孩子太过兴奋，不可能转换到像看书这样的静态活动。所以活动的过渡中需要涉及一些动态动作，同时要有一个明确的目的。妈妈告诉女儿，她需要给家里的狗狗库珀倒点水，并拿来一个空杯子。妈妈和女儿一起走到厨房水池边，将塑料杯接满水，然后走去给库珀的碗倒水，这样活动的场所就从屋内到了后院。接下来，妈妈说："让我们告诉库珀这里有水。"她们系上库珀的牵引绳，把它带到水碗旁边，看看它渴不渴。狗狗不喝水也没关系，因为牵引绳已经系好了，所以妈妈可以接着说："让我们带库珀到小区四周散散步，也许它就会口渴了。"出发前妈妈带了一些狗狗零食放在口袋里（散步中途再拿出来），这样女儿就可以给库珀吃零食，从而在活动中引入"变化"。不一会儿，孩子就安定下来，变得专注，并参与到当下的活动中。

我们认为家庭日常互动可以分为六种类型：

1. 玩玩具或操作其他物品

2. 感觉社交游戏

3. 餐点（包括小吃）

4. 日常起居（洗澡、穿衣、换尿布、睡觉等）

5. 阅读

6. 家务杂事

让我们考虑如何开始将这些日常互动场景转化为家庭中的共同活动。

写给导师：参考本步骤的活动思路和想法，帮助家长选择日常例行程序并将其转化为共同活动。针对还没有成功转化为共同活动的日常流程，可以在家长和孩子实践练习的时候加入一些家长辅导。但是，本步骤的关注点应该放在讨论行动规划上，以帮助家长确定一天中的哪些活动和日常流程适合加入共同活动的框架。哪些活动缺乏结构化或会出现更多的问题行为？哪些活动能够每天多次进行，从而提供更多的学习机会？哪些活动会关联到兄弟姐妹或照顾者，从而增加共同互动的机会，而且他们也可以从中受益？家长可以选择所有六种类型的共同活动进行练习，也可以只选择一到两种类型。家长选择多少都可以。一旦家长的初步尝试成功了，你可以随时跟家长重新讨论这六种类型的活动。如果在上一步中没有涉及，还要记得跟家长讨论如何决定接下来转换到哪一种类型的亲子活动。

如有需要，协助家长回答以下问题，帮助他们进行干预内容的规划：

- "你和孩子将如何开始共同活动？"
- "共同活动的主题是什么？你们会如何轮流进行主题？"
- "你会如何改变或扩展共同活动？在变化的部分你们会如何进行轮流？"
- "你和孩子如何结束当前活动，并一起转换到下一个共同活动？"

主题四：为什么非言语沟通（肢体语言）对幼儿至关重要？

与家长分享的内容：孩子的许多沟通技能在他/她开口说话之前就已经开始发展了。婴幼儿使用眼睛、面部表情、手势、身体姿势和声音来传达信息。在口语发展之前，婴幼儿用肢体语言告诉我们，他们喜欢或不喜欢什么，或者让我们知道他们感到兴奋、害怕、饥饿或疲倦。他们还学会理解和回应家长的肢体语言。语言实际上是建立在非言语沟通的基础之上的。这个主题会关注儿童的肢体是如何"说话"，传递需求、思想和情感的，以及如何理解他人的需求、思想和情感。这是通过阅读、理解和回应彼此的沟通信号，从而实现非言语沟通的方式。肢体语言是非言语沟通的一种，它的出现对语言的发展至关重要。当孩子看到他人对自己的眼神、手势、表情、动作和声音做出反应时，他们认识到非言语沟通的存在，并且理解了这些行为存在的意义，语言便成了从他们的身体语言或者"有声的肢体动作"中所衍生出的另一种沟通系统。

写给导师：你可以要求家长分享他们对于这些信息的理解，如果有需要的话，指出你已经看到的孩子使用过的"有声的"肢体动作的示例，来协助解释为什么身体语言对语言发展如此重要。特别是当孩子完全没有口语，而家长又特别关注孩子的说话问题时，突出孩子已经使用的"有声的"肢体语言可能有助于家长看到，事实上孩子已经在进行沟通了，并进一步理解为什么我们要继续支持和加强孩子通过肢体语言来"说话"的能力。

如有需要，协助家长回答以下问题，帮助他们进行干预规划：
- "孩子现在使用什么样的身体语言与你沟通？"
- "你使用什么样的身体语言与孩子沟通？"
- "你和孩子之间还可以创造哪些通过肢体语言来沟通的机会？"

对于幼儿来说，为什么缺乏非言语交流是一个问题？

与家长分享的内容：当儿童与他人沟通的时候，他们掌控着自己的发言权。当儿童不进行交流或者交流场景非常有限时，他们会失去有效表达的能力，不能表达自己的喜恶、不能与他人分享自己的想法和情感，也无法与他人建立联系和互动。同时还会造成家长总会有代为表达的倾向，家长代替孩子表达需求，猜测孩子想要什么或者对他们的困扰做出反应，更加全面地满足这些需求，并且按照儿童的喜恶代劳不同的事情。烦躁、发牢骚、对某人或某物做出反应——这些行为能反馈出一些信息，但是这些都是孩子对于想要的事情或者自身感受的直观反应，而不是在与他人进行交流。当我们通过满足孩子的需求来回应他们时，我们实际上是在支持他们继续使用这类单向行为，而不是使用更明确的、更有意义的交流方式。我们希望打破这个本意良好但无益于儿童表达的习惯，转向教导儿童如何使用他们第一顺位的交流系统——"肢体语言"。我们为教授儿童和家长如何通过"肢体语言"来发送和接收信息总结出五个步骤。以一种双向的交流系统来回传递信息：在孩子和家长之间或孩子与其他游戏伙伴之间。

写给导师：邀请家长为自己和孩子制订有关使用"肢体语言"的目标。如果他们不确定如何制订目标，可以考虑引用互动中的活动或某些时刻来帮助家长整理思路。

如有需要，协助家长回答以下问题，帮助他们进行干预规划：

- "迄今为止，你留意到孩子使用过哪些'肢体语言'？"
- "迄今为止，你自己使用过哪些'肢体语言'？"
- "在某项具体的共同活动（例如'拼形状'）中，或某种具体的共同活动类别（例如'玩玩具'）中，有哪些表达机会可以使用'肢体语言'？"
- "在沟通的时候，你可以加强哪部分的肢体语言（包括眼神、面部表情、肢体语言和声音），让孩子更好地关注到你？"
- "孩子在使用眼神、面部表情和肢体语言进行交流时，哪些部分需要加强？以支持他/她更好地表达自己（或帮助他/她发声）？"
- "你在使用或者支持孩子使用'肢体语言'时，有哪些顾虑或担忧？"

步骤1：家长少做一点，让孩子多做

与家长分享的内容：家长少做一点，意味着家长仍要预判孩子的需求，不同的是，接下来家长需要协助孩子通过手势、眼神、面部表情和声音来表达自己的需求、做出选择、拒绝不想要的东西，以及分享自己的思想和感情。这一步是鼓励孩子表达他们的需求和愿望，而不是让孩子可以随意地获取一切想要的东西。具体可以参考以下六种活动类型。这六种活动类型的共性是应用了共同活动的框架：准备、主题、扩展和结束。那我们如何在共同活动的每个部分尽可能地帮助孩子做到更多呢？

1. 玩玩具或操作其他物品
2. 感觉社交游戏
3. 餐点（包括小吃）
4. 日常起居（洗澡、穿衣、换尿布、睡觉等）
5. 阅读
6. 家务杂事

写给导师：参考这一步骤的活动思路和想法，以帮助家长思考如何在共同活动中让孩子做得更多。使用表7.2（促进非言语沟通的活动），跟家长一起填写并规划可以鼓励孩子进行非言语沟通的活动。从该表格中，你可以看到家长列出的不同活动，以及后续孩子的表现，喜欢的活动材料和/或活动流程；家长如何加入孩子的喜好；孩子可以用哪些肢体语言要求活动材料或流程；家长期望孩子使用哪些肢体语言提要求，在孩子表达之后再给他/她想要的活动材料或流程。这种方法为家长提供了思路，能够根据孩子的喜好和需求创造沟通的机会，让孩子可以使用肢体语言（语言、手势、声音）与家长沟通。在这一步骤中，你不需要与家长填写所有五列的信息，家长很难一次性做出太多思考。我们可以重点关注**"孩子用来提要求的肢体语言"**那一列。

如果需要，协助家长回答以下问题，帮助他们更好地规划干预内容：

- "如何让孩子更多地参与到四个阶段（准备、主题、扩展和结束）当中？"
- "在四个阶段（准备、主题、扩展和结束）中，你可以给孩子提供哪些选择？"
- "在四个阶段（准备、主题、扩展和结束）中，你可以创造什么样的机会让孩子寻求他人的帮助？"
- "在四个阶段（准备、主题、扩展和结束）中，孩子可以如何拒绝不喜欢的物品或者活动流程？"
- "在四个阶段（准备、主题、扩展和结束）中，孩子如何围绕着活动材料或者流程发表意见？"
- "在四个阶段（准备、主题、扩展和结束）中，孩子可以跟你交换哪些材料？你们可以共享哪些材料？"

表 7.2　促进非言语沟通的活动

活动名称	孩子喜欢的部分：	我可以怎么加入：	孩子用来提要求的肢体语言有：	我期望孩子使用的肢体语言有：
换尿布	脱掉脏的尿布。 结束流程。	伸出双手，将孩子抱起来，放到尿布台上。 在换尿布的时候，给孩子他/她喜欢的玩具，孩子可以拿着或者把玩。 将孩子从尿布台上抱下来。	在我换尿布的时候，孩子会伸手去拿或者用手指想要的玩具或物品。 递给我一块干净的尿布，让我给他/她换上。 举起双手让我抱他/她起来。	看向我。 发出声音或者说一个词。 朝我伸出双手。 朝我走过来或者走近一步，让我抱他/她起来。 递给我尿布。
就餐/点心	吃东西 喝东西	在杯子里装少量的饮品，并展示给孩子看。 询问孩子想用哪个杯子喝东西。 询问孩子是否还想要更多的饮品。 每次递给孩子小份的食物。 给孩子提供餐具，供他/她使用。 询问孩子想把食物放在盘子里还是碗里。 询问孩子是否想要更多的食物。 在孩子想要更多的时候，帮助孩子打开饮品/食物的包装。 在孩子想要更多的饮品/食物的时候，让他们把杯子、碗或者盘子递给我。 让孩子给我喝一口他/她的饮料或者吃一口他/她的食物。 边食用我自己的食物和饮料，边发表评论，同时配上搞怪的音效。	伸手去拿或者用手指向自己想要的东西。 递给我或者举着自己的杯子/碗，要求更多的食物/饮品。 看了看我，然后看向我手中两样物品的其中一样（看的顺序无所谓），说"我要那个"。 看了看我，然后看向杯子/碗/盘子（看的顺序无所谓），说"把饮品/食物，放进去"。 递给我食物包装让我打开。 递给我他/她的杯子或者食物，让我也吃一点。 在我边吃边说，同时发出搞怪的声音时，孩子会看向我。 吃完后会把自己的杯子/碗/盘子递给我。	看向我。 边看我在做什么，边笑/微笑。 看向我，看我有什么食物。 发出声音或者说一个词。 在需要帮助的时候或吃完的时候将餐具递给我。 对自己不喜欢的东西，用手推开或者递回给我。 点头或者摇头。

来源：*Coaching Parents of Young Children with Autism: Promoting Connection, Communication, and Learning* by Sally J. Rogers, Laurie A. Vismara, and Geraldine Dawson. Copyright © 2021 The Guilford Press.购买本书的读者可以复印用于个人工作和学习（详见版权页说明）。读者可下载本表格的高清版。

（续表）

活动名称	孩子喜欢的部分：	我可以怎么加入：	孩子用来提要求的肢体语言有：	我期望孩子使用的肢体语言有：

步骤 2：等一等

与家长分享的内容：让家长"少做一点"的方法是等，给孩子一点时间，等孩子使用"肢体语言"要求自己想要的东西，而不是家长一猜到孩子想要什么就立即给他。可能需要提前准备一些物品和活动，家长不在场的情况下孩子不能自行获得它们。否则，孩子已经拥有了想要的东西，就不会再提要求了。留意孩子所有的表达信号，例如眼神接触、手势（伸手），或者往前迈出一步、发出声音，孩子用这些表达自己想要特定的物品或活动。当家长观察到这些"肢体语言"信号时，应该迅速给予孩子想要的物品／活动，同时配上简短的命名。对孩子给出的任何"肢体语言"信号都要做出回应，即使这个信号只是一个行为，比如眼神或手势。因为孩子需要明确知道自己的行为可以产生什么结果，从而理解自己可以用这种方式进行沟通。

写给导师：参考这一步骤的活动想法和技巧，帮助家长思考如何等待孩子的"肢体语言"信号。还可以和家长一起使用前文中的表 7.2（促进非言语沟通的活动），到这一步，就可以填写"我期望孩子使用的肢体语言"这一栏了（如果之前已经填写过这部分内容，现在可以优先进行）。当家长在这方面需要协助时，可以帮助家长从活动中寻找孩子要求物品／玩具／活动的机会，然后让家长加以调整，等待孩子发出沟通信号，再满足孩子的需求。需要注意的是，有时候孩子可能不明白家长在等待什么，不明白家长希望自己做什么。所有孩子首先关注到的是自己还没有得到的物品或活动，他们可能会变得沮丧和不高兴。为了给孩子恰当的引导，家长可以示范"肢体语言"的使用，例如将物品举到自己眼前，提示孩子与自己进行眼神接触，或者递出玩具的同时进行命名，看孩子是否会伸手拿。同样地，家长可以使用表 7.1（共同活动）规划活动，找到暂停活动、等待孩子"肢体语言"信号的时机。

如有需要，协助家长回答以下问题，帮助他们规划干预内容：

- "在活动中，你会如何等待孩子要求物品／活动？"
- "你的孩子在活动中会使用哪些'肢体语言'要求物品／流程？"

- "你可以做什么来帮助孩子理解大人在等待的时候,是期望他/她做出哪些行为?"

步骤 3:创造大量的练习机会

与家长分享的内容:孩子需要大量的练习才能学会新的技能。在这一步,我们希望家长在日常活动中创造大量的机会与孩子互动,向他们展示如何运用肢体语言进行交流。找到一种比较克制的方式来帮助孩子表达自己的喜好,这并不意味着忽视他们的需求。在许多情况下,家长最懂得孩子需要什么,甚至比孩子自己更清楚。我们希望家长继续利用自己对孩子需求的了解,来教导孩子如何运用眼神接触、声音、手势、有目的的微笑以及其他简单的非言语方式表达这些需求。这里的核心点是创造"沟通动机"。

写给导师:参考此步骤的活动想法和技巧,以帮助家长思考如何在现有的日常活动中创造练习机会,发掘新的互动方式。家长可以基于自己对孩子的了解,提供孩子不喜欢的物品或活动,创造机会让孩子学会礼貌地拒绝这些选项。家长还可以创造机会让孩子寻求帮助来打开物品包装或者开启玩具,在游戏中、在喜欢的歌曲中或者感觉社交游戏中加入搞怪的声音。孩子可以为活动准备材料,选择物品或活动流程,在无法打开或操作某些物品时请求帮助,给予或交换材料,礼貌地拒绝他们不想要的东西,跟随和分享活动的进阶流程,以及在活动结束时整理材料。家长可以在共同活动中的某一阶段先尝试使用这个方法,以增加孩子的参与度,例如在主题的部分,然后在家长信心更足的时候,加入其他阶段的操作,例如准备、扩展和结束的部分,让孩子做得更多一些。

同样重要的是,在继续下一步之前,要与家长讨论他们首先应该教给孩子哪些沟通手势。与家长练习的时候有三个要点需要关注:(1)选择与孩子对人和物品/活动提要求相关联的手势(我们将在本章的第七个主题中为家长介绍共同注意的手势);(2)选择具有丰富练习机会的手势,让孩子、家长或其他照顾者有足够的机会进行练习;(3)选择适合孩子年龄的手势。

在本章的后半部分,我们将深入探讨家长如何教导孩子进行更加复杂的交流,例如不是单纯地伸手而是指着想要的东西，同时做手势并进行眼神接触或者结合其他行为，将简单的非言语交流扩展为口头语言，分化出不同的沟通功能，例如拒绝或分享物品。而在现阶段，目标是帮助家长创造尽可能多的机会，让孩子进行非言语沟通，例如眼神接触、声音、手势、有目的的微笑以及其他肢体动作。

如有需要，协助家长回答以下问题，帮助他们规划干预内容：

- "你每天可以与孩子进行哪些互动来引导他/她沟通？"
- "孩子会使用哪些'肢体语言'与你交流？"
- "如果你的孩子没有使用'肢体语言'，你会如何回应？"

步骤4：坚持不懈！持之以恒！

与家长分享的内容： 每当家长做出新的或不同的尝试时，所有孩子都需要一点时间来理解正在发生什么，无论他们是否喜欢，无论对他们来说沟通的要求是什么。有孤独症谱系障碍的孩子也需要同样的机会，特别是如果家长改变了之前的活动或例行的程序。不同的是，谱系家长还需要额外做三件事来帮助孩子完成新的例行程序：（1）新的例行程序尽量简化，让孩子容易理解并能够与家长一起完成；（2）使练习机会简化（即明确和清晰），以便孩子可以成功进行沟通并获得想要的东西；（3）坚持重复这些例行程序和学习过程，因为熟能生巧！

写给导师： 参考此步骤的活动想法，以帮助家长创建孩子可以理解并进行交流的新流程。回顾你可能已经与家长一起做好的"活动类型图鉴"，看看家长认为孩子在活动中理解和交流的难易程度如何。当孩子在活动中生气或抗拒时，与家长共同解决问题，想想如何使互动和肢体语言的交流对孩子而言更加简单，与孩子想要的东西更加直接相关，或如何使家长在一天中嵌入更多的练习机会（基于家长的描述）。请注意，必须围绕孩子的日程安排展开，在沟通方面，新的流程必须与之前同样的及时、有效和简单；否则，沟通实现的道路将会更加漫长，更加困难。

如有需要，协助家长回答以下问题，帮助他们进行干预规划：

- "你的孩子可以轻松地使用哪些'肢体语言'进行交流？如果不确定，那么让我们从孩子在活动中想要的物品或流程开始，一起分析如何教孩子提要求。"

- "孩子在活动中提要求时，你是如何帮助他/她的？"
- "对于孩子想要的物品或想进行的活动，你是如何给到他/她的？可以详细描述一下。"
- "在下一节家长辅导课之前，你会如何继续练习引导孩子使用'肢体语言'进行沟通？"

步骤5：与孩子"面对面"，并处在孩子伸手就能触摸的位置

与家长分享的内容： 家长与孩子面对面（不要背对孩子），可以让沟通信号的接收、理解和回应变得更加容易。孩子会明白，自己接收到他人的眼神、声音和手势后，也要将自己的眼神、声音和手势传递给对方。沟通行为不是随机的，而是具有明确的方向和目的，在孩子和成年人之间进行。回想一下，在之前的内容中（参见主题四中的步骤2），已经提及促进亲子间共同注意和积极沟通的位置选项。这一步提醒我们，将孩子想要的物品或活动呈现在他/她面前，孩子可以在体会家长是如何组织词汇的同时使用家长期待的手势/动作进行沟通。

写给导师： 参考此步骤的活动想法和思路，以帮助家长找到合适的位置以及孩子喜欢的物品/活动，并且将物品/活动呈现在孩子眼前。例如，家长如果习惯将孩子抱在膝上进行亲子阅读，每当命名、描述、用手指甚至将图片内容表演出来的时候，可以尝试将书放在自己和孩子之间。

如有需要，协助家长回答以下问题，帮助他们进行干预规划：

- "在这项活动中，你希望自己和孩子分别处在什么样的位置？"
- "在这项活动中，材料可以如何摆放在你和孩子之间？"

家庭环境中是怎样提高孩子对他人非言语沟通的理解的

家长分享内容： 对于孤独症儿童来说，理解他人的眼神、面部表情和手势的含义与使用自己的肢体语言进行沟通同等重要。接下来的三个步骤旨在教导孤独症儿童关注他人以及他们所做的事情，帮助他们理解他人的眼神、声音和肢体语言。

写给导师：我们希望家长已经找到了提高孩子使用"肢体语言"频率的方法，孩子能通过肢体语言（例如手势、眼神、表情、声音）来表达需求、情感和想法。支持家长在提高这些技能后继续练习，以获得更好的学习效果。

步骤 1：使用夸张的手势

与家长分享的内容：家长希望在日常活动中加入简单的手势以及伴随这些动作的语言，来吸引孩子的注意力，让他们也模仿这些动作。简单手势是指对孩子来说相对容易模仿的，并且在活动中具有社交性质的任何手部或身体的动作，例如伸手、指向、递给、推开、拿起或放入物品／玩具。对于没有用到物品或材料的活动，例如唱歌游戏，可以加入动作、声音效果或与游戏相关的肢体动作（例如拍手、跳跃、捉迷藏、用手指挠痒痒、模仿动物的动作），作为游戏的一部分。家长首先在他们的回合中示范手势，然后鼓励孩子跟随模仿。有时候，家长可能需要多次重复／演示手势，或者对肢体动作／活动节奏进行一些调整（例如加快或减慢），以确保孩子听到家长的口语并且看到家长的手势。帮助孩子完成手势模仿，并确保孩子达到他们想要实现的目标，同时给予大量的赞美和关注，庆祝孩子的成功（例如，家长帮助孩子拍手，然后唱"如果感到快乐你就拍拍手"，或者孩子触摸书中的图片，家长发出滑稽的动物声音）。手势模仿还可以在整理和清洁、日常照顾和家务活动中进行，每当需要孩子拾起、递给、整理物品的时候都可以练习手势的使用。孩子的手势表明他们对他人语言的理解和回应。所有亲子之间的例行流程中都可以包含沟通手势的练习。

写给导师：参考本步骤的活动建议和思路，帮助家长在日常流程中加入手势沟通。有时，对家长来说，更容易操作的学习机会是让孩子参与日常流程，帮忙处理日常事务，在这些过程中使用孩子喜欢的材料和动作，或者尽快地完成非偏好的活动，例如换尿布或刷牙。引导家长学习在活动中命名与孩子需求相关的材料和动作，然后让孩子练习使用手势提出需求。我们还希望家长和孩子不仅在玩玩具的时候练习手势沟通，还要在亲子阅读、没有道具的感觉社交游戏和日常流程中进行练习。要时刻留意家长，在需要的时候进行调整，以支持孩子更好地理解和进行手势沟通。

如有需要，协助家长回答以下问题，帮助家长制定干预计划：

- "在这个活动中，你可以给孩子演示以及教导他们哪些手势？"
- "当孩子有需要时，你如何帮助他们完成用手势沟通？"

步骤2：加入可预测的步骤

与家长分享的内容： 重复活动流程，是指家长在游戏和特定任务中重复同样的步骤和结果，帮助孩子理解其中的操作和要求，从而在参与活动的时候能够更加自在，独立性更高。这并不意味着活动流程总是保持不变。我们仍然希望通过加入变化或改变活动展开的方式，教给孩子更多的技能，具备更多的灵活性和创造力。尽管变化是重要的，但是连续几次按照固定步骤进行活动或游戏也很重要，固定流程能够教会孩子预测接下来会发生什么，因此当家长在某个步骤上暂停下来，并使用夸张的手势示意孩子应该做什么时，孩子可以用肢体语言（包括眼神、声音、手势）来回应。在例行流程中家长进行的步骤越多，就有更多的机会教给孩子不同的技能，这样孩子可以看到这些技能的实际操作，学会独立完成。

写给导师： 参考本步骤的活动建议和示例，帮助家长将可预测的步骤添加到他们的日常流程中，鼓励孩子做出回应。需要注意的是，家长在之前已经学习并使用的共同活动框架在这里也同样适用。如果家长需要更多辅助，可以回到之前的主题，与他们一起复习那四个部分。

可以通过分享下面的示例作为参照：如何添加可预测的步骤，来突出家长每天与孩子一起进行的常规活动。请注意，在这个互动场景中至少有17项潜在的沟通步骤。无论是六种活动类型中的哪一种（玩玩具、感觉社交游戏、用餐、日常起居、阅读和家务），家长都可以使用之前提及的肢体语言沟通的示例。那么在洗澡、用餐和游戏等日常流程中，家长可以加入多少项沟通步骤呢？

路易丝已经为她24个月大的儿子亨利建立了一个围绕着穿衣服的日常例行流程。她早些时候教过亨利如何穿衣服——将衣服举过头顶，把手伸进袖子；坐下来把双腿放进内裤、长裤或短裤，然后站起来把裤子拉到腰部。

现在她想要加入新的步骤，让亨利自己打开衣橱抽屉，选择要穿的衣物。

准备：

步骤1： 路易丝带亨利走进他的房间，蹲在他面前，摸了摸他穿着的睡衣，边帮亨利解开拉链边说："脱下来。"

步骤2： 路易丝期待着亨利自己脱衣服，而亨利则看着房间的其他地方。路易丝稍微拽了一下亨利的睡衣，露出他的肩膀，等待他再次回应。这一次的提示起作用了，当路易丝说"把手拿出来"时，亨利将手从衣服里面脱了出来。

步骤3： 路易丝等待着，看看亨利是否会继续脱衣服。但亨利没有继续，于是路易丝稍微拉了一下睡衣的底部，这个手势提醒亨利扭动身体并把睡衣往下拉到腿的位置。

步骤4： 路易丝期待亨利接下来会坐在地板上，将睡衣从腿上脱下来，但他没有。但接下来亨利自己的做法让路易丝感到惊喜，亨利站起来，试图边抓着路易丝的肩膀边脱衣服。当路易丝告诉亨利"脚脱出来"的时候，亨利重复了一遍这个短语，然后抬起腿让路易丝帮助他。

主题： 现在到穿衣的流程了。

步骤5： 路易丝指向亨利的衣橱，说："打开抽屉。"当亨利没有回应时，她假装打不开抽屉，夸张地做尝试打开的动作，同时对亨利说："帮助我。"亨利觉得这很有趣，便上手帮助路易丝打开抽屉。

步骤6： 路易丝拿出两件上衣——一件蓝色的，一件绿色的，每只手拿一件，问亨利："穿哪件？"亨利伸手去拿绿色的上衣。

步骤7： 路易丝碰了一下亨利的头，说："穿上衣服。"当亨利把上衣举到头顶时，路易丝把衣服的上下开口对齐，然后用手捏紧，让亨利更容易找到领口，并自己把衣服套到脖子上。

步骤8： 然后路易丝等了一会儿，看看亨利是否会自己把手伸到袖子里。亨利把一只手臂伸进了袖子，然后看到手指上的一片绒毛，他伸手去捏，注意力被分散了。

步骤9：路易丝伸出手，说："我来帮你。给我。"让亨利松开手上的绒毛。

步骤10：路易丝稍微调整了一下衣服，使其中一个袖笼更容易被找到（让亨利的手臂能更轻易地伸进去），然后提醒亨利接下来要做什么，亨利回应。接着路易丝和亨利重复这些步骤，亨利挑选裤子并穿好（**步骤11和12**），袜子也是同样（**步骤13和14**）。

变化：

步骤15和16：路易丝指了指亨利脱下来的衣服，告诉他"拿起来"并"放进"路易丝拿出来的洗衣篮中。

结束：

步骤17：穿衣完成！路易丝指向亨利的房门，问道："准备好了吗？"亨利朝着门的方向伸手，路易丝回应说："好的，我们走吧！"

步骤3：提供所需的帮助

与家长分享的内容：当家长创造机会让孩子学习某项技能，但孩子很难独立完成时，家长可以教孩子"寻求"帮助。橡皮泥、泡泡棒、蘑菇钉或者孩子自己很难打开的玩具盒子，都可以用来教学，在孩子将这些物品交给家长打开或者在家长打开后送回他们手里的时候，都可以加入沟通手势的教学。感觉社交游戏需要其他人的参与来变得更有趣（例如捉迷藏、你追我赶、翻跟斗或其他体育比赛，或者唱歌），这会引导孩子用不同的手势或肢体语言要求继续进行下一轮的例行流程。对于孩子来说，也许有些玩具让他们自己玩很困难，例如用泡泡棒吹泡泡、拼新的拼图或多片拼图，或者玩发条玩具，这就可以创造机会让孩子使用眼神甚至是口语来告诉家长他们想让家长做什么。当孩子需要帮助时，家长就有机会向他们展示如何使用不同的非言语沟通（肢体语言）来寻求帮助。家长可以向孩子伸出手，让他们把橡皮泥盒子或打不开的容器交给自己。家长可以指一指拼板上某片拼图的位置。家长可以把手放在脸前面，示意孩子在躲猫猫的回合中做同样的动作。家长可以说"我来抓你啦"并向孩子走过去，期待着孩子看着自己微笑，示意继续游戏。孩子学会了寻求帮助和如何向家长寻求帮助之间的关系，以及如何理解家长的手势、身体动作、表情和话语："如果我把那个东西给妈妈，她会帮我打开。如果我看着爸爸，当他把手放在我肚子上时，他就会再次逗我笑。如果我向前倾身握住奶奶的手，我们就会一起唱我最喜欢的歌。"

写给导师：参考本步骤中的活动建议，在活动中规划孩子可以"寻求"帮助的时机。帮助家长将这些教学机会分解成小的步骤。有些家长发现通过与孩子一起讨论他们的一天，有助于确定练习提要求的合适时机。帮助家长在共同活动框架内为孩子创造寻求帮助的时机：在"准备"环节打开材料包并布置材料；在"主题"中要求使用更多的材料或例行流程；在"扩展"部分使用不同的材料或尝试不同的动作，这些流程如果没有家长的帮助孩子很难完成；在结束整理的时候，与其他人一起收拾材料。如有必要，可以进行多次辅导，帮助家长分解六种不同活动类型中的共同活动，以便他们建立稳定的框架，思考在一天之中与孩子相处的所有时间里，在四个步骤中可以练习的手势、动作、表情和话语。

如有需要，协助家长回答这些问题，帮助他们进行干预规划：

- "在一天当中，你找到了哪些机会来引导孩子留意到非言语交流（或你的肢体语言）？"
- "在一天当中，或活动中的哪些时刻，孩子会向你（或其他人）寻求帮助？"
- "孩子用什么样的肢体语言向你（或其他人）寻求帮助？"
- "在孩子要求帮助之后，发生了什么？"

主题五：模仿是非常重要的学习方法——对于每个人都是！

与家长分享的内容：模仿是一种内在的学习方法。孩子自然而然地模仿他们看到家长所做的事情。孩子会学家长的动作和手势，学家长的发音和语言。孩子之所以这样做，是因为他们的大脑跟成年人一样，有一种生理的本能，能通过"镜像神经元系统"对他人的行为产生共鸣。名为镜像神经元的大脑细胞在自己行动和看到他人行动时都会被激活。这些细胞会对他人的行为会做出反应，就像观察者自己行动时一样。镜像神经元细胞让儿童和成年人能够在看到他人的行为之后立即进行模仿，也能在没有练习的情况下，做到延时模仿。孩子天生具备模仿的能力，这意味着任何一个游戏伙伴（成年人、兄弟姐妹、祖父母、老师、托儿所保育员）都可以传授各种技能，孩子可以观察、记忆这些技能并自己动手尝试：

1. 如何通过面部表情、身体语言、社交距离、保持话题、倾听／表达以及其他社交对话的准则等，与他人进行社交互动。
2. 如何感受到并理解他人的情感。
3. 如何将我们所听到的他人的声音串联成完整的话语，并且通过其随后的行为来理解这些话语的含义。
4. 如何将手势、行动、姿势和其他非言语信号添加到我们的表达中来传达情感。
5. 从操作具体物品到游戏和常规流程，当我们看到他人的行动时，我们是如何边观察边模仿的。
6. 当我们模仿某人的行为时，基于彼此之间共同的经历，我们是如何与他人产生连接的，是如何认同他人的。

模仿是一种强大的学习工具，可以帮助孩子习得很多行为。

写给导师：你可以邀请家长分享自己对这些信息的理解，或者引用你曾见过的孩子模仿家长的行为和语言的例子，鼓励家长思考这个话题。尽管这是首次提到对家长行为的模仿，但每个孩子在之前的家长辅导课程中或多或少地都已经出现了模仿家长的行为。

你可以向家长提问，以下是问题参考：

- "你看到孩子通过模仿学到了什么？"
- "你能举几个具体的例子来说说孩子是怎么模仿你所说、所做的吗？"

为什么缺乏模仿行为对于幼儿来说是一个问题？

与家长分享的内容：模仿是我们学习中最简单、最有效的工具之一。我们先观察他人，然后无论是在当下还是之后，我们也会做出和被观察者一样的事情。不会模仿的孩子没办法通过观察周围所发生的事进行学习，他们只能自己研究。这需要更多的时间，而且这样的孩子最后可能也不会发展出这项技能。此外，对于缺乏模仿的孩子来说，想学习的每一项新技能，都必须重复研究的过程……这会非常耗费精力！有了模仿行为，孩子的注意力就会被家长吸引，关注他们的行为，家长也能创造一起活动的动机。所以现在我们要支持孩子发展专注力，并激励他们在游戏中、在日常生活中模仿家长的行为，模仿自己所听到的和所看到的事情。

写给导师：你可以跟家长强调，当谱系儿童自身的动机和对模仿的注意力增加时，就能更好、更自然地进行学习。回顾之前的几个主题，我们有提到，让家长通过模仿孩子的行为，引起他们的注意并与其互动。举出孩子关注家长行为的具体例子，剖析亲子交流中当家长跟随孩子的引导，模仿孩子的声音、动作或者游戏操作时孩子的表现。

你可以向家长提问，以下是问题参考：

- "在你模仿孩子时，他/她会做何反应？"
- "你觉得在哪些游戏活动或常规中，更容易跟随和模仿孩子？在哪些活动中更难？你会模仿孩子的哪些具体行为或技能（声音、言语、手势、表情、玩玩具或物品操作、身体运动）？"
- "你对这个主题有什么担忧或疑虑？"

步骤1：模仿孩子的声音和近似词

与家长分享的内容：当家长模仿孩子的声音时，会发生三件事情：(1)孩子开始注意到自己的声音；(2)孩子会听到更多伴随自己声音的其他声音和话语（来自家长）；(3)孩子有更多机会发声和说话。这三件事情正是我们所希望发生的，因为孩子需要大量的发音积累，来学会自主发声（即声音是有意发出的，而不是偶然发生的）；学会如何发出特定的声音来表达他们想要的东西（例如，"球"用"ba"表示，或"起来"用"ah"表示）；通过练习将这些声音转化为口语单词，提高使用的熟练度。即使家长不确定孩子发出了什么声音或者声音的具体含义是什么，也要模仿孩子的声音，让孩子知道：你已经听到了他们的声音，他们的发声很重要。当家长这样做的同时，对孩子说"我听到你的声音了"，赋予声音以意义和重要性。家长调整自己的位置，让孩子可以看到自己的脸，家长模仿孩子发出的所有声音，包括元音（例如"oh""ah""eee"）、辅音（例如"geh""da""wa"）或其他声音，除了孩子的哭声、尖叫声或发牢骚的声音，其他声音都可以模仿。然后，家长等一等，看孩子是否会再次发出声音。如果孩子再次发声，家长便重复这个声音，并再次暂停，给孩子机会，让孩子在这个一来一回的游戏中与家长轮流发声。如果孩子没有重复发声，家长可以再次发声并等待，尝试引导孩子轮流发出声音。

写给导师：参考之前提供的活动想法和亲子互动的示例，以帮助家长和孩子相互模仿声音和词汇。回顾家长之前已经成功进行的活动，尽管家长可能还没有意识到自己是如何完成这一步的。

你可以向家长提问，以下是问题参考：

- "你的孩子会发出什么声音？"
- "你的孩子喜欢哪些歌曲、手指游戏或其他语言活动，你可以在这些活动中突出强调哪些关键词或短语，供孩子模仿？"
- "（当孩子模仿的意愿不高时）活动可以进行哪些调整？"

步骤2：模仿物品操作

与家长分享的内容：当家长模仿孩子的物品操作时，孩子会注意到家长的动作。孩子喜欢家长模仿自己所做的事情。当家长对物品和动作进行命名时，孩子会认真聆听。在这个过程中，孩子会为自己的词汇库不断添加更多的单词。他们会发展出相互的概念，或者这种"你"和"我"之间的社会性协调，即一来一回地一起做某件事情。这种一来一回的互动不仅能帮助谱系儿童关注到家长所持的物品本身，更重要的是关注到家长如何操作这些物品，从而学会新的技能，并通过观察家长所展示的动作来丰富自己的游戏创意库。

家长应该如何开始呢？回到建立共同活动的主题上来。家长操作着自己的物品来复制孩子的行为，同时命名正在发生的事情。当孩子击鼓时，家长用棒槌击鼓并说"嘣"，或当孩子用记号笔在纸上涂鸦时，家长也跟着做并说"涂色"。当孩子停止手上的动作时，家长也停下来，并期待地看着孩子，示意孩子继续。对于不容易自行继续的孩子，家长可以复述（例如"嘣""涂色"）或简要地重复一遍动作（例如敲一下鼓或在纸上画几笔），以鼓励孩子继续活动。家长继续这样的开始和暂停的流程，跟随孩子的行为节奏，直到孩子表现出眼神接触、微笑或其他肢体语言，表明他/她已经理解了这种一来一回的节奏。

写给导师：以上的例子是对模仿的教学顺序的简要说明，展示了如何在游戏及其他时间中（例如用餐时间、洗澡时间、家务时间）利用配对或者复杂玩具来练习模仿。需要注意的是，家长在模仿孩子的时候，节奏可能要根据孩子在活动中的兴趣和兴奋水平而调整。有时候，家长需要加快动作，而其他时候则需要减速。这一步和前面的步骤一样都包含了大量的信息和策略。在进入下一步之前，如有需要，可以多进行几次家长辅导，帮助家长开发不同的互动游戏，教孩子进行模仿声音和物品操作。

你可以向家长提问，以下是问题参考：

- "孩子会玩哪些配对游戏或者复杂玩具？"
- "孩子喜欢进行哪些物品操作，有哪些是你可以模仿的？"
- "你认为孩子希望看到进行哪些物品操作？"
- "你会如何鼓励孩子继续模仿？"
- "一天之中，你有哪些机会来模仿孩子？"

步骤3：模仿手势和肢体动作/面部表情

与家长分享的内容：现在，家长和孩子之间已经发展出轮流的游戏模式来模仿声音和物品操作，下一步是教孩子如何关注和模仿在感觉社交游戏中做出的手势和身体动作，相关的活动包括唱歌、手指游戏、唱童谣和社交游戏等。家长从他们之前已经学习过的话题中掌握了本步骤的大部分内容：

- 用有趣的动作、声音效果和词语发展感觉社交游戏
- 在活动流程中引入新的动作或材料，以增加互动的灵活性和趣味性、拓展学习潜能
- 在活动流程的中途暂停，让孩子有机会通过肢体语言来沟通，示意想要活动继续

现在是教孩子如何模仿家长，并将家长的手势和肢体动作与歌曲/游戏中的词汇关联起来的时候了。家长使用共同活动的主题部分（就像在步骤1和2中所做的那样）来开启唱歌或游戏，并向孩子展示如何做手势/动作。一位妈妈唱道："你把脚放进去，你把脚拿出来，你把脚放进去，然后摇一摇……"一直唱到结尾词"霍基波基（Hokey Pokey）"；或者在另一项共同活动中，妈妈说"吹"，同时鼓起脸颊，贴着女儿的肚子吹气，发出有趣的吹气声。完成之后，在下一轮游戏中，家长做出相应的手势或动作之前停顿一下，期待着孩子主动示意家长：重复当前的手势或动作。有时孩子需要更明显的提示来理解家长的期待。这个时候家长就可以给出更明确的提示或提供额外的帮助来教导孩子自己期待孩子具体做什么。家长会调快或减慢节奏（快慢取决于在哪种节奏下孩子更专注），夸张地做出手势/动作并重复，同时鼓励孩子进行模仿。回到我们之前的例子，妈妈开始唱歌："你把脚放进去……"同时抬起自己的脚并保持悬空；或者鼓起脸颊，将嘴唇紧抿，开始做吹气的动作，同时鼓励女儿参与："黑利，你也一起。"如果女儿需要额外的帮助，家长使用肢体辅助来引导孩子，需要留意避免辅助过度/依赖，以免孩子不能独立地发展出这项技能。妈妈可以碰一碰或者轻轻地提起女儿的脚，然后迅速放开（撤出辅助），让女儿自己完成动作。在下一轮中，妈妈鼓励女儿独立地移动自己的脚，即使动作做得没有那么利索或者完成得不够完美也没关系，因为我们的目标之一就是做到为孩子任何一次的主动尝试而欢呼，及时

地给予肯定。由于我们没办法直接通过肢体辅助来引导孩子完成类似于吹气的动作，妈妈在这里可以添加其他的声音效果或夸张的动作，来鼓励女儿模仿吹气。妈妈缓慢地、用力地吸入空气，鼓起脸颊，并发出滑稽的声音，假装在女儿身上吹气；接着在下一轮互动中暂停，妈妈将脸颊鼓起来，然后停下来期待地看着女儿，鼓励女儿进行模仿。

写给导师：上面的例子中提供了简要的说明，来陈述亲子互动中的教学步骤，其中的互动示例和活动设计在本步骤中也有涉及。这些内容可以帮助家长教导孩子在感觉社交游戏中模仿家长的手势和动作。请记住关于辅助的关键信息：家长要尽量少地为孩子提供辅助，并随着时间的推移逐步撤除辅助，以便孩子学会如何在没有帮助的情况下独立做出动作。在进入下一个步骤之前，家长先在感觉社交游戏中采用这些策略，然后再考虑将各种手势、动作和声音添加到其他日常活动中，例如换尿布、穿衣服或就餐等。

你可以在家长辅导中提出以下问题，以帮助家长规划如何进行这一步：

- "孩子喜欢跟你一起进行哪些感觉社交游戏（SSR）？"
- "孩子会如何通过肢体语言向你示意继续进行游戏？"
- "你可以在感觉社交游戏中添加哪些手势或肢体动作？可以在哪些瞬间暂停游戏，示意孩子进行模仿？"
- "你可以做出哪些面部表情、声音效果、戏剧性动作或以其他夸张的方式来鼓励孩子模仿手势或身体动作？"
- "当孩子需要额外帮助时，你会如何引导孩子模仿手势或身体动作？"
- "除了感觉社交游戏之外，还可以在哪些活动中添加手势或身体动作，鼓励孩子进行模仿？"

步骤4：模仿动作，扩展延伸

与家长分享的内容：家长通过改变活动，能使亲子互动更加有趣，减少重复性，并提供大量轮流模仿的机会，向孩子展示如何以多种方式使用不同的材料、做出不同的动作。当孩子学会了多种玩玩具和游戏互动的方式时，他们对物品和动作的看法和思考也随之拓展了。此外，每当孩子模仿新的事物时，他们的模仿能力都会进一步加强，之后在手势或面部表情/身体动作的模仿学习中也能更加地驾轻就熟。

另一个好消息是，家长已经知道了如何通过加入变化来扩展之前练习过的内容！让我们一起回顾一下。

1. 家长从一个主题开始，教孩子模仿特定的声音、物品操作、手势或面部表情/身体动作。家长会对这个行为进行命名并重复几次，以吸引孩子的注意力，同时增加这个行为的趣味性。请记住，我们希望孩子在模仿中找到乐趣，这样孩子模仿的动机会更强。

2. 一旦孩子觉得这个活动很有趣，家长就可以教他们模仿了。在主题部分的下一轮中，家长在动作或歌词的中间暂停，展示出对孩子跟随模仿的期待。对于孩子在模仿中的每一次努力尝试，即便是不完美的，家长都要给予肯定，然后继续主题。请记住，由于这是一项新的技能，我们希望孩子在尝试的时候能够尽可能成功，否则孩子可能会出现畏难情绪，从而不太愿意再次模仿。如果孩子在模仿的时候遇到了较大的挑战，那么家长可能需要加快或减慢动作的速度，或者增加手势、面部表情（如果目前还没有做出的话）等鼓励孩子尝试模仿。只有在这些辅助都不能帮助孩子完成模仿时，家长才需要尝试侵入性较强的肢体辅助方式。

3. 当孩子能够轻松地、持续地模仿时，家长可以用不同的方式替换主题（也称为扩展）进行活动。家长遵循相同的教学顺序，通过示范、命名和辅助等流程引导孩子模仿不同声音、物品操作、手势或面部表情/身体动作。家长需要保持一次只教一个新动作的频率，来扩展孩子的模仿技能。家长需要肯定孩子在模仿过程中的所有尝试，尤其是孩子模仿更高难度的动作时所做出的努力。在孩子学会了不同的动作之后，家长可以让孩子选择下一个要做的动作（例如："拍手还是踩脚？""擀面团还是戳面团？""汪汪还是喵喵？"）。这样做是让孩子跟家长轮流主导活动，让孩子在亲子互动中有机会表达自己的想法。

写给导师：参考活动的思路，帮助家长开发活动中"扩展"的部分。扩展可以很简单。思考家长可以在活动中加入哪些材料、动作或流程，来改变活动；每次加入一个动作，选择有趣的动作调动孩子的积极性。此外，在模仿下一个动作之前，孩子可能需要获得一些额外的强化，能够得到一些自己喜欢的材料或者进行偏好活动，来保持动机。帮助家长继续观察分析孩子的肢体语言，把握什么时候继续相同的动作，什么时候应该切换到新的动作。参考以下步骤，教授家长与模仿相关的教学顺序：

1. 家长示范、命名并重复一个有趣的动作，孩子能从模仿中找到乐趣。
2. 家长中途暂停，等待孩子模仿动作。如果孩子模仿了，家长要及时地肯定和赞美。
3. 或者，家长夸张地做动作并鼓励孩子模仿这个动作，如果孩子模仿了，也要及时地肯定和赞美。
4. 只有在需要额外帮助时，家长才会从肢体上引导孩子开始模仿或辅助孩子完成整个动作。家长应该尽快撤除这种肢体辅助。

你可以在家长辅导中提出以下问题，以帮助家长规划如何进行这一步：

- "孩子在这个活动中喜欢模仿哪个主题和哪些动作？"
- "你认为孩子会喜欢在这个活动中模仿哪些其他动作？"
- "你将如何辅助孩子模仿新的动作？"
- "你将如何逐渐减少对孩子的辅助？"

第 5 步：将模仿游戏融入共同活动的框架

与家长分享的内容： 让我们重温一遍共同活动的四大部分：准备、主题、扩展和结束 / 过渡，一起看看不同的模仿游戏要怎样融入这个框架。

使用两套玩具或者多部件组成的物品 / 玩具

1. **准备**。家长把两份玩具分别放在自己和孩子面前，让孩子能清楚地看到家长和玩具。
2. **主题**。家长使用自己的玩具，模仿孩子操作物品，并命名正在发生的事情。家长继续与孩子的动作保持同步，暂停、继续，直到孩子表现出眼神接触、微笑或其他回应性身体语言。

3. 扩展。一旦某个主题形成，家长加入一个不同的动作供孩子模仿。家长要注意，每次只展示（和教授）一个动作。新的动作可以是家长之前见孩子做过的物品操作（例如，敲击木琴或在纸上画圆圈），或者是家长觉得孩子可能会喜欢的新动作（例如，敲击日用品，用小木棒逗弄彼此，画动物，或者贴贴纸并在上面涂色）。家长命名新的动作并重复几次，然后暂停，期待孩子进行模仿。当孩子模仿新的动作时，家长会为孩子的努力而欢呼并加入，一起完成这些动作。当孩子在模仿新动作遇到挑战时，家长鼓励孩子再试一次，并根据需要改变动作速度或动作，或者添加手势、表情或声音效果，来提高孩子模仿的动机。家长和孩子轮流进行新动作；如果孩子觉得新动作太难或者无趣，可以回到之前的主题。家长可以随时尝试另一个新动作，看看孩子是否喜欢。孩子还可以在家长要求的动作中进行选择（例如："击鼓还是敲平底锅？"或"圆圈还是星星？"），以此维持兴致。

4. 结束 / 过渡。当新动作完成并且没有其他动作可以尝试时，家长可以准备结束活动。开启活动、建立常规是一个过程，需要花费一定的时间，同样地，结束活动也是一个需要时间投入的过程，尤其是在孩子还没有准备好结束的时候。家长可以尝试不同的策略引导孩子结束和过渡。家长可以逐渐地把物品收拾起来，使孩子的可用物品减少。家长可以提前预告剩余的时间或轮次，直到游戏结束。家长可以告诉孩子自己想结束活动，如果使用了两套玩具的话，家长可以开始收拾自己的。家长可以着手准备下一个活动并兴奋地谈论相关内容。所有这些策略都是为了向孩子说明接下来会发生什么，而不是强调什么会结束，以此缓解孩子的焦虑。当家长边命名边将物品放回容器或架子上时，还可以利用整理的流程教孩子模仿相应的动作。在这个过程中，还可以教授配对的技能，家长可以给孩子示范将同类的物品放在一起：相同颜色的物品（例如，红色的蘑菇钉装在一个袋子里，蓝色的蘑菇钉装在另一个袋子里），相同大小的物品（例如，小块积木放在一个盒子里，大块积木放在另一个盒子里），或外观相同的物品（例如，记号笔放在一个盒子里，蜡笔放在另一个盒子里）。

进行感觉社交游戏

1. **准备**。家长选择一个与孩子喜欢的歌曲或游戏相关的动作/手势，这个动作/手势模仿起来相对容易。

2. **主题**。家长开启歌曲或游戏，向孩子展示如何做手势/动作。

3. **扩展**。家长一次只教一个手势/动作，然后使用相同的辅助来教授其他的手势/动作。当黑利学会了如何在歌曲《霍奇波奇（Hokey Pokey）》中抬脚和向前伸脚时，妈妈可以在听到"全身进入，全身退出"的歌词时，向黑利示范如何跳跃，跟随音乐向前跳和向后跳。

4. **结束/过渡**。当家长或孩子对目前的手势或动作感到无聊，又没有其他动作可以尝试时，家长可以准备跟孩子结束当前的歌曲/游戏。家长提前告知还剩多少时间或轮次，之后结束歌曲/游戏。家长可以告诉孩子，自己想要结束活动，如果在歌曲/游戏中用到了道具，需要一并收回。家长可以开始准备下一个活动并兴奋地谈论相关内容，引导孩子关注接下来会发生什么，而不是什么会结束。再次强调，家长的语言和行为能够帮助孩子理解当下的状况并继续活动。

写给导师：在所有练习模仿的共同活动中，通过准备、主题、扩展和结束/过渡环节辅导家长，建立亲子互动的完整框架。参考表 7.1（共同活动），来帮助家长计划如何在除了玩具、物品操作或感觉社交游戏之外的其他生活常规中融入模仿练习。本书其余章节的内容都是基于家长和孩子作为游戏伙伴的相互模仿。继续阅读本章，如有必要，再读一遍之前的章节，帮助家长和孩子规划这些步骤。作为导师，你能帮助家长与孩子一起发掘的模仿游戏越多，家长能够创造的学习机会就越多，这不仅能增强孩子的模仿技能，还能增强他们的注意力、游戏技能、沟通技能、思维能力和参与技能。

可以在家长辅导中提出以下问题，来帮助家长规划如何进行这一步：

- "在准备环节，孩子可以模仿你做哪些动作？"
- "在主题的部分，你和孩子如何相互模仿？"
- "你和孩子还可以模仿其他哪些声音、手势或面部表情/身体动作？"

- "什么时候该结束这个活动？你会如何帮助孩子进行过渡？"
- "在整理环节，孩子可以模仿你做什么？"

主题六：理解孩子行为的ABCs

与家长分享的内容： 每当新的行为产生或旧的行为发生改变，就是学习发生的时候，对于孩子和成年人都适用。无论一个人想要做到更健康地饮食、更经常地锻炼，还是一位家长希望孩子能跟自己有更多的眼神接触并且更多地表达，在这两个例子里，都需要个体改变自己的行为，学习新的东西。本节的前半部分会要求家长和孩子做一些不一样的事情，来改变他们的行为，从而构建充满乐趣的共同互动，让孩子能够学习新的技能。对于家长的期望是：采用新的策略来了解、参与和互动，以吸引孩子的关注并激发其学习的动力。对于孩子的期望是：扩展互动和沟通技能，能够与家长一起玩游戏。在这个话题中，我们为家长和孩子的学习模式起了个名字：学习的 ABCs（Antecedent-Behavior-Consequence，即前提—行为—后果），或者更正式一点，叫作应用行为分析（ABA），它是研究人们学习过程的科学，当人们改变已有行为或发展新行为的时候，学习是如何发生的。一个常见的误解是 ABA 是一种特定的干预方法。事实上，ABA 是一个完整的知识库，用于理解、教育和改变人的行为——对于成年人和儿童都是如此！本主题详细说明了我们在提高家长认知时需要遵循的重要"原则"，家长认知的扩展主要围绕着以下几个方面：

- 家长自己的行为
- 孩子行为背后的含义和目的（也就是 ABC 之中的 B，即"行为"）
- 触发孩子行为的事件或行动（A，前提）
- 在孩子行为之后发生的事件或行动，这个部分决定了孩子的行为在未来发生的频率是会增加还是减少（C，后果）

一旦家长掌握了这些概念，就有了更多的教学工具用来鼓励孩子发展积极行为，并且能够给孩子示范更加符合他们年龄的或者对他们的发展更有益的新的行为方式。家长能最大程度地发挥他们帮助孩子学习并从亲子互动中获益的能力。

写给导师：可以邀请家长分享自己目前对 ABA 的了解，鼓励家长围绕这个话题进行思考。尽管这可能是你首次向家长提及 ABA，但在之前的主题中我们已经教授了家长如下内容：（1）使用某些行为来诱发孩子的行为（前提）；（2）使用某种方式对孩子的行为做出回应，要么鼓励，要么阻止行为的再次发生（后果）。我们可以举出至少一个具体的例子（如果家长想不到例子的话），你需要帮助家长看到自己的行为与孩子的行为之间的联系。

你可以向家长提问，以下问题作为参考：

- "你教会了孩子哪些新的行为？"
- "你是如何教导孩子做出新行为的？"
- "当孩子表现出新的行为时，你是如何回应的？"

步骤 1：关注孩子做了什么——B 代表行为

与家长分享的内容：所有行为的发生都有原因。这意味着孩子（或成年人）会采取具体的行动或者直接说出自己所做的事情，来实现与该行为相关的目标。每一个行为有其目的或功能。即使是不寻常的、低频率的甚至是随机的行为也有其背后的原因，儿童（或成年人）做这些事情都是出于具体的原因。了解孩子行为的两大原则如下：

1. 观察孩子的具体行为，而不是猜测他们的想法。孤独症孩子难以与他人沟通，无法与他人共情，也难以理解他人的感受或情感。因此，家长可以根据孩子的实际行为来了解他们的技能情况，了解孩子在具体场景中或者在学习新技能时是否明白自己需要做什么。我们要关注谱系孩子实际做了什么，而不是主观臆断孩子可以做什么，也不是在意孩子在被迫的情况下做出的反应，我们就能清楚地了解孩子的不足以及他们能够从学习中获得的技能。

2. 我们已经提到，所有行为的背后都有其原因，现在让我们来分析一下可能

书号	书名	作者	定价
\multicolumn{4}{c}{融合教育}			
0686	孤独症儿童融合教育生态支持的本土化实践创新	王红霞	98.00
*0561	孤独症学生融合学校环境创设与教学规划	[美]Ron Leaf 等	68.00
*0652	融合教育教师手册	[美]Julie Causton 等	69.00
*0709	融合教育助理教师手册（第2版）		69.00
*9228	融合学校问题行为解决手册	[美]Beth Aune	30.00
*9318	融合教室问题行为解决手册		36.00
*9319	日常生活问题行为解决手册		39.00
*9210	资源教室建设方案与课程指导	王红霞	59.00
*9211	教学相长：特殊教育需要学生与教师的故事		39.00
*9212	巡回指导的理论与实践		49.00
9201	你会爱上这个孩子的！：在融合环境中教育孤独症学生（第2版）	[美]Paula Kluth	98.00
*0013	融合教育学校教学与管理	彭霞光、杨希洁、冯雅静	49.00
0542	融合教育中自闭症学生常见问题与对策	上海市"基础教育阶段自闭症学生	49.00
9329	融合教育教材教法	吴淑美	59.00
9330	融合教育理论与实践		69.00
9497	孤独症谱系障碍学生课程融合（第2版）	[美]Gary Mesibov	59.00
8338	靠近另类学生：关系驱动型课堂实践	[美]Michael Marlow 等	36.00
*7809	特殊儿童随班就读师资培训用书	华国栋	49.00
8957	给他鲸鱼就好：巧用孤独症学生的兴趣和特长	[美]Paula Kluth	30.00
*0348	学校影子老师简明手册	[新加坡]廖越明 等	39.00
*8548	融合教育背景下特殊教育教师专业化培养	孙颖	88.00
*0078	遇见特殊需要学生：每位教师都应该知道的事		49.00
\multicolumn{4}{c}{生活技能}			
*5222	学会自理：教会特殊需要儿童日常生活技能（第4版）	[美] Bruce L. Baker 等	88.00
*0130	孤独症和相关障碍儿童如厕训练指南（第2版）	[美]Maria Wheeler	49.00
*9463	发展性障碍儿童性教育教案集/配套练习册	[美] Glenn S. Quint 等	71.00
*9464	身体功能障碍儿童性教育教案集/配套练习册		103.00
*0512	孤独症谱系障碍儿童睡眠问题实用指南	[美]Terry Katz 等	59.00
*8987	特殊儿童安全技能发展指南	[美]Freda Briggs	42.00
*8743	智能障碍儿童性教育指南	[美]Terri Couwenhoven	68.00
*0206	迎接我的青春期：发育障碍男孩成长手册		29.00
*0205	迎接我的青春期：发育障碍女孩成长手册		29.00
*0363	孤独症谱系障碍儿童独立自主行为养成手册（第2版）	[美]Lynn E.McClannahan 等	49.00
\multicolumn{4}{c}{转衔|职场}			
*0462	孤独症谱系障碍者未来置探寻	肖扬	69.00
*0296	长大成人：孤独症谱系人士转衔指南	[加]Katharina Manassis	59.00
*0528	走进职场：阿斯伯格综合征人士求职和就业指南	[美]Gail Hawkins	69.00
*0299	职场潜规则：孤独症及相关障碍人士职场社交指南	[美]Brenda Smith Myles 等	49.00
*0301	我也可以工作！青少年自信沟通手册	[美]Kirt Manecke	39.00
*0380	了解你，理解我：阿斯伯格青少年和成人社会生活实用指南	[美]Nancy J. Patrick	59.00

社交技能

编号	书名	作者	价格
*0575	情绪四色区：18 节自我调节和情绪控制能力培养课	[美]Leah M.Kuypers	88.00
*0463	孤独症及相关障碍儿童社会情绪课程	钟卜金、王德玉、黄丹	78.00
*9500	社交故事新编（十五周年增订纪念版）	[美]Carol Gray	59.00
*0151	相处的密码：写给孤独症孩子的家长、老师和医生的社交故事		28.00
*9941	社交行为和自我管理：给青少年和成人的 5 级量表	[美]Kari Dunn Buron 等	36.00
*9943	不要！不要！不要超过 5！：青少年社交行为指南		28.00
*9942	神奇的 5 级量表：提高孩子的社交情绪能力（第 2 版）		48.00
*9944	焦虑，变小！变小！（第 2 版）		36.00
*9537	用火车学对话：提高对话技能的视觉策略	[美] Joel Shaul	36.00
*9538	用颜色学沟通：找到共同话题的视觉策略		42.00
*9539	用电脑学社交：提高社交技能的视觉策略		39.00
*0176	图说社交技能（儿童版）	[美]Jed E.Baker	88.00
*0175	图说社交技能（青少年及成人版）		88.00
*0204	社交技能培训实用手册：70 节沟通和情绪管理训练课		68.00
*0150	看图学社交：帮助有社交问题的儿童掌握社交技能	徐磊 等	88.00

与星同行

编号	书名	作者	价格
0732	来我的世界转一转：漫话 ASD、ADHD	[日]岩濑利郎	59.00
*0428	我很特别，这其实很酷！	[英]Luke Jackson	39.00
*0302	孤独的高跟鞋：PUA、厌食症、孤独症和我	[美]Jennifer O'Toole	49.90
*0408	我心看世界（第 5 版）	[美]Temple Grandin 等	59.00
*7741	用图像思考：与孤独症共生		39.00
*9800	社交潜规则（第 2 版）：以孤独症视角解读社交奥秘		68.00
0722	孤独症大脑：对孤独症谱系的思考		49.90
*0109	红皮小怪：教会孩子管理愤怒情绪	[英]K.I.Al-Ghani 等	36.00
*0108	恐慌巨龙：教会孩子管理焦虑情绪		42.00
*0110	失望魔龙：教会孩子管理失望情绪		48.00
*9481	喵星人都有阿斯伯格综合征	[澳]Kathy Hoopmann	38.00
*9478	汪星人都有多动症		38.00
*9479	喳星人都有焦虑症		38.00
9002	我的孤独症朋友	[美]Beverly Bishop 等	30.00
*9000	多多的鲸鱼	[美]Paula Kluth 等	30.00
*9001	不一样也没关系	[美]Clay Morton 等	30.00
*9003	本色王子	[德]Silke Schnee 等	32.00
9004	看！我的条纹：爱上全部的自己	[美]Shaina Rudolph 等	36.00
*0692	男孩肖恩：走出孤独症	[美]Judy Barron 等	59.00
8297	虚构的孤独者：孤独症其人其事	[美]Douglas Biklen	49.00
9227	让我听见你的声音：一个家庭战胜孤独症的故事	[美]Catherine Maurice	39.00
8762	养育星儿四十年	[美]蔡张美铃、蔡逸周	36.00
*8512	蜗牛不放弃：中国孤独症群落生活故事	张雁	28.00
*9762	穿越孤独拥抱你		49.00
0614	这就是孤独症：事实、数据和道听途说	黎文生	49.90

经典教材|学术专著

*0488	应用行为分析（第3版）	[美]John O. Cooper 等	498.00
*0470	特殊教育和融合教育中的评估（第13版）	[美]John Salvia 等	168.00
*0464	多重障碍学生教育：理论与方法	盛永进	69.00
9707	行为原理（第7版）	[美]Richard W. Malott 等	168.00
*0449	课程本位测量实践指南（第2版）	[美]Michelle K. Hosp 等	88.00
*9715	中国特殊教育发展报告（2014-2016）	杨希洁、冯雅静、彭霞光	59.00
*8202	特殊教育辞典（第3版）	朴永馨	59.00
0490	教育和社区环境中的单一被试设计	[美]Robert E.O'Neill 等	68.00
0127	教育研究中的单一被试设计	[美]Craig Kenndy	88.00
*8736	扩大和替代沟通（第4版）	[美]David R. Beukelman 等	168.0
9426	行为分析师执业伦理与规范（第4版）	[美]Jon S. Bailey 等	85.00
*8745	特殊儿童心理评估（第2版）	韦小满、蔡雅娟	58.00
0433	培智学校康复训练评估与教学	孙颖、陆莎、王善峰	88.00

新书预告

出版时间	书名	作者	估价
2024.10	孤独症儿童沟通能力早期培养	[美]Phil Christie 等	58.00
2024.10	融合教育实践指南：校长手册	[美]Julie Causton	58.00
2024.10	孤独症儿童家长辅导手册	[美]Sally J. Rogers 等	98.00
2024.12	儿童教养的105个秘诀	林煜涵	39.00
2024.12	面具下的她们：ASD女性的自白	[英]Sarah Hendrickx 等	49.90
2024.12	看见她们：ADHD女性的困境	[瑞]Lotta Borg Skoglund 等	49.90
2024.12	孤独症儿童游戏和语言PLAY早期干预指南	[美]Richard Solomon	49.00
2024.12	特殊教育和行为科学中的单一被试设计	[美]David Gast	68.00
2024.12	融合班级中的特殊需要学生	[美] TobyKarten	49.00
2025.02	沟通障碍导论（第7版）	[美]Robert E. Owens 等	198.00
2025.02	优秀行为分析师的25项基本技能	[美]Jon S. Bailey 等	68.00
2025.04	融合班级中的孤独症学生	[美]Barbara Boroson	59.00

标*书籍均有电子书

微信公众平台：**HX_SEED（华夏特教）**

微店客服：13121907126

天猫官网：hxcbs.tmall.com

意见、投稿：hx_seed@hxph.com.cn

联系地址：北京市东直门外香河园北里4号（100028）

关注我，看新书！

华夏特教系列丛书

书号	书名	作者	定价
孤独症入门			
*0137	孤独症谱系障碍：家长及专业人员指南	[英]Lorna Wing	59.00
*9879	阿斯伯格综合征完全指南	[英]Tony Attwood	78.00
*9081	孤独症和相关沟通障碍儿童治疗与教育	[美]Gary B. Mesibov	49.00
0713	融合幼儿园教师实战图解	[日]永富大铺 等	49.00
*0157	影子老师实战指南	[日]吉野智富美	49.00
*0014	早期密集训练实战图解	[日]藤坂龙司 等	49.00
*0116	成人安置机构 ABA 实战指南	[日]村本净司	49.00
*0510	家庭干预实战指南	[日]上村裕章 等	49.00
*0119	孤独症育儿百科：1001 个教学养育妙招（第 2 版）	[美]Ellen Notbohm	88.00
*0107	孤独症孩子希望你知道的十件事（第 3 版）		49.00
*9202	应用行为分析入门手册（第 2 版）	[美]Albert J. Kearney	39.00
*0356	应用行为分析和儿童行为管理（第 2 版）	郭延庆	88.00
教养宝典			
*0149	孤独症儿童关键反应教学法（CPRT）	[美]Aubyn C. Stahmer 等	59.80
*0461	孤独症儿童早期干预准备行为训练指导	朱璟、邓晓蕾等	49.00
9991	做看听说（第 2 版）：孤独症谱系障碍人士社交和沟通能力	[美]Kathleen Ann Quill 等	98.00
*0511	孤独症谱系障碍儿童关键反应训练掌中宝	[美]Robert Koegel 等	49.00
9852	孤独症儿童行为管理策略及行为治疗课程	[美]Ron Leaf 等	68.00
*0468	孤独症人士社交技能评估与训练课程	[美]Mitchell Taubman 等	68.00
*9496	地板时光：如何帮助孤独症及相关障碍儿童沟通与思考	[美]Stanley I. Greensp 等	68.00
*9348	特殊需要儿童的地板时光：如何促进儿童的智力和情绪发展		69.00
*9964	语言行为方法：如何教育孤独症及相关障碍儿童	[美]Mary Barbera 等	49.00
*0419	逆风起航：新手家长养育指南	[美]Mary Barbera	78.00
9678	解决问题行为的视觉策略	[美]Linda A. Hodgdon	68.00
9681	促进沟通技能的视觉策略		59.00
*8607	孤独症儿童早期干预丹佛模式（ESDM）	[美]Sally J.Rogers 等	78.00
*9489	孤独症儿童的行为教学	刘昊	49.00
*8958	孤独症儿童游戏与想象力（第 2 版）	[美]Pamela Wolfberg	59.00
*0293	孤独症儿童同伴游戏干预指南：以整合性游戏团体模式促进		88.00
9324	功能性行为评估及干预实用手册（第 3 版）	[美]Robert E. O'Neill 等	49.00
*0170	孤独症谱系障碍儿童视频示范实用指南	[美]Sarah Murray 等	49.00
*0177	孤独症谱系障碍儿童焦虑管理实用指南	[美]Christopher Lynch	49.00
8936	发育障碍儿童诊断与训练指导	[日]柚木馥、白崎研司	28.00
*0005	结构化教学的应用	于丹	69.00
*0402	孤独症及注意障碍人士执行功能提高手册	[美]Adel Najdowski	48.00
*0167	功能分析应用指南：从业人员培训指导手册	[美]James T. Chok 等	68.00
9203	行为导图：改善孤独症谱系或相关障碍人士行为的视觉支持	[美]Amy Buie 等	28.00
*0675	聪明却拖拉的孩子：如何帮孩子提高效率	[美]Ellen Braaten 等	49.00
*0653	聪明却冷漠的孩子：如何激发孩子的动机		49.00
0703	直击孤独症儿童的核心挑战：JASPER 模式	[美]Connie Kasari 等	98.00
*0761	约法三章：用行为契约和孩子一起养成好习惯	[美]Jill C. Dardig 等	69.00

的原因。孩子（和成年人）做这些事情是为了：（1）获得自己喜欢的或想要的东西；（2）避开自己不喜欢的或不想要的东西。这些规律一直适用，这意味着当一个行为带来了喜欢的东西时，个体更有可能在未来重复这种行为。同样，当一个行为能够帮助摆脱或避开自己不喜欢的东西时，个体也更有可能再次这样做。有时，相同的行为背后可能对应着不同的原因和目的，例如，吹泡泡的时候，孩子可能因为兴奋而尖叫；当喜爱的玩具被拿走时，孩子可能因为沮丧而尖叫。

让我们探讨一下，以上两个原则如何适用于解释孩子的行为。

写给导师： 参考活动想法和技巧，帮助家长观察孩子的行为，并考虑孩子所说的话和所做的事情背后的目标/功能。在家长辅导课程结束之前，应制定出一个明确的计划，指导家长继续观察和分析孩子在家中的行为及其功能。根据家长描述的孩子的相关情况，可以考虑举出具体的例子跟家长进行讨论，这些示例行为的背后需要具备多个目的或功能。鼓励家长多多观察和分析多种互动活动中的孩子行为（例如，玩玩具、感觉社交游戏、用餐/零食、日常起居、阅读、家务杂活等），以拓宽家长的理解。使用表 7.3（ABC 行动方案），帮助家长学会描述孩子的行为，以及梳理与 ABC 相关的所有其他方面的信息。

你可以在家长辅导中提出以下问题，以帮助家长规划如何进行这一步：

- "你观察到孩子做出了哪些行为？"（如果家长最初描述的是不好的行为，那么要求家长举出至少一个正面的例子。）
- "孩子想通过这种行为实现什么目的？"（如果家长最初描述的是不好的行为，那么要求家长举出至少一个正面的例子。）
- "对于孩子的外在行为和内在感受，你觉得自己能对两者进行区分吗？有多大把握？"

表 7.3 ABC 行动方案

什么活动?	有哪些学习机会?	孩子的理想行为有哪些?	我如何教授孩子这些理想行为?	孩子表现出理想行为之后有哪些正向的结果?
就餐	当孩子想要吃/喝东西的时候会走到桌子旁边坐下。孩子会告诉我他想吃/喝什么。孩子会自己用纸巾擦脸。孩子会一直坐在椅子里吃/喝东西。当孩子吃/喝完了之后会告诉我。孩子会递给我她的杯子、碗和餐巾纸。	叫她的时候,孩子会自己走到桌子旁坐在儿童餐椅里面。当我告诉她有什么食物的时候,她会看着我,边伸手边发出声音来提要求。我要求的时候,孩子会自己用纸巾擦脸。吃/喝东西的时候,孩子会一直坐在椅子上。吃/喝完了之后,孩子会看向我打手势、发出声音,或者将她的杯子和碗递给我,示意我她吃/喝完了。我要求的时候,会将她的杯子、碗和餐巾纸递给我。	叫她的名字,展示她喜欢的食物或饮品,拉出餐椅,拍一拍椅子示意孩子走过来坐下。跟孩子面对面,展示食物和饮品,同时命名每一样物品。我边擦脸边递给她一张纸巾,然后说"擦脸",她会跟着模仿。观察孩子的状态,她坐立不安意味着她想要离开餐椅,这时候问她"吃/喝完了吗?"伸出我的手,说"给我",如果孩子没有主动递给我,可以在杯子、碗和纸巾中选择任意物品进行示范。	能吃到/喝到她喜欢的东西,并且能得到我的表扬!可以结束就餐环节。她可以离开餐桌,我们可以一起做点别的事情。

来源: *Coaching Parents of Young Children with Autism: Promoting Connection, Communication, and Learning* by Sally J. Rogers, Laurie A. Vismara, and Geraldine Dawson. Copyright © 2021 The Guilford Press. 购买本书的读者可以复印用于个人工作和学习(详见版权页说明)。读者可下载本表格的高清版。

步骤2：选择奖励——C代表后果

与家长分享的内容：我们已经说过，所有行为都有原因：为了得到什么，或者为了避开什么、让某件事停止。获得了某物或者避开了某事，这就是"后果"。后果很关键，对于家长来说正确地理解后果也很重要，因为他人或环境如何对待某个行为基本上决定了该行为是否会再次出现。让我们来看看后果是如何起作用的。

准则1：能够达到目的的行为很可能会再次发生。后果是紧随行为之后发生的行动或事件，后果帮助行为达到目的，在专业领域这个过程被称为"强化"。

- 妈妈在女儿举起手臂后（行为）抱起她（后果），以此教孩子，在想要妈妈抱时举起手臂，就可以让妈妈抱她（强化）。
- 爸爸在孩子要求再来一轮捉迷藏（行为）之后开启了又一轮捉迷藏的游戏（后果），以此教孩子在想和爸爸继续玩游戏时，把这些话表达出来就可以继续有趣的游戏（强化）。
- 孩子反复地开灯和关灯（行为），因为他很喜欢灯光带来的视觉刺激（后果），这也意味着，在没有采取任何措施的情况下，行为很有可能会继续（强化）。

准则2：无论目的是哪一种，得到某物的行为或避开/停止某事的行为都很可能会再次发生。有两种类型的强化：正强化和负强化。两者都是在行为发生之后做出的回应，都是为了帮助某人达到目的。不同之处在于使用这个后果/强化而达到的目标类型不一样。让行为得到某物的后果称为"正强化"。让行为避开/停止某事的后果称为"负强化"。

- 爸爸在儿子看向他并伸手要玩具（行为）之后给了儿子一件玩具（后果），是因为孩子想要这个玩具（行为的目标或目的），教孩子眼神交流和手势表达是给他这个玩具的原因，这样增加了孩子在下次想要东西的时候再次使用这两种行为的可能性（正强化）。

家长有玩具→孩子看着家长并伸手要玩具→家长给孩子玩具→孩子学会看

向家长并伸手要东西

- 妈妈引导孩子关注如何把玩具递给妈妈（行为1），而不是大哭（行为2），因为孩子无法让玩具动起来，需要帮助（行为的目标），然后妈妈修好了玩具并还给了孩子（后果），止住了孩子的哭声，教孩子将东西递给妈妈来寻求帮助，而不是独自大哭（正强化）。

玩具坏了孩子大哭→家长引导孩子将玩具递给妈妈以获得帮助→孩子停止哭泣→家长修好玩具并还给孩子→孩子学会通过递给他人物品来寻求帮助

- 当孩子饿了或者渴了的时候（行为的目标），会边吃东西边在家里四处走动（行为），妈妈也会给孩子提供食物和饮料（后果），这会教给孩子：在用餐的时候可以四处走动，不用一直坐着，并且增加了这个行为在用餐时间继续出现的可能性（正强化）。

孩子表现出饥饿或口渴的迹象→家长给孩子食物或饮料→孩子在吃喝的时候四处走动→孩子学会了，边走边吃/喝是可以被接受的

准则3：正强化和负强化可以改变已有行为或教授新行为。新行为的学习取决于行为之后的后果类型。无论是像要东西这一类的社会性行为，还是像解决不了问题时感到沮丧而哭泣这一类的无益行为，或者是什么都不做就能得到东西，儿童使用某个行为的机会越多，这些行为就会变得更加持久。

- 当家长因为孩子表现出了理想行为而给到孩子想要的东西（如给玩具或给予关注）时，他们提供的后果就是正强化，这也是在告诉孩子："是的！多做几次这个行为。"

- 当家长因为孩子表现出了不好的行为而给孩子东西（如给玩具或给予关注）时，他们提供的后果是正强化，这会告诉孩子："是的！多做几次这个行为。"尽管事实上家长并不希望孩子再次出现这个行为。

- 当家长希望孩子停止某个行为时，施加给孩子一些东西（在这种情况下，通常是示范其他行为），在这里家长提供的后果是负强化，这会告诉孩子："使用我示范的这种行为，而不是你表现出的行为，这样才能实现你的

目标。"

- 当孩子出现非理想行为，家长希望避免或停止这个行为时，会提供给孩子某物（如给玩具或给予关注），在这里家长提供的后果是负强化，是在告诉孩子："是的！多做几次这个行为。"尽管事实上家长并不希望孩子继续出现这个行为。

准则 4：未被强化的行为会随着时间的推移而减少或完全消失。不能达到其目标的行为自然就不会太频繁地发生了。某个行为在很长一段时间内不能达到目标，这会直接影响行为在未来发生的频率，时间越长，该行为就会变得越少，直到彻底不再出现。有两种类型的后果会导致这一点。没有得到正强化的行为被称为"消退"。当被恰当使用时，消退可以让孩子停止不好的行为。但是，如果使用不正确或无意中使用了消退，也可能会导致孩子某些积极的、恰当的社交行为消失。

- 当孩子在家里走来走去的时候，妈妈决定不再给她食物或饮料，以此教导孩子，这个行为并不能让她获得想要的食物或饮料。当然，孩子仍然需要学习就餐礼仪，来替代走来走去的行为。不用担心！这个内容将在下一节中介绍。

- 当孩子看着家长并伸手要玩具/物品时，家长不给，这会教给孩子，这个行为不能让他获得自己想要的东西。在这个消退的例子中，孩子可能会停止沟通，而沟通行为是我们实际上想要促进和加强的部分。

某个行为之后紧跟着发生了不愉快的、孩子不想要的事情，这会让行为在未来发生的频率降低甚至彻底消失，这就是一种负面的后果，称之为"惩罚"。计时隔离就是惩罚的一种，通常的处理方式是移除奖励，暂停最喜欢的活动，或者在孩子出现不好的行为时将其暂时隔离，限制其活动。

当我们探讨孩子行为之后发生的动作和事件时，有很多需要理解和思考的地方，但是好消息也不少。首先，家长手头有各种类别的后果可以使用，来教导孩子新的行为，改变已有行为。其次，在亲子互动和日常生活中已经自然地存在着上千的教学机会。不用再浪费精力去刻意地创造机会。再次，家长辅导课程会帮助家长观察孩子的行为并决定如何回应。实际上，我们会在接下来谈到这部分内容。通过观察孩子的行为以及目前已有的后果类型，家长可以确定孩子行为背后的目的或原因，分析现有的后果是否有助于行为达成目的，以及考虑是否应保留现有的行为→后果（或 B → C）模式，或替换为其他行为或后果链。最后，也是最重要的好消息，有了这些强大的工具，家长可以帮助孩子充分发展其潜能！

写给导师：这些信息很细致，对于所有人来说都需要时间来充分理解。我们需要投入必要的家长辅导时间，讨论该步骤的活动思路、亲子互动场景，以及形成模版，帮助家长观察和分析行为的功能，分析孩子的行为与后果之间的关系。尽管在之前的示例中没有提到，但值得注意的是，家长提到的或观察到的后果可能与环境有关（例如，荧光灯的嗡嗡声），也可能与家长以外其他人的行为有关（例如，他人在冲马桶或电梯门在家长和孩子经过时正好打开），以及与儿童自己的反应、感受有关（例如，儿童在房间里跑来跑去，或因某种感觉而把手指塞在耳朵里）。之前提到的后果准则在这里同样适用，但是家长可能需要一些指导来选择恰当的后果。总的来说，通常在家长能够确定以下内容之前，最好不要贸然进入下一步：（1）后果是否会增加或减少孩子行为的发生；（2）如何通过游戏/生活常规提供学习机会来支持积极的行为—后果链；（3）如何改变不恰当的行为—后果链以促进孩子的学习和发展。

你可以在家长辅导中提出以下问题，以帮助家长规划如何进行这一步：

- "你观察到孩子使用了哪些恰当的行为，孩子想要通过这些行为实现什么目标？"
- "你观察到孩子使用了哪些不恰当的行为，孩子想要通过这些行为实现什么目标？"
- "孩子在表现出恰当的行为之后会有什么后果？"
- "孩子在表现出不恰当的行为之后会有什么后果？"
- "哪些后果对孩子来说很重要？你想要改变哪些后果？"

步骤3：识别行为之前发生的事情——A是指前提

跟家长分享的内容：本章先是解释了行为发生是为了获得或避免/停止某些事情。接着说明了随后的后果对于行为是否会再次发生至关重要。当后果能够支持行为实现其目标时（即获得或避免/停止某事），行为会增强，很可能会再次发生。当后果不能支持行为实现其目标时（即希望行为获得某事或避免/停止一种经历，但实际上没有发生），行为会减弱，再次发生的可能性降低。现在我们来探讨分析行为发生之前的事件，即是什么触发了行为。这被称为"前提"，也被称为"刺激"。让我们看一下前提的运行准则。

准则1：行为是对前提的反应。请记住，我们说行为的发生是为了获得或避免/停止某些事情。"某些事情"就是前提。它可以是孩子看到并想要的具体物品，比如玩具或糖果，也可以是孩子看到但不想要物品或想要停止的事件，比如药物、西兰花或刷牙。前提可以由孩子的其他感觉引发，包括声音、味道、气味和触觉等，而不仅仅是视觉。孩子听到吸尘器的声音时，开始大哭。孩子闻到烘烤饼干的香味时，走进厨房。孩子感到衬衫衣领处的标签不舒服，想脱掉衬衫。或者，前提可以是孩子的感受，比如饥饿、口渴、困倦、害怕和幸福。孩子伸手拿妈妈递给她的饮料，因为她口渴了。孩子躲在爸爸身后，因为一条狗和它的主人正走在人行道上。孩子可能情绪很大，难以安抚，因为她昨天频繁夜醒。最后，前提可以是引导孩子以特定方式回应的事件或情境。孩子看到公园，想要跑进去。电梯门开了，孩子想走进去坐一次电梯。家长需要像关注后果一样关注前提，以理解行为发生的整个过程以及一旦行为发生后会发生什么，什么样的后果增强或削弱了行为再次发生的可能性。

准则2：前提可以是非言语提示、口头指示或触发行为的事件。在前文中，我们提到了孩子可以看到、听到、尝到、摸到、闻到、感受到或经历着不同的前提，从而导致特定行为的发生。家长自己的语言和行为也可以成为前提，来教导和改变孩子的行为。前面的每一章都向家长展示了如何说或如何做某事来引导孩子表现出家长期望看到的行为。家长有各种各样的前提可以使用：他们在跟孩子一起游戏和日常亲子互动中的语言、手势、面部表情、音效、游戏、轮流和其他动作都可以成为前提。以下实例列出了在之前章节中描述的亲子互动场景，突出了家长已经在进行的前提操作，并且强调了这些操作已经对孩子形成的帮助。而现在，我们只是从专业上给家长的动作和语言起了个名字而已。

- 爸爸示范玩玩具，利用玩具展示有趣的新动作（前提），引导孩子模仿（行为）。
- 家长指向某个玩具零件掉落的具体地方（前提），帮助孩子找到这个零件并且捡起来（行为）。
- 爸爸两只手各拿着一本书，问孩子想读哪一本（前提），提示孩子看向自己，然后指出或说出她想要的那一本书（行为）。

准则3：使用其他孩子也适用的前提。 当家长不确定要使用哪个前提来引导孩子的行为时，应该考虑其他年龄相仿的孩子在表现出这个行为时的前提是什么。如果家长无法确定其他孩子是如何回应的，可以直接观察他们，看看是什么前提导致了这种行为的发生，还可以向朋友或家人询问他们的孩子是如何回应的，或者向教师或其他照顾者询问他们看到孩子在做什么。使用常见的前提意味着孩子有更多的机会理解其他人也在使用的线索，并且能够更方便地在不同人物之间进行泛化。这就是为什么我们鼓励家长在每日流程中使用日常的语言、手势、表情、肢体语言和其他前提，这让孩子更容易学会其他人使用的前提—行为—后果模式。孩子需要学会如何发起社交、与不同的人互动，而不仅仅是与自己的家人互动，孩子要学会在不同的情境下与人互动，而不仅仅是在"教学"中。

写给导师： 现在我们要让家长看到前提与行为之间的关系和前提的功能。与之前一样，我们需要投入必要的辅导时间来讨论关于前提和行为的活动思路，分析亲子互动的情境。引导家长列出前提与孩子行为之间的积极的/功能性的关系，在这些家长想要保持的前提—行为关系之外，还可以列出孩子其他的受益于前提的行为。我们强烈建议针对这一步反复进行练习，直到家长在分析前提—行为模式时表现出了一定的自信，这并不是期望家长百分百确信自己知道如何改变或教导新的行为。如果他们不能"看到"在不同情况下引导孩子行为的前提（以及随之发生的增强或削弱行为的后果），在接下来的步骤中，家长将举步维艰。

可以在家长辅导中提出以下问题，帮助家长规划如何进行这一步：

- "你观察到孩子有哪些恰当的行为，孩子想要通过这些行为实现什么目标？"
- "你观察到孩子使用了哪些不恰当的行为，孩子想要通过这些行为实现什么目标？"
- "孩子在表现出恰当的行为之前会发生什么前提？"
- "孩子在表现出不恰当的行为之前会发生什么前提？"
- "对你来说，孩子的哪种行为很重要，需要加强或被改变？"

步骤4：把学习的ABCs串联起来

与家长分享的内容：现在家长知道了学习的ABC原则，他们可以决定孩子需要保持哪些行为，他们想要教给孩子哪些新行为以及想要改变哪些行为。

准则1：保留理想行为发生的ABC。家长知道自己对于孩子行为的期望。当家长看到孩子出现这种行为时，会考虑导致它发生的前提和紧随其后的后果，以支持或阻止行为再次发生。当家长了解了ABC，他们就有能力帮助孩子反复练习这个行为，直到它变成一种自然行为。让我们通过一个ABC示例来展示家长的教学成就。

- 孩子不想继续画画了（前提），离开活动区域（行为）去拿其他玩具（后果）。妈妈拿来蜡笔盒（前提），想让孩子将它们放回去（行为），然后再拿出其他玩具（后果）。当孩子没有反应时（行为），妈妈拿起几支蜡笔放进盒子里，同时说"把蜡笔放进去"，然后递给孩子蜡笔让她放回盒子里（前提）。孩子把蜡笔放进盒子（行为），妈妈帮助孩子拿出她想要的其他玩具（后果）。

准则2：了解非理想行为的ABC。家长知道自己不希望孩子出现哪种行为。当孩子出现了非理想行为时，家长首先应该考虑支持或触发该行为发生的前提和后果。在家长改变已有行为或教授新行为之前，他们需要了解孩子首次出现该行为的原因及其发生前后的事件，这些因素很可能会导致行为再次发生。

- 当妹妹走到孩子的火车桌旁边时（前提），孩子伸手打了妹妹（行为），因为孩子认为妹妹会拿走自己的小火车（孩子行为的目的）。家长告诉他"不可以"，然后抱起妹妹安慰她，而孩子则继续玩自己的小火车（后果）。**尽管家长明确表示不能打人，但孩子打人的行为并没有被干预，他也没有学会下一次他认为妹妹要拿走自己的小火车时如何寻求帮助或者怎样正确告诉妹妹不能碰。**

准则 3：更改你希望改变的行为的 ABC。一旦家长了解了孩子为什么会出现某种行为以及导致该行为发生的前提和后果，家长就可以改变这种模式。现在，家长可以考虑其他替代行为，他们希望孩子用此来代替非理想行为或者问题行为，并提供新的前提和后果，以教导孩子使用更为合适的替代行为，并且对新行为加以强化（即增强）。让我们回到最后一个示例，展示新的前提—行为—后果模式。

- 下一次，当妈妈看到女儿走近哥哥的火车桌时（之前的前提），在儿子还没有打妹妹之前，妈妈会先介入并且问儿子，他可以从火车桌上拿给妹妹什么玩具（新的前提）。儿子回答："什么都不给！"（旧的行为）。妈妈再次尝试："火车是你的。那妹妹可以把动物或者汽车放在桌上吗？"（新的前提）。儿子再次大声喊："不！我不想！"（旧的行为）。妈妈重复之前的话，"火车是你的。火车是萨米的。那妹妹可以玩动物或汽车吗？"并且一手拿动物玩偶一手拿小汽车向儿子展示（新的前提）。萨米指着妈妈手中的动物玩偶说："那个。"（新的行为）。妈妈把动物玩偶放在儿子能够得到的桌面上，并告诉他："当你不想让妹妹碰你的火车时，可以把动物给妹妹。我们一起来试试。"（新的前提）。男孩给了妹妹动物玩偶之后，妈妈给了他一个大大的拥抱，并告诉儿子自己为他感到骄傲。萨米还看到妹妹把动物玩偶放在地板上玩，没有碰他的小火车，这让他很开心（新的后果）。妈妈知道自己仍然需要继续帮助儿子理解和使用新的前提—行为—后果模式，但妈妈现在认为他们正朝着正确的方向而努力！

准则 4：行为需要时间来形成，也需要时间来改变。行为通常不会在一夜之间就发展起来。尽管孩子可能会说一些或做一些家长以前没有听说或者没有见过的事情，但随着时间的推移，能够实现目标的行为才会变成习惯并成为孩子行为表现的一部分。这意味着当孩子表现出家长不喜欢的、想要改变的行为时，家长应该在行为更加固化、变得更难改变之前进行干预，教导新的替代行为。

准则 5：新的行为必须相对容易并且合乎逻辑。孩子使用行为来实现目标（记住，目标是获得或避免/停止某些事情）。对于孩子和家长来说，新行为越容易，越能实现目标，学习过程就会越顺利。这条准则并不永远适用。但对于同时学习多项技能的孩子来说（例如如何提高注意力、互动、沟通、游戏和其他技能等），这条准则能帮助他们看到新行为与自己所希望的后果之间的关系。对于孩子来说，新行为必须在发展能力范围内，必须能够达到他们想要的或不想要的目标，或者在某些情况下帮助他们在事情没有按照自己的预期发展时能够应对挫折，这是教育和改变行为的最有效的方式。

写给导师：现在我们要求家长"把所有的线索连起来"，以了解孩子的行为与围绕其行为的前提和后果之间的关系与功能。参考你和家长在步骤 1 到 3 中进行的练习，帮助家长分析孩子目前的理想行为和非理想行为背后的 ABC 序列。帮助家长从孩子的行为和目标开始，接着分析后果，然后分析前提。（**提醒：**认知心理学中的"近因效应"表明，人们更容易记住序列中最后发生的事情，而不是最先发生的事情。）确保家长考虑到积极的或理想的 ABC 序列，如果家长列出的唯一序列集中在他们不希望孩子做什么，则需要引导家长思考自己想要保持、改变或添加的 ABC 序列以让孩子获得新的学习机会。下一步依赖于家长对 ABC 序列的理解，以增加孩子新技能的学习，以及让现有的行为蓬勃发展。在支持家长学习这类知识中所投入的时间和精力永远都不会白费。

你可以在家长辅导中提出以下问题，帮助家长规划如何进行这一步：

- "你观察到孩子有哪些理想行为，你认为孩子想要通过这些行为实现什么目标？"
- "你观察到孩子有哪些非理想行为，你认为孩子想要通过这些行为实现什么目标？"
- "在孩子出现理想行为之前和之后发生了什么前提和后果？"（有必要的话，可以将这个问题拆成两部分来提问，这样对于家长来说更容易思考和回答。）
- "在孩子出现非理想行为之前和之后发生了什么前提和后果？"（同样，这个问题也可以拆成两部分来提问。）
- "对你来说，孩子的哪种行为很重要，需要强化？需要改变？或需要教授他／她？"

步骤 5：利用 ABC 增加孩子的学习机会，教授新技能／新行为

与家长分享的内容：与孩子在一起的每一刻都是潜在的学习机会。这句话可能会让人感到压力很大，但这并不是我们的意图。相反，我们是想要鼓励家长在现有互动中利用 ABC 序列，帮助孩子学习。为了充分利用这些机会，家长需要遵守以下准则。

准则 1：记住孩子的目标。了解孩子想要什么或者不想要什么。这并不意味着家长需要满足孩子的每一个愿望。但家长需要了解孩子在表现出理想行为和非理想行为时试图实现什么目标，然后才能做出适当的回应。

准则 2：对于希望看到的理想行为，家长用前提和后果来回应／引导。家长通过非语言沟通、口头沟通或情境线索，引导孩子做出理想行为。当孩子出现理想行为时，家长从孩子想到达到的目标出发来进行回应。

准则 3：注意干扰因素。家长无法控制或消除所有让孩子分心的因素，身处公共场所时尤其困难。家长需要注意可能成为孩子潜在强化物的干扰因素，例如他们想要或不想要的东西，并准备好一种或两种 ABC 模式来帮助孩子应对这个挑战。如果是孩子想要的东西，比如食物、玩具或他人的关注，家长可以教孩子

用什么行为来提要求？如果是孩子不想要的东西，比如不愉快的声音、不喜欢的质地或吓到他们的东西，家长可以教孩子用什么行为来沟通或解决问题？如果孩子当下的需求家长无法满足，是否有替代方案可以供孩子选择，以引导孩子更多地关注到自己拥有的东西，并且帮助他/她应对情绪？

准则 4：教授（或侧重）孩子更成熟的行为。 家长自问，孩子如何表达他/她想要的和不想要的东西，从而促使自己更好地反思孩子行为的复杂性。如果孩子的行为在频率、清晰度和复杂性上有所增加、改善，那么当前的 ABC 序列正在发挥其作用，促进了孩子的发展。如果孩子的行为或技能达到了精熟，家长则可以添加其他的 ABC 序列，帮助孩子将行为泛化到其他的技能领域、活动、人员或场所上。如果孩子的行为没有改善或刚开始改善后戛然而止，家长则需要重新审视和改变 ABC 序列，以免孩子在发展上进一步落后。除了直接观察或者与朋友、家人、老师访谈以了解同龄孩子的情况，家长还可以上网寻找权威机构/组织，如美国疾控中心（CDC）和孤独症之声（Autism Speaks），查阅他们提供的检核表，参考、对照按年龄划分的儿童技能和发展里程碑的常模数据。发育儿科医生和心理学家也可以分享他们关于典型（和非典型）儿童行为发展的相关知识。

准则 5：贯彻执行 ABC。 当孩子第一次、第二次甚至第三次都没有表现出家长期望的理想行为时，家长可能会感到沮丧，但事实上，这是帮助孩子体会到"茅塞顿开"的真正机会。想想事情水到渠成的那一刻，这是一段充满了能量的经历！我们希望孩子也能有同样的感悟。为了帮助孩子体会到这一点，家长需要利用好 ABC。首先是前提，用来提示孩子的行为。无论是家长示范、说出还是做出某件事，或是孩子感受到什么，在这个情况下，前提都是随时可用的，只是家长暂时还没有提供给孩子。家长会在孩子沟通的时候，或者出现与前提相关的行为后才提供前提。当孩子表现出目标行为时，家长紧跟着提供相应的后果（孩子想要的或不想要的事情），作为行为的后果，孩子能够实现自己的目标。当孩子不回应或出现问题行为时（例如发脾气），家长帮助孩子回应或使用理想行为。

如果家长希望孩子说某个单词，家长可以示范如何说这个单词；如果有助于增加孩子的动机或者提供替代的沟通方式（参考前面"肢体语言"的内容），家长可以加入额外的因素，例如手势或动作。如果家长是希望孩子学习手势或动作，还可以重复手势/动作或者减慢速度以帮助孩子看得更清楚，有更多的时间理解；或者可以加快节奏来激励孩子行动起来。当孩子需要额外帮助时，家长还可以在教学的过程中手把手带着孩子一起做。孩子表现出理想行为后，家长提供相应的后果。完整的 ABC 序列（家长使用前提提示孩子理想行为，以获得期望的后果）是学习的秘诀。现在，家长和孩子都可以经历"茅塞顿开"的瞬间了！

写给导师：使用你和家长一直在进行的练习内容，现在我们到了 ABC 行为序列的最后一步，强化孩子现有的理想和非理想行为。帮助家长识别满足孩子需求的强化物（即家长提供了孩子想要的东西或停止/移除了孩子不想要的东西）以及孩子为传达自己的目标所表现出的行为（无论是口语的还是非口语的沟通）。这些是家长在这些情况下能够给孩子提供的学习机会。如果孩子根本没有表现出家长期望的行为，但强化仍然发生了，这意味着错失了教学机会，家长需要重新分析和思考。帮助家长继续这个活动，使家长能：（1）强化家长的努力，帮助他们实现在其他行为，游戏活动，材料或物品，照顾流程、游戏玩伴或地点中，全方位地创造学习机会；（2）更加敏锐地察觉未能利用的学习机会，帮助孩子在后果发生之前做出回应。

你可以在家长辅导中提出以下问题，以帮助家长规划如何进行这一步（除了最后两个问题，其他问题都与上一步的问题一致）：

- "你观察到孩子有哪些理想行为，你认为孩子想要通过这些行为实现什么目标？"
- "你观察到孩子有哪些非理想行为，你认为孩子想要通过这些行为实现什么目标？"
- "在孩子出现理想行为之前和之后发生了什么前提和后果？"（有必要的话，可以将这个问题拆成两部分来提问，这样对于家长来说更容易思考和回答。）
- "在孩子出现非理想行为之前和之后发生了什么前提和后果？"（同样，这个问题可以拆成两部分来提问。）
- "对你来说，孩子的哪种行为很重要，需要加强？需要被改变？或者需要教授他/她？"
- "在一天之中，还有哪些学习机会可用于增强孩子的理想行为（你希望继续保持的行为）？"
- "如果错过了时机我们如何弥补孩子的学习机会？"

步骤6：改变问题行为

跟家长分享的内容：我们重新回到这个话题，有一个非常重要的原因，那就是在之前步骤填写的模板中，家长可能已经列出了自己不希望孩子出现的行为，并希望进行改变。儿童（成年人也一样）表现出不太讨喜甚至古怪的行为习惯并不稀奇，但我们不希望孩子的行为妨碍到他们与家长的互动和学习。当行为需要更多的时间和精力来控制或管理时，家长会损失教学和与孩子互动的时间，同样地，孩子也错过了学习时间，错过了变得更强大、更独立的机会，发展也被延缓。在问题行为面前没有"赢家"。让我们重新梳理一下ABC序列，看看它是如何加强家长希望看到的理想行为，减少/改变家长不希望看到的非理想行为：

前提→行为→结果（孩子实现目标）=加强行为，可能会再次发生

前提→行为→结果（孩子没有实现目标）=减少行为，不太可能再次发生

现在，让我们考虑当孩子出现问题行为时，ABC序列要么维持问题行为的模式，要么改变现有模式以引导更理想的行为。

当这个ABC序列维持孩子的问题行为时：

前提→问题行为→结果（孩子实现目标）=加强问题行为，可能会再次发生

接下来将ABC序列分为两个部分。第一个部分让孩子明白，问题行为不会再产生期望的结果，第二个部分则引导孩子以另一种更恰当的替代行为，来实现

期望的结果:

前提→问题行为→结果(孩子没有实现目标)=减少行为,不太可能再次发生→前提→替代行为→结果(孩子实现目标)=加强理想行为,可能会再次发生

针对家长如何教导替代行为,有以下几点说明:

1. 确定 ABC 序列和孩子的问题行为想要达成的目标,留意那些经常发生并且干扰到互动和学习的问题行为。

2. 想一想孩子可以采取哪些不一样的行为来实现他们的目标。这些不一样的行为就可以成为孩子用来取代问题行为的替代行为,以实现自己的目标。在步骤4中我们提到过,对于孩子来说,新行为越容易、越有效,他们使用的频率就会越高,这些行为也就越稳固。这一准则在替代行为上也同样适用:孩子使用起来要容易,或者在家长的帮助下能够容易使用,并且能够像问题行为一样快速实现目标。对孩子来说,替代行为的使用很难,即使在家长的帮助下也困难重重,或者需要使用很长的时间才能实现所期望的结果,或者只是偶尔使用而不是一直使用,这都会削弱替代行为的作用,问题行为将继续存在。

3. 写出新的 ABC 序列,将教授替代行为的过程展示出来。首先列出"B"——替代行为,然后列出"C"——孩子使用替代行为而获得期望的后果,以及"A"——提示和教导孩子使用替代行为的前提。

4. 练习!新行为只有通过练习才能不断稳固。练习有助于解决问题,精进和改善 ABC 序列,以实现学习效能的最大化,促进行为的发展。绕过相关的情境或需求以减少非理想行为的发生,这对孩子和家庭并没有益处。孩子的次要行为还是会继续,而且随着时间的推移,这些行为只会变得越来越强,问题也会越来越多。家长会继续挣扎。兄弟姐妹或其他家庭成员也会陷入困境。没有人进步或受益。

5. 提醒一句,ABC 旨在帮助家长思考行为,以促进和加强孩子的理想行为。但是,ABC 无法阻止所有问题行为的发生。孩子有时会感到失望、沮丧、疲劳、

恐惧、愤怒、悲伤、疼痛或其他不适，并且需要哭泣或尖叫来释放这些情绪。如果问题行为持续下去甚至有加剧的倾向，家长对此倍感忧虑，请及时咨询儿科医生或家庭医生，确保孩子不存在健康问题。如果孩子没有健康问题，那么家长还可以与早期干预导师或其他接受行为管理培训的专业人士讨论这些 ABC 序列。

写给导师：帮助家长进行以上的步骤 1~4，列出问题行为的 ABC 序列，至少使用一个实例。确保家长指出的问题行为在你的专业范畴内能够得到妥善的解决；如果不能，那你应该将家长转介给更加合适的其他专业人士。如果有必要的话，为了提高家长对于这些概念的理解，还可以与家长分享一则通过 ABC 序列解决问题行为的实例。我们希望家长能更深刻地理解，为什么孩子会做家长所期望的理想行为，以及为什么孩子会出现家长不希望的问题行为。有了这些知识和 ABC 工具，家长可以更好地支持孩子做出理想行为，并用更具备功能性的替代行为来取代问题行为。同样重要的是，家长还需要用这些 ABC 工具来教授本书后面章节中所述的社交沟通行为。

你可以在家长辅导中提出以下问题，以帮助家长规划如何进行这一步（除了最后两个问题，其他问题都与上一步的问题一致）：

- "你观察到孩子有哪些理想行为？这些行为发生在什么时间？你是如何使它们发生的？"
- "你希望孩子停止或减少哪些非理想行为？孩子在表现出非理想行为时是想达成什么目标？什么样的前提和结果支持着非理想行为的发生？"
- "对于孩子来说，哪种替代行为相对容易学会，并且能够实现同样的目标？什么样的前提和后果能够支持孩子使用替代行为？你会在什么时候使用这个新的 ABC 序列？"
- "在用新的 ABC 序列来维持孩子的替代行为时，有哪些干扰因素可能会妨碍到你？"

主题七：共同注意：为什么跟他人分享对孩子如此重要

跟家长分享的内容：学习到这里，家长应该明白了，孩子对家长和其他人的关注是非常重要的！事实上，如果孩子不关注我们，那么互动中的教学就无从谈起。这就是为什么之前的章节侧重于教授家长鼓励和支持孩子关注他人的面部表情、身体动作、声音和行为。这能让孩子感受到两个人（家长/其他成年人和孩子）一起努力的能量。孩子观察家长的行为，倾听家长的语言，自己尝试，轮流，察觉和表达情感，并与家长沟通自己的想法。通过这些行为，家长和孩子共同努力，发挥出最大潜能，获得新信息、学习新技能。

现在，我们要教孩子如何在自己、家长以及发生的事物/事件之间分享他们的注意。就像一个三角形一样，这种三方互动被称为"三向关注或共同注意"，教导孩子如何转移视线，轮流看向人和物，使用手势和语言分享自己感兴趣的事物、分享信息和情感，以及在他人分享兴趣时进行回应。无论是在婴儿期初具这些技能时，还是随着年龄的增长，孩子发展出更多的语言、社交以及认知技能，共同注意都极大地支持了学习和沟通的发展。我们希望帮助孩子建立共同注意，从与他人共享的学习经历中孩子能获得相应的社交、沟通、认知和语言技能。

写给导师：与家长分享共同注意的实例，以引发他们的思考。家长是否尝试过与孩子进行类似的互动？家长是否观察到孩子有共同注意的行为？如果目前还没有，家长是否观察到孩子出现双向的行为，或者孩子有重点关注人或物品？孩子需要学习这些双向的行为，也需要发展出共同注意，因此我们希望确保家长充分认识到两者的价值。

可以在家长辅导中提出以下问题：

- "你和孩子如何分享某些时刻？"
- "孩子因为某事感到兴奋时是如何让你知晓的？"

- "当你与孩子分享某事时，孩子是如何回应的？"

为什么没有共同注意是个问题？

与家长分享的内容：如果没有共同注意，孤独症儿童便不会与家长及其他人分享自己对物品或事件的看法以及情绪、感受。同样地，孩子也无法读懂他人的社交信号，不能理解他人的兴趣和想法。当共同注意非常有限的时候，孤独症儿童会失去与他人共情的机会，无法在有趣、愉快的事情中寻求他人的关注和赞美，也无法与他人谈论发生了什么，无法与他人的感受、情绪产生联结。但是，对于孤独症儿童来说，在这些时刻中所需要的共同注意及其他技能与普通儿童并无太大差异。我们将详细描述帮助孤独症儿童理解和使用共同注意的步骤，指导家长进行练习，帮助孩子从同样的社交、语言和批判性思维的学习机会中学到更多的技能。我们从家长已经在使用的加强眼神接触的策略开始：

- 在所有活动中，家长都要位于孩子眼前，活动材料也是如此，这样利于孩子注意到家长的脸和眼睛。
- 家长与孩子一起做六种不同类型的共同活动（即玩玩具、感觉社交游戏、阅读、就餐、日常照顾和家务）。
- 家长暂停活动，提示孩子使用眼神、手势、动作、面部表情、声音或口语表达需求，进行沟通。

在家长的努力下，一旦孩子的技能有所提高，家长和孩子就可以为我们接下来介绍的三个步骤做好准备，发展共同注意。

写给导师：针对上面列出的互动策略，列出孩子做出反应的例子，举例说明孩子是如何通过眼神接触，与他人进行沟通，分享对物品或事件的看法的。这些实例的场景也许是家长指着或举起一个玩具，然后孩子先看向家长，接着看向玩具，然后又看回家长。或者是孩子在与家长进行感觉社交游戏时发出兴奋的声音，充满笑容。如果孩子暂时还没有学会通过眼神接触或手势来跟他人共享社交的乐趣（但已经开始通过这些方式提要求了），那么帮助家长以孩子目前的技能为基石，让孩子现在准备好理解并利用共同注意来与他人分享。如果孩子也还不能通过眼神接触或做手势来提要求，请往回阅读前几章，先解决这个问题。

可以在家长辅导中问以下问题，帮助家长思考：

- "你和孩子如何分享某些时刻？"
- "孩子因为某事感到兴奋时是如何让你知晓的？"
- "当你与孩子分享某事时，孩子是如何回应的？"

步骤1：教孩子递东西给你

跟家长分享的内容：在被要求的时候，如果孩子愿意给出手中的物品，并且明白自己可以再拿回这个物品，家长在这一步的教学会相对容易。但如果孩子还不具备这项技能，也没关系，我们仍然可以教孩子做到这一点。家长可能还记得为孩子创造机会来要求帮助的策略——要求帮忙打开一个容器，让玩具正常玩起来，或者要求在杯子里倒更多果汁。当孩子在使用玩具或其他物品时需要帮助，家长可以利用这些机会，教孩子如何将这些物品递给自己。为此，我们从前提开始——记住，前提是家长为孩子提供的线索，这样孩子就能理解家长希望自己表现出某个特定的行为。家长伸出自己的手，手掌向上，示意孩子把物品递给自己。如果孩子没有回应，家长要继续坚持，直到孩子把这个物品放在自己手中。

现在来到了后果的部分，家长要给孩子提供必要的帮助（打开盖子，修好玩具等），并且立即将物品归还给孩子。我们不希望出现这样的场景：家长一直拿着物品，这样孩子就需要提要求让家长归还。当孩子把物品递给家长时（即使家长在过程中提供了辅助），他们就已经表现出了理想行为。我们来复盘一下，理想的后果应该是在ABC序列中"达成协议"并按照约定履行，这样孩子才会再次重复目标行为。因此，孩子需要很快看到后果，即家长解决了问题并归还了物品，这样孩子就理解给家长物品会带来想要的结果——在这里，就是指家长的帮助（解决问题）。孩子越快、越频繁地经历这种前提—行为—后果序列之后，他们就能越快地理解家长的期望，并在被要求递出物品时做出回应。而且，好消息是，家长可以在各种生活场景中教孩子这个技能，例如吃饭、洗澡、穿衣，以及一天中其他任何会使用到物品的流程。家长也可以让孩子在帮他们穿衣服之前把衬衫或裤子递给自己。如果孩子喜欢在洗澡时被轻轻地喷水，家长可以让孩子将喷水的玩具递给家长，如果是用毛巾或杯子往孩子的头上或背上倒水，也可以让孩子把毛巾或杯子递给自己，需要记住，每次浇完水之后要马上把相关的玩具/物品还给孩子。当孩子想要更多的食物或饮料时，可以将自己的盘子、碗或杯子递给家长，让家长添加食物。当孩子吃饭、喝水时，家长可以故意发出一些有趣的声音，假装吃了孩子的东西，或者让孩子跟自己分享，允许家长咬一口或喝一口，这样引导孩子将食物递给家长。让我们一起想想其他方式，帮助引导孩子在活动中把物品递给家长。

写给导师：请参阅本步骤中的活动想法和提示，让家长思考如何让孩子在游戏、日常照顾或活动中分享物品。指导家长进行尝试，直到他们成功设计出引导孩子分享的方法。接下来家长就可以准备好进入下一步骤了，即教孩子通过展示和指向物品与家长分享。

可以在家长辅导中提出以下问题，以帮助家长规划如何进行这一步：

- "有什么物品适合让孩子递给你来寻求帮助？"
- "你会如何教孩子递给你相关物品来寻求帮助？"
- "孩子在得到你的帮助之后会发生什么？"

步骤2：教孩子向你展示物品

与家长分享的内容：在这一步，家长教孩子如何将他人的注意力吸引到自己感兴趣的物品上，进行分享。我们希望孩子在家长（或其他人）面前拿着物品，并逐渐进行眼神交流、发表评论，吸引家长（或其他人）的注意力到这个物品上。表现兴趣是儿童发展中一项非常重要的技能，因为这个动作会自然而然地让他人留意到目标物品，对物品进行命名，谈论相关信息，这样孩子就有机会听到他人的表达，将物品名称与含义联系起来，丰富自己的词汇库。当孩子学会了向他人展示物品时，他们也就学会了享受伴随而来的社会性关注和赞美。这种正向积极的后果会增加孩子想要与他人分享的欲望或动机，从而愿意更多地与他人分享。

刚开始，家长可以拿出孩子喜欢的或可能会感兴趣的物品，并通过评论来吸引孩子的注意力。一定要在评论中对物品进行命名（例如，"看 X"或"X"），当孩子看向物品时，家长还要再次命名（例如："这是 X！"）。家长可以在每天玩耍互动的时候多次重复这样的操作，当轮到家长操作物品时，可以介绍物品的名称、工作原理或者对物体进行新的操作，然后再将物品还给孩子。家长还可以向孩子展示一些日常用品，让他们在得到想要的东西之前先观察这些物品。在用餐的时候，家长可以边说边拿出"杯子""勺子"或其他物品，让孩子在用杯子喝水和用勺子吃饭之前，先看一看这些餐具。只要有机会，家长应该展示物品并命名，引导孩子看一看，当孩子看向物品时，家长应该再次命名物品并很快将其递给孩子。

孩子在看向物品后得到物品，这是一种正向积极的结果／奖励，此后家长每次带孩子练习这项技能时，孩子都会更加愿意看向相关物品。如果家长拿出物品并命名时，孩子会立即看向该物品，那么接下来就可以教孩子在拿到物品前看向家长了。在教孩子看人的时候，家长所有的准备和步骤都是一样的，也就是之前提示孩子看向物品的步骤：家长情绪饱满地命名物品，并拿着物品让孩子看过来，但需要等到孩子的视线从看向物品转换到看向家长，家长才会把物品递给孩子。为了给孩子更多的提示，家长可以谈论这个物品，加入与这个物品相关的手势或声音，并将物品贴近自己的脸，以吸引孩子注意到家长的脸部和眼睛。然而，家长应该避免通过触摸孩子的脸或者掰孩子的头强迫孩子看向自己，因为这些侵入性很强的行为可能会让孩子感到不安，孩子也不喜欢这样的辅助。事实上，这反而会降低孩子看向他人的动机。孩子所表现出的任何反应都很重要，无论是对家长短暂的一瞥还是细微的眼神关注，家长都应该及时抓住，并及时做出热情的回应，同时将物品交还给孩子。孩子收到这个物品并得到家长的表扬是促使他们再次做出这种行为的关键。

当孩子能稳定地看向家长手里的物品时，家长就可以开始教孩子如何展示自己的物品了。这其中的手势跟老师教孩子递给他们物品的方式是类似的。当孩子拿着某个物品时，家长位于孩子和物品的前方，说"给我看看 X"（一定把物品名字说出来），同时向孩子伸出手，用肢体语言要求孩子将物品递给自己。家长在说"给我看看"这个词的时候应该突出强调它，因为这是提示孩子需要做什么的先行词，它的含义与之前教给孩子的"给"是不同的。孩子这时候应该递出物品，因为在最后一步中这个手势是重点。如果孩子没有递出，家长会重复这个要求，并轻触孩子的手腕或者手肘，帮助他／她向上和向外移动物品。无论孩子是自己展示物品还是在家长的帮助下进行，家长都不会拿走这个物体，而是认真看向物品，并热情地回应（例如："哇！你有一个 X！""那是一个很酷的 X！"和"我看到了 X！"）。家长可以触碰，但不要直接拿走这个给孩子带来关注和赞美的物品。

在家长要求的时候，如果孩子每一次都能举起物品展示，那家长在下一次可以不用伸出手，看看只用口语引导，孩子是否也会做出回应。如果孩子做出了回应，家长的反应和以前一样——认真看向物品，发表评论，不要把物品从孩子手中夺走。如果孩子没有回应，这个时候家长可以伸出手，引导孩子做出正确的回应，但不是全程一直伸着手。家长继续创造更多的机会跟孩子进行练习，并且逐步撤出提示，伸手的次数越来越少，直到孩子能够做到对家长的话立即做出反应。让孩子学会在物品和家长本人之间轮换眼神，这一步可能需要额外的教学。而这个教学的前提是，孩子已经能够在每一次家长要求时，都能够自主地向家长展示物品。家长要求孩子展示一个物品，但是在孩子看向自己之前，不会对该物品做出任何命名或评论。如果孩子没有看向家长，家长可以再次提出展示物品的要求，可以叫孩子名字，或者加入手势、声音来"诱导"孩子的注意力，让孩子看向自己的脸，在此之前，不要做出热情的回应或评论。只要孩子看向家长，即使是短暂的一瞥，家长也需要回应以赞美和评论。

写给导师：我们希望孩子在家长教他们如何展示物品之前，就已经会对家长的展示做出反应，并表现出眼神的关注。这一步可能需要多次辅导，具体课时取决于家长和孩子的进展。参考不同的活动思路和具体手势的操作，帮助家长思考自己与孩子互动时能够一起使用的物品，在游戏、日常护理或其他活动中有哪些物品适合用来互相展示。指导家长使用"看"和"让我看"的指令，但随着家长和孩子技能的增强，看看家长是否可以换用其他指令词来引导孩子看向家长的物品（"来来来！""我有 X！"），并向家长展示自己的物品（"让我看看！""你有 X！"）。我们希望孩子的视线在物品和家长之间轮换，但如果孩子不能每次都做到，我们可能需要帮助家长调整自己的期待。我们需要留意的是，当眼神接触没有与手势配对在一起的时候，孩子有可能会降低甚至丧失向家长展示物品的动机，我们要尽量避免。如果有发生这种情况的苗头，并且上面提到的关于家长吸引孩子关注的策略都不起作用，那么一个建议是，家长可以对孩子看向物品的行为做出一些积极回应，但不要给出最高程度的回应，当孩子在某个时刻确实看向了家长，家长再给出非常热情的回应。我们通过家长给到孩子的表扬和关注的程度有多"高"来实行区别强化的策略——当孩子根据要求看向物品时，会得到一些表扬和关注，当孩子将目光从物品转移到家长身上时，会得到更多的表扬和关注。最后，确保家长在整个活动中继续使用"给我"的指令提示，这样孩子就不会忘记使用这项技能。

你可以在家长辅导中提出以下问题，以帮助家长规划如何进行这一步：

- "有什么物品可以用来展示给孩子？"
- "你会如何教孩子看向你展示的东西？"
- "当孩子看向你展示的东西之后会发生什么？"
- "当你向孩子展示物品的时候，有哪些策略可以用来引导孩子跟你进行眼神接触？"
- "孩子可以给你展示什么物品？"
- "你会怎样教孩子向你展示一件物品？"
- "孩子展示物品之后会发生什么？"

- "当孩子向你展示物品时，有哪些策略可以用来引导孩子跟你进行眼神接触？"
- "在白天的其他活动/流程中，还有哪些物品适合用来跟孩子进行互相展示？"

步骤 3：教孩子如何用手指物来分享

跟家长分享的内容： 家长和孩子就他们所看到的物品和事件发表评论并共享兴趣时，用手指向物品与递给和展示物品同等重要。孩子通常会在递给和展示物品之后学会用手指物，这就是为什么一旦孩子学会了前两个手势，就可以教他们用手指物了。跟递给和展示物品的教学一样，家长先示范用手指物，让孩子理解用意，这比较容易，然后再引导孩子自己用手指物。

家长伸出手指，指向或轻敲目标物品，吸引孩子的注意力。这个手势很容易理解。家长指向物品的同时说出物品的名字。当孩子跟随家长的手指看向物品时，家长会再次命名，以确认孩子看到了目标物品。如果孩子没有看，家长可能需要重新调整自己、物品和/或孩子的位置，然后再次用手指物，或者指向孩子视线内更近的东西。当孩子拿起物品时，家长继续指向该物品，以帮助孩子认识到用手指向物品和物品本身之间的关系。

利用游戏和其他日常活动中的大量学习机会帮助孩子练习用手指物。家长可以指向并命名孩子取出的一个玩具，以及玩具放置的位置。家长可以在启动玩具或做出孩子喜欢的动作之前指向玩具。在向孩子的杯子里倒入更多果汁之前，家长可以指着容器里的果汁并进行命名；家长可以对孩子想吃的食物进行同样的操作，然后再给到孩子。家长可以指出希望孩子穿的什么衣服，以及说出孩子可以把脏衣服放在哪里。在这些机会中，家长应该首先等待孩子或者引导孩子看向命名的物品，然后做出回应。

孩子在学会用手指物之前需要掌握一些先备技能。首先是我们刚刚描述的——跟随家长指向物品——其次是每一次都会向物品伸手，在不触摸物品的情况下表明自己想要什么。开始教授用手指物的时候，家长可以将孩子想要的物品移远一点，以引导孩子伸手去拿。当孩子伸手时，家长在给出指令的同时快速地辅助孩子做出用手指物的手势（例如，"指一指 X"），帮助孩子用食指指尖（刚开始可以用任意手指的指尖）点一点物品。接着家长立即将目标物品给到孩子并进行命名（例如，"这是 X"）。

在教孩子用手指物的时候，家长可以用非惯用手拿着物品，然后用惯用手辅助孩子用手指，这相对容易操作。或者，家长可以把物品放在桌子上、地板上或孩子眼前的某个地方，这样家长的双手都可以用来辅助孩子。就像递给和展示物品的手势教学一样，家长先教孩子用手指的手势，不要一开始就期待孩子进行眼神交流。孩子可以先伸出食指触摸目标物品，其余手指折叠或者不折叠都行。随着时间的推移，孩子逐渐学会折叠其他手指用食指指物。当孩子能够轻松做到用手指物时，家长就可以等着孩子在用手指物后看向自己，然后再将物品给到孩子。家长位于孩子眼前，让孩子更容易看向自己；家长还可以叫孩子的名字，把物品靠近自己的脸，或者加入一个手势/声音来鼓励孩子进行眼神交流。

好消息是，在一个完整的游戏和日常活动/流程中，孩子和家长有很多机会练习近距离指向物品，这被称为"近指（proximal points）"，以及远距离指向物品，这被称为"远指（distal points）"，来表达需求、展示或评论。孩子在两个物品之间通过用手指来做出选择，无论是近指还是远指都可以。孩子通过用手指物和展示表达想法（例如，"我想要""给我那个""嘿！""看看那个""这是什么？""我看到了"，或者"给我看这个"），所有这些表达都可以丰富孩子的词汇库。

写给导师：这一步中，有很多活动创意可以帮助家长教会孩子如何跟随和进行用手指物。我们强烈建议在进行家长辅导的时候分阶段进行，如步骤中所述。首先，家长教孩子近距离地指向物品，然后再远距离地指向，接着再教孩子指向目标物品并进行展示或评论。在每个阶段，家长都应该让孩子先学会用手指，不要求眼神交流。这样对于孩子来说，手势更容易学会。就像教递给和展示物品的时候一样，孩子可能需要时间和练习机会来掌握用手指物，并学会在物品和家长之间轮换注意力。和之前一样，我们需要留意的是，当孩子的手势不到位，或者眼神交流没有与手势配对时，他们向家长展示物品的动机可能会减弱或丧失。如果这种情况发生，并且吸引孩子注意力的策略不起作用时，那么可以回到区别强化的引导策略，当孩子看向物品时进行一些互动，将更高程度的表扬和更热情的回应留到孩子用手指物和视线轮换的时候。最后，在进行新的学习之前，家长和孩子应该能够将递给、展示和用手指物这三种手势融入一来一回的互动交流之中。

你可以在家长辅导中提出以下问题，以帮助家长规划如何进行这一步：

- "有什么物品可以用来示范用手指物，并且方便孩子得到、拿起或者放下？"
- "除了玩玩具，还有哪些活动可以用来示范用手指物和展示物品？"
- "你会如何教孩子跟随手指的方向看向物品？"
- "当孩子跟随你手指的方向看向物品之后会发生什么？"
- "在你用手指物的时候，有什么策略可以用来促进孩子进行眼神交流？"
- "有哪些物品可以供孩子进行用手指物和提要求的练习？"
- "你将如何教孩子通过用手指物来要求或者展示某个物品？"
- "孩子指向某个物品后会发生什么？"
- "当孩子指着某个物品时，我们可以用哪些策略促进孩子进行眼神交流？"
- "还有哪些日间活动可以用来练习用手指物，让你和孩子可以互相展示物品？"

主题八：开发创意玩法，助力学习

与家长分享的内容：除了吃饭、睡觉或完成其他必要的日常活动（例如洗澡或穿衣），幼儿做得最多的事情就是玩耍。游戏对儿童的发展至关重要，因为儿童在游戏中的行为表现有助于他们学习新的技能，并且练习和保持已有的技能。游戏可以鼓励儿童探索、想象玩具和物品的新玩法。他们手中的任何东西都可以变成创意玩具。孩子还可以在游戏中练习社交技能。当其他人参与游戏时，孩子会观察他人动作，学会轮流、分享和解决问题，与他人交流，听到更多的口语表达，并且会将游戏中学到的流程和动作扩展到现实生活中——例如玩"过家家""看医生"，假装去动物园或者购物等。游戏时间既是学习时间，也是玩乐时间。

写给导师： 向家长询问孩子玩玩具的情况，围绕上文概述的游戏对学习的重要性，与家长讨论他们在自己孩子身上所观察到的情况。

你可以向家长提出以下问题：

- "孩子是如何玩玩具的？"
- "他/她最喜欢什么玩具？最不喜欢什么玩具？"
- "在平时与其他人的互动中，孩子都见过哪些玩法？"

为什么孤独症儿童普遍在游戏领域存在问题？

与家长分享的内容： 当儿童总是独自玩耍，或者玩法重复、简单且兴趣面窄时，他们便不能像同龄人一样在游戏中学习：观察别人、模仿别人的行为、思考和尝试新的玩法、练习和加强新的技能、进行分享和合作，以及学习语言。随着时间的推移，孤独症儿童依然保持着重复、简单、单一的玩法，这大大减少了他们学习语言和社交技能的机会，也无法在创造力、忍耐力和灵活性方面取得进步。孤独症儿童需要具备与他人共同游戏的技能，才能在成长过程中获得和其他同龄儿童一样的进步。这就是为什么我们鼓励家长与孩子一起进行游戏，以培养孩子的专注力、积极性，提高思维、语言、社交、模仿和沟通等方面的能力。在当前的主题中，我们会讨论结构性的玩具游戏，然后在下一主题中讨论假扮游戏（也称为"象征性游戏"）——目的是让孤独症儿童学会使用多种材料，按照不同的方式，和不同的人一起游戏，并从中获得乐趣。当孩子具备观察和模仿家长玩玩具或者物品操作的技能时，进行这两种类型的游戏教学会相对容易一些。原因也很明显，家长向孩子展示任何新的玩法时，都需要孩子能够观察到所发生的事情，并模仿动作。如果孩子在做这样的模仿时很吃力，家长可以在学习本章的策略之前，先复习一下教孩子模仿的活动和相关策略。实际上，加强孩子的模仿能力也有助于孩子发展出更成熟、更多样的游戏技能。

写给导师：向家长询问他们的反馈意见，了解孩子在玩玩具方面有哪些进步，是什么因素促成了这些变化，以及孩子下一步学习什么游戏技能会更有帮助。家长需要知道如何把模仿作为教授游戏技能的主要工具，这一点将在下一章节中详细说明。如果家长需要指导孩子进行模仿练习，可将模仿策略纳入家长辅导的课程内容。

可以向家长提出以下问题：

- "孩子在玩玩具方面有哪些进步？"（如果家长没有提到正面的例子，可以进一步详细询问；如果家长不确定具体进步情况，引导家长至少分享一个例子）。
- "到目前为止，哪些策略有助于改善孩子玩玩具的技能？"（如果家长没有提到，请根据模仿教学的具体策略进行追问。）
- "关于孩子玩玩具的技能，你还有哪些担忧？"

家长如何增加亲子玩具游戏的多样性、灵活性和学习机会

与家长分享的内容：家长在教授孩子游戏技能时，与教授玩玩具或物品操作的流程一样，可以使用共同活动框架的四个环节。这个框架在前文中已经进行了详细说明，下面我们一起回顾一下。

1. **准备**。家长选择孩子喜欢和想玩的玩具或物品，并进行相应的活动布置，引导孩子更多地关注到家长和材料本身。家长模仿孩子使用材料的具体动作，开启游戏。

2. **主题**。在家长和孩子玩玩具时，突出一种主要的玩法。例如，扔球、用记号笔涂色、用勺子敲打锅碗瓢盆。家长和孩子用其他孩子会用到的自然的玩法，轮流进行，并从中找到一种有趣的玩法作为共同游戏的主题。只需要一个动作就能创造出游戏的主题。有时，主题来自家长对孩子动作的观察和模仿，如果这些动作与玩具或物品的使用方式有关。有些时候，家长可以使用他们认为孩子会

喜欢的玩具或物品来示范游戏主题。虽然游戏主题应该由家长根据孩子的兴趣来制定，但我们在下面的教学顺序说明中会将重点放在家长如何设置有趣的游戏主题，来培养孩子玩玩具的技能上。

- 家长和孩子面对面坐好或站好，然后家长把玩具或物品拿出来放在他们中间。

- 家长拿起几件（不是全部）玩具给孩子，教他们做一些家长认为孩子会喜欢和觉得有趣的事情。家长用简单的词语说出玩具或物品的名称，命名相关的动作。家长在向孩子演示物品如何使用时，可能需要快速进行；如果想更好地吸引孩子的注意力，还可以加上声音效果或者夸张的动作。如果玩具或物品只有一套，那家长和孩子可各拿其中的某一件（如各拿一个球、记号笔或用勺子敲锅），如果玩具或物品只有一件，那家长和孩子可以轮流拿着。家长和孩子轮流进行主题活动，必要的话，家长在刚开始时可以加快速度或者减少轮流次数，帮助孩子更多地观察和体验主题活动的乐趣，并愿意加入其中。

- 家长要从孩子的肢体语言（如表情、动作、声音）中了解孩子对主题感兴趣的程度。当家长展示动作时，孩子是否有看着玩具或物品？孩子会伸手去拿玩具／物品吗？孩子是否因为好奇而睁大眼睛？如果孩子表现出这些或其他感兴趣的迹象，家长可以把玩具／物品或者部分材料给到孩子，观察孩子是否会模仿自己的动作。当孩子模仿时，家长要热情欢呼，再进行一次轮流，然后把玩具、物品或部件交还给孩子再次使用。如果孩子似乎不感兴趣或没有进行模仿，家长就重复这个动作，并加入一些额外的元素来吸引孩子参与。家长可以夸大玩玩具、操作物品的效果，配以声音或手势，放慢或加快玩玩具、操作物品的动作，或运用能想到的其他方法鼓励孩子尝试主题玩法。如果这些策略都不起作用，家长就用肢体辅助引导孩子做动作完成主题，然后给出热情的夸赞，再换一个其他的玩具、物品或部件，让孩子反复进行更多的练习。

- 有时候，无论家长如何鼓励和帮助，孩子都不喜欢或者不能马上接受某个主题。家长应该多试几次，鼓励或帮助孩子完成主题，但家长也要注意，不要在孩子的肢体语言明确表现出不感兴趣时把想法强加给孩子。大多数玩具或物品都有不止一种玩法，家长可以尝试别的玩法，发展出另一个主题。例如，球可以用来滚动，而不仅仅是扔出去。可以用记号笔画线或画点，而不仅仅是在纸上涂鸦。家长可以展示其他的游戏主题，鼓励或帮助孩子模仿自己的动作，对相关物品和动作进行命名，并为孩子的努力学习而欢呼喝彩。

- 我们鼓励家长尝试各种类型的玩具来建立游戏主题和培养孩子的游戏技能（孩子还不会玩的游戏也可以）：
    - 图书
    - 美术材料
    - 球
    - 拼图、形状分类玩具、颜色分类玩具、蘑菇钉
    - 建构类玩具（积木、乐高积木）和嵌套玩具
    - 穿绳和系带玩具
    - 音乐玩具
    - 户外玩具（沙子、水）
    - 洗澡玩具

3. **扩展**。只有当孩子理解、喜欢并参与到主题当中时，家长才有机会向孩子展示多种玩法，拓展孩子的游戏技能，这能让孩子体会到游戏的灵活性和复杂性，学会如何以不同的、有趣的方式来玩玩具或操作物品。通过在游戏中加入新的玩法，让孩子学习到更多的语言和技能。扩展能帮助孩子集中注意力，玩得更久，鼓励孩子针对当下发生的事情进行思考，并运用游戏技能参与其中。扩展不仅给孩子带来乐趣，对他们的发展也很有益。扩展可以从三个方面来进行（游戏灵活性、游戏复杂性和语言学习）。

- 家长加入其他玩具或物品来做相同的游戏动作。例如,以把球扔进桶里为主题,家长和孩子也可以轮流往桶里扔其他物品,如豆袋、毛绒玩具或不同大小/颜色的球。

- 家长以不同的动作玩同一个玩具。例如,以把球扔进桶里为主题,家长和孩子还可以轮流用球做其他动作,如滚球、接球、弹球、踢球,或在胳膊、腿、背上或甚至肚子上来回滚球等。在用记号笔涂鸦的主题中,家长和孩子还可以在纸上画出其他的图案,例如形状、数字、字母或动物。

- 家长加入其他的步骤或环节(无论是否涉及新材料和新动作),让孩子完成主题。例如,以扔球为主题,家长可以摆放保龄球瓶,让孩子用球将其击倒,然后再重新堆放,重复这些动作。

- 无论家长是否在游戏中加入了其他材料、动作或步骤,家长都要按照主题的教学顺序来寻求变化。每次家长只展示一种新的游戏材料、动作或步骤让孩子模仿(例如,妈妈把球在孩子腿上滚来滚去),而不是一次性展示多种玩法(例如,妈妈把球在孩子腿上滚来滚去、弹球、把球塞进孩子衣服里挠痒痒、增加一个豆袋并把它扔到孩子腿上、把球滚过桌子让孩子接住)。当孩子模仿得有模有样时,家长就会很热情地(以好的方式)庆祝孩子的进步。当孩子在模仿中遇到挑战时,家长就重复操作,鼓励和引导孩子做同样的动作,或帮助孩子进行模仿。孩子至少要模仿一次扩展的动作,为下次亲子活动留下可以追溯的记忆点。即使在一开始时,孩子并没有对游戏创意表现出很大的热情,家长也应该再试一次。有时候,孩子需要更多的时间和更多次的练习才能喜欢上某个玩法,因此,如果某个玩法没有立即受到孩子的欢迎,家长也不要轻易放弃。事实上,重复练习是所有孩子学会新技能的关键。当家长不止一次地演示某个新玩法时,孩子就能反复看到并思考这个新玩法是如何进行的,以及思考自己是否喜欢这个玩法,要不要自己动手。而当孩子能够模仿家长的动作时,这些练习的过程就会将技能培养和转化为一种自主的行为,成为孩子日常行为和习惯的一部分。孩子也不再需要爸爸妈妈的鼓励或帮助，因为他们已经能够独立进行了！游戏参与者和孩子轮流继续孩子喜欢的每一种变化玩法，在任何时候，都可以回到最初的游戏主题。

4. 结束/过渡： 家长要留意孩子或自己的兴趣开始减退的信号——记住肢体语言的信号——并在活动即将结束时让孩子做好准备。即使有提前告知，孩子可能仍然需要一点时间才能从有趣的活动中缓过神来。家长可以开始收拾玩具或物品，提示孩子参与收拾，或者让孩子选择下一项活动，鼓励孩子在继续下一项活动之前收拾好物品。

写给导师： 在这部分内容中，有很多活动思路、有用的提示和整套辅导材料，供家长参考，以扩充常用的（适用于幼儿和学龄前儿童）因果关系玩具的种类，提高玩法的复杂度。在这一主题中，家长应将注意力集中在功能性玩法或因果关系的游戏技能上，而有关假扮游戏的讨论则留到下一主题中进行。引导家长把游戏主题看成是玩具所表现出来的"因果"行为，任何变化都应控制在因果的主题范围内。要求或帮助家长列出孩子喜欢玩的玩具/物品清单，即使不是孩子每天都玩的也可以，然后判断孩子玩每个玩具/物品的技能是否属于以下类别：（1）"简单的操作"——孩子已经进行了很长时间的单一步骤操作（如：打开、合上、触摸、观看等）；（2）"成熟的操作"——多步骤或因果关系的动作（例如，把一块拼图放进拼板里，打开形状分类盒把形状块倒出来再放进分类盒里，把火车车厢连起来推到轨道上）。相比于简单的操作，我们希望家长和孩子花更多的时间来练习成熟的游戏技能。现在，请家长自行或帮助家长把孩子可以独立操作的成熟游戏技能标注为"维持（Maintenance）技能"或"M技能"，而其他未标注的游戏技能则是孩子仍在发展中的"习得（Acquisition）技能"或"A技能"。协助家长选出最多五种A类玩具，A类玩具指的是孩子喜欢的、比较容易学会的（即在过程中没有出现挫败感或问题行为），而且愿意和家长一起玩的玩具。如果家长愿意尝试，还可以选择一些玩具标记为 G 类玩具 ①，这些玩具将成为孩子在日常生活中也会把玩的"目标"玩具。下一节将详细介绍家长如何做到这一点。在清单中，家长还可以加入一些 M 玩具，以确保孩子能继续练习他们已经掌握的成熟游戏技能。一旦孩子能够坚持玩五种 G 玩具，这些游戏技能就会成为他们游戏技能库的一部分，家长就可以在清单上将这些技能标记为"M"。然后，家长可以选择下一组 G 玩具与孩子一起练习。在进入下一节"独立游戏"的内容之前，请继续阅读本主题，帮助家长和孩子建立多种因果关系的游戏常规。

你可以在家长辅导时选择性地提出这些问题，帮助家长规划本步骤的内容：

- "在你向孩子演示玩法并且提供必要帮助的情况下，孩子会喜欢或者愿意尝试哪些玩法？（让我们每次选一种活动思路作为活动的主要玩法或主题，并规划教学步骤，与孩子一起进行游戏准备，建立主题。）
- "孩子可以通过哪些信号或行为来表示他 / 喜欢或者不喜欢某个主题？"
- "如果孩子不喜欢某个主题，该怎么办？"
- "孩子可以通过哪些信号或行为来表示他 / 她已经准备好在主题中加入变化了？"
- "孩子还希望在主题中加入哪些材料、动作或步骤？（让我们每次选择一个想法作为变化的内容，并规划教学步骤，与孩子一起进行。）
- "孩子可以通过哪些信号或行为来表示他 / 她喜欢或不喜欢这个变化？"
- "如果孩子没有立即喜欢上某个变化，你会怎么做？"
- "我们还可以用哪些类型的玩具，最好是孩子玩过的，来构建主题和变化？"
- "除了以上列出的玩具，还有其他哪些类型的玩具（无论是孩子玩还是不玩的）适合用来构建主题和变化？"

家长如何帮助孩子发展独立游戏的能力？

与家长分享的内容：孩子需要能够独自地、有思路地玩玩具。家长不可能总

---

① 译者注：G 类玩具的 G 是指 "Generalization"，即泛化。

是陪在孩子身边，手把手带着孩子参与活动。家里还有兄弟姐妹、配偶或伴侣，家长除了要承担工作、家务和生活中的其他日常事务外，还必须顾及其他孩子、配偶或伴侣以及自己的需要。在孩子能适当地独自玩耍时，家长在一天中就能抽出时间陪其他人或者做其他的事情，这也是合情合理的。同样重要的是，在孩子的成长过程中，要让他们知道如何自己思考出实用的游戏点子并付诸行动，而不总是依赖于家长的引导。而且，孩子应该有多样的游戏玩法，可以用玩具或物品来打发时间，增进自己的游戏技能和独立性，而不是一直看电视玩手机，这对孩子的发展无益。家长与孩子共同努力实际的目标之一就是孩子能独立玩 10~15 分钟，孩子能做到以下水平就可以实现：在准备、主题、扩展和结束 / 转换的过程中，能够轻松地、经常性地模仿家长的动作，并且能够用不同的玩具进行若干不同的游戏流程。当孩子掌握了这些之后，家长就可以教他们如何选择玩具、游戏的准备和玩法设计，而家长无需再进行轮流或示范。在这个过程中家长则扮演了一个完全不同的角色，但家长是有意采取这种方法的，因为现在的重点是实现儿童自发的、独立的（而不是共同的）游戏行为。要做到这一点，家长要遵循下面提到的五个步骤。

写给导师：确保儿童能够模仿游戏扩展部分的操作，无论是新的动作、玩具 / 物品，还是用玩具或物品展示的动作序列，都不需要家长的肢体辅助。家长重复示范或反复鼓励孩子是可以的，但我们同时也希望能培养孩子独立游戏的动机和理解能力。如果你不清楚孩子是否处于这一阶段，可要求家长与他们一起做这些活动，然后让家长与你分享活动顺利进行的例子。

可以选择性地提出以下的辅导问题，帮助家长规划本步骤的内容：

- "在没有任何帮助的情况下，孩子能够轻易模仿的主题和扩展内容有哪些？"
- "我很想知道某个活动具体是什么样子的。你现在能和我分享一下吗？"
（可以把这个问题作为上一个问题的后续来提问。）
- "你能演示一下孩子是怎么做的吗？"（可以作为第一个问题的后续问题。）
- "当你需要忙其他事情时，孩子是如何自己打发时间的？"

步骤 1：规划孩子的独立性培养

与家长分享的内容： 如何整理、摆放孩子的玩具对开启教学非常重要。一次性摆放太多玩具会让孩子难以选择，无法专注于任何一个玩具，反而会让孩子随意地拿起、丢弃玩具，或者只尝试一两次就马上玩下一个玩具。我们一次性提供给孩子的玩具数量，不要超过六件。比较推荐的是孩子们普遍喜欢的因果关系玩具，他们可以使用这些玩具完成各种主题，例如拼图、形状分类盒、积木、橡皮泥或其他感官材料。家长还可以参考其他同龄孩子会玩的活动，或上网寻找创意，并按照上一节提到的教学顺序，先教孩子如何玩这些新活动，然后再让他们独立地玩。家长要避免选择电子玩具，或者需要别人帮助才能操作的玩具，或者可能会形成刻板游戏行为的玩具，因为我们的目标是发展幼儿独立性和结构性的游戏技能。玩具的选择也应根据孩子的兴趣程度，每隔几天或每周更换一次玩具，保持孩子对于玩具的新鲜感和游戏动机，以多种玩具和多种动作来加强、扩展儿童的游戏技能。

家长选好玩具之后，将玩具放在收纳箱、盒子、篮子里或架子上，供孩子自己拿、看、取用。我们建议家长用一个低矮的架子，将收纳箱（或其他用来装玩具的容器）并排摆放，而不是堆放或摆放在地板上。孩子需要走到这个区域，观察玩具，做出选择，然后拿起想玩的玩具材料，走到游戏区域。因此，玩具的摆放位置和摆放方式直接影响着孩子在这个步骤上的完成程度。玩具的摆放不方便观察，或者容器太小导致玩具的部件容易掉出来，或者拿玩具需要多次来回搬运，这些问题都会影响到孩子的注意力和玩玩具的积极性。为了帮助孩子成功，家长要尽可能对物品和场景进行合理摆放和设置。

写给导师： 如果家长选择的游戏活动不符合孩子的游戏技能水平或孩子无法独立进行，那么家长是否可以将游戏的难度降低或改变游戏的重点呢？这样孩子就能更好地参与并保持着较高的动机（例如，孩子可以将蘑菇钉放她想放的位置，而不是按颜色放在钉板上）。从孩子能够自己完成的玩法开始，可以培养孩子的专注力和兴趣，这样家长就可以教孩子其他技能，从而让孩子能独立完成更多的动作（例如，把钉子连接起来建造一座塔或一艘可以发射的火箭船）。孩子还可以在活动的开始和结束，自己完成准备工作和清理工作（例如，打开/取下盖子玩蘑菇钉，或拿起盒子放进壁橱）。

可以选择性地提出这些辅导问题，帮助家长规划本步骤的内容：

- "你认为孩子会喜欢玩什么玩具，他/她能在没有帮助的情况下按照玩法玩玩具吗？"
- "如何整理和摆放这些玩具，可以让孩子在选择玩具和做游戏准备时相对轻松？"
- "我们可以解决哪些疑难问题，以确保这个计划适合孩子？"

步骤2：从游戏伙伴的角色中逐渐淡出

与家长分享的内容：选出玩具并整理好之后，家长要开始转变自己在活动中的角色，从一个积极主动的游戏伙伴（轮流与孩子一起玩）转变为一个被动的观察者（支持孩子选择玩具、摆放玩具，并在自己没有参与的情况下观察孩子独自游戏）。当孩子知道如何在没有帮助的情况下轻松地玩喜欢的玩具时，家长就可以开始转变自己的角色了。一旦孩子开始自己玩，家长就要稍稍后退，并把身体稍稍侧向一边，这样家长在活动中的存在感就会相对减弱。这样做的时候，家长不要旁敲侧击或故意让孩子关注到自己的调整，而是观察孩子对这一初步调整的反应。如果孩子继续玩玩具，不需要额外的鼓励、提醒或帮助，这正是我们所希望看到的。家长让孩子自己继续玩几分钟，然后再对他们所做的事情发表评论（例如，"对了！正方形放在那里！""你做了一条蛇……嘶嘶嘶"）。通过这样的方式，家长对孩子的认可就形成了一种积极的强化，使孩子对自己所做的事情感觉良好，并愿意继续独立地、以适当的方法玩玩具。

当家长从活动中淡出时，如果孩子停止玩耍或对家长的撤出关注过多，家长可能需要给出额外的鼓励或辅助来帮助孩子继续活动。轮到家长的回合时，家长可以讲述或谈论孩子需要做的事情（例如，"有一个圆形和一个三角形，你想要哪个？""再做一条蛇"），尝试激发孩子对活动的兴趣。家长还可以把材料移到孩子够得着的地方，或刚开始自己先做，然后让孩子接着做完，努力把孩子的注意力转移到下一步玩什么上面，而不是试图把孩子的注意力从活动中拉回到家长身上。家长每次给孩子几分钟的时间自己玩，然后再评论他/她的行为。即使孩子在活动中只做了一次就想停下来，但孩子确实做了！当家长发现孩子的动作慢下来时，可以口头提醒孩子尝试其他扩展活动，例如在游戏中添加其他物品、动作或步骤。尽量不要直接参与，向孩子展示自己的想法，而是提供建议或询问孩子自己的想法，家长可以作为活动的旁观者，而不是直接参与活动。

在孩子练习的过程中，家长要留意甚至记下孩子能够自己玩多长时间，以及需要多少次辅助（如果有的话）才能坚持下去。随着时间的推移，家长希望孩子能够自己玩 10~15 分钟，并且随着孩子游戏技能和兴趣的提高，需要帮助的次数也会越来越少。就目前阶段而言，我们希望孩子能自己玩玩具，按流程进行主题游戏并适当扩展，每次持续几分钟的时间。

写给导师： 在一些特定的活动中，指导家长完成这一教学顺序，让他们学会如何从一个与孩子轮流玩耍的游戏伙伴转变为一个支持孩子独立玩耍的旁观者。现阶段，我们主要关注家长在主题和扩展过程中减少支持的操作，因为在下一步骤中会涵盖准备和结束/过渡的阶段。

可以选择性地提出这些辅导问题，帮助家长规划本步骤的内容：

- "你认为孩子喜欢玩什么玩具？他/她能在没有帮助的情况下玩玩具吗？"
- "在开始淡出或撤出活动之前，你希望孩子表现出哪些游戏动作和肢体语言？"
- "如果孩子注意到你的撤出，你会如何鼓励和辅助孩子继续游戏？"

步骤 3：减少对准备阶段和结束/过渡阶段的支持

与家长分享的内容： 当孩子能够完成上一步骤时，他/她就可以自己完成活动的准备阶段和结束/过渡阶段了，从而在游戏中获得更多的独立性。让我们来看看家长是如何在共同活动框架内做到这一点的。

1. **准备。** 家长让孩子走到玩具摆放处，选择他/她想玩的东西，并把该物品拿到桌子、地板上或其他游戏区域，开始玩玩具。家长要待在孩子的旁边，不要在孩子的正前面，也不要靠得太近，这样当孩子的注意力越来越多地投入到游戏本身时，家长就可以逐渐移动到孩子后面的位置。当孩子需要帮助时，家长应给予帮助，但重要的是尽可能让孩子自己动手，以培养孩子解决问题的独立性。家长首先要告诉孩子应该做什么（如"把盖子拿掉"），如果孩子对口语提示没有反应，可以加入手势（如触摸盖子、模拟如何打开，或者指着盖子），然后才是使用肢体辅助让孩子完成动作（例如，从其中一角打开盖子，而不是一下开启四个角），或者家长在孩子后面或侧面上手辅助孩子，尽量弱化自身的存在感，让孩子完全从自己的视角来学习如何操作（例如，一只手抓住盒子，另一只手放在盖子上将其拉开）。从孩子身体后面或侧面上手辅助而不是直接在正前方伸手帮助他们，这有助于教会孩子独立完成动作。在这个场景中，家长不需要跟孩子面对面，我们要让孩子自己探索动作要领，而不是家长和孩子一起参与活动，分享经验。

2. **主题**。家长按照步骤 2 中的要求，等待孩子开启游戏，并在孩子独立玩耍的过程中，每隔几分钟间歇性地对孩子的动作进行点评，让孩子感受到鼓励，保持动机。当孩子停下来时，家长可以适时提出建议或加入游戏进行简短的轮流，保持孩子继续玩耍的动机。

3. **扩展**。家长按照步骤 2 中的要求，提供游戏创意，让孩子尝试在游戏中加入其他的玩具、动作或步骤。在孩子独立玩耍的过程中，每隔几分钟发表评论，肯定孩子的表现。当孩子需要帮助时，给出适当的指导：提供想法、示范动作、给予物品或者指出该怎么做。终极办法是家长自己主动开启动作，或从孩子身后提供辅助帮助孩子完成动作。不要轮流。继续保持观察，做出评论。

4. **结束 / 过渡**。当游戏流程自然结束时，孩子似乎结束了玩某个玩具（或向你表达不想继续玩了），家长应鼓励他 / 她把玩具或零部件放回收纳盒中，再放到架子上或其他存放玩具的地方。如果孩子需要帮助，家长应作为点评者提供建议，而不要直接参与实际的清理工作，例如可以指一指或者将玩具移动到孩子够得着的地方，拿着容器让孩子把玩具放好，或把清理工作变成一项游戏，让孩子看看自己能以多快的速度完成。如果孩子没有把玩具收纳盒放回正确的位置,家长可以指给孩子看,或带着孩子一起把收纳盒放到正确的储藏区。家长还可以从后面或侧面帮助孩子把容器放到正确的位置。然后,孩子可以挑选下一个玩具,并再次练习同样的流程。

写给导师:家长应练习整个共同活动流程,适当减少他们在儿童独立游戏中的支持和主导作用。

可以选择性地提出这些辅导问题,帮助家长规划本步骤的内容:(前三个问题与步骤 2 中的一致,这些也同样适用于这一步骤的亲子练习):

- "你认为孩子喜欢玩什么玩具?他/她能在没有帮助的情况下完成游戏动作吗?"
- "在开始淡出或撤出活动之前,你希望孩子能够表现出哪些游戏动作和肢体语言?"
- "如果孩子留意到你在撤出,你该如何鼓励孩子继续活动?"
- "孩子会发出什么信号来暗示他/她准备结束活动?"
- "如何鼓励孩子在没有你或旁人帮助的情况下将玩具收拾干净?"

步骤 4:经常更换玩具

与家长分享的内容:家长不要一下子换掉所有的玩具,而应该每次更换一两种,包括孩子最喜欢的那些玩具,保持经常更换的频率,而且要在孩子玩腻之前更换,以增加孩子接触不同玩具、不同玩法,练习不同技能的机会。对于有些孩子来说,可能需要每隔一天就轮换一次,而有些孩子可能需要更多的时间来掌握如何独立玩某样东西,或者想多玩一会儿再换。只有在孩子和家长一起玩过了已有的玩具(即在共同活动框架内轮流玩),孩子了解如何玩并且有了一定的动机之后,才可以将新玩具或不太有趣的玩具纳入玩具库中。

写给导师:虽然我们希望能经常更换玩具,帮助孩子发展游戏能力,但家长也要从实际出发,明确自己能做到多久更换一次,保持一致性也很重要。如果家长不能保持至少每周更换,可以让家长分享具体的困难,并试着与他们一起解决问题。同样重要的是，家长要明白，不要把买新玩具作为孩子获得更多玩具和游戏技能的唯一途径。你可以看一下本章前面关于家长如何增加孩子玩玩具的多样性和灵活性而列出的清单那部分内容。或者，你也可以帮助家长再列出一份新玩具或物品的清单，如果孩子知道如何与家长一起玩这些，可能也会喜欢自己玩。

可以选择性地提出这些辅导问题，帮助家长规划本步骤的内容：

- "你可以给孩子轮换哪些玩具？孩子喜欢玩哪些玩具？他能在没有帮助的情况下能完成游戏动作吗？哪些玩具是孩子喜欢自己玩的，或者是在你教他怎么玩之后喜欢自己玩的？"
- "每次应准备多少玩具供孩子选择？多长时间轮换一到两个玩具？"
- "你希望孩子选择清单中的哪些玩具作为初始玩具？"
- "为了确保这个计划适合孩子，我们可以提前做哪些准备？"

步骤5：从距离上逐渐远离孩子

与家长分享的内容：随着孩子玩玩具的次数增多，家长要逐渐远离孩子退到旁侧，减少介入。家长可以坐在自己座位上，如果不会分散孩子的注意力的话，可以看看书或玩手机，或者起身到另一个房间做自己的事，并定期检查和积极评价孩子的独立游戏。当孩子无法完成某件事情，或者游戏停滞时，家长要给孩子一点时间，让他先自己尝试解决问题，然后再插手帮忙或出谋划策。孩子自己玩可能没有和家长一起玩时那么有创造性和自由度，但现在的目标是让孩子独立进行结构性的游戏，而不是重复家长在之前教给他的所有技能。随着孩子独立性的提高，他能够独立完成从准备到收拾的整个游戏过程和任何过渡环节，家长可以在孩子的选择中加入一个电子玩具（每次一个），看看会发生什么。如果孩子倾向于只玩该电子玩具，或在玩该玩具时，他的玩法从功能性变成了刻板重复，家长就不要再把电子玩具列入选项。当孩子这样"沉迷"于某个游戏而无法调整时，这一规则都适用（包括电子或非电子玩具在内的任何玩具）。重复性游戏会限制孩子尝试新事物的机会。这就是为什么家长要轮换不同的玩具供孩子选择，以增加他的游戏种类和灵活性，避免孩子无聊。

写给导师： 观察，并在必要时提醒家长在孩子自己玩耍时离孩子远一些，鼓励家长忙自己的事情。在练习此步骤前，询问家长在孩子自己玩耍时，他们会如何安排自己的时间。家长可以把闲置的物品放好，走出房间做一些事情，与你讨论如何继续练习这一步骤，或者记下想法，在稍后的课程中与你分享。家长应该选择他们所认为的对孩子干扰较小或引起较少焦虑的方案，并留意不再关注孩子甚至离开房间时孩子的反应。如果家长决定离开房间，且干预是在你的诊所中进行（而不是在孩子家里），家长应该告知孩子自己要去哪里，并告诉孩子自己马上就会回来，以免孩子在一个陌生的环境中受到惊吓。当干预是在家里进行，家长可以思考一下是否需要提前告知孩子自己可能会离开。当家长离开孩子玩耍的区域或离开房间时，我们建议家长对孩子独立游戏的时间进行计时，留意一下在孩子寻求帮助、表达结束游戏的意愿或者获取家长关注（不论正面关注或者负面关注）之前，可以自己玩多长时间。这样做可以让家长更加清楚，在孩子希望得到家长的关注之前，自己有多长时间来完成其他事情。然后时间差不多的时候，家长可以回到孩子所在的房间；如果家长没有离开房间，他们可以对孩子的游戏行为做出积极评价。这样，家长就会把注意力放在孩子身上，让孩子做我们所期望的事情——学习如何自己玩，而不是出现其他行为，比如寻求帮助或逃避无聊。询问家长，针对这个计划的实施还存在什么其他困难。总的来说，家长可以在孩子的兄弟姐妹各自在做自己的事情时（如午睡、上学或其他人看护时）练习这个技能（其实也可以练习本书中的其他任何技能），当然也可以借此机会教孩子如何与兄弟姐妹们进行游戏。当孩子不愿意自己玩时，家长需要确保孩子对现有的玩具或物品是感兴趣的。孩子需要喜欢自己手里的东西，才会愿意玩。如果孩子确实有兴趣，那么家长就可以提出玩法建议，让孩子在游戏中尝试其他材料、动作或顺序，或者家长可以吸引孩子的关注，然后简短地进行轮流，示范新的玩法。如果孩子需要更多的引导来参与游戏，家长可以在使用肢体辅助之前，先快速的示范一轮或使用其他的策略。

可以选择性地提出这些辅导问题，帮助家长规划本步骤的内容：

- "在开始撤出某项活动之前，你希望从孩子身上看到什么表现或迹象？"
- "当孩子需要帮助时，除了肢体辅助，你还能提供什么帮助？"
- "孩子是如何与玩具或物品互动的？"（当想了解孩子是否对某项活动感兴趣，或者当家长分享说孩子在游戏中并没有加入新的动作时，导师可以提出这个问题。）
- "除了肢体辅助，你还可以通过哪些方式向孩子演示玩具或物品的新玩法？"
- "我们可以提前做哪些准备，来鼓励和支持孩子独立完成游戏流程？"

主题九：为什么假扮游戏在幼儿的学习中至关重要？

与家长分享的内容：上一主题中的游戏技能教会孩子们思考和创造结构性的玩法。把拼图块放进拼板，把球扔出去或踢出去，把积木堆起来，这些都是结构性玩法。现在，我们引入假扮游戏（也称为"象征性游戏"），来扩展儿童的思维方式，发挥他们的想象力，而不是只注重使用实物材料做出具体的动作。动物拼图可以"走路"，在放入拼板之前可以发出动物的声音；可以在球上画快乐的脸（或其他表情），然后跟孩子"说话"；积木可以是"食物"，让孩子假装吃。假扮游戏让孩子在游戏中表现出更多的自发性、创造性和灵活性，同时，假扮游戏与创造性思维相关，会深深地影响儿童的语言能力以及其他重要能力的发展，比如思维能力。

为什么会出现问题？

与家长分享的内容：幼儿在玩假扮游戏（表达他们的所见、所想和所感）并与他人分享这些经历时，会扩展他们对环境和人际关系的认识。假扮游戏帮助儿童打开超越物质世界的精神想象世界，产生无穷无尽的游戏创意，并利用这些游戏技能与其他儿童共同参与游戏，进一步拓展游戏。假扮游戏承载着关于人类及社会生活的重要主题，我们希望孤独症儿童也能接触这些主题。我们将采取以下步骤，让孩子得到所需的环境、练习和教学指导发展这些技能。

写给导师： 如果被问及"为什么假扮游戏如此重要"，导师可以邀请家长描述孩子的假扮游戏情况，重新思考这一问题，以便了解孩子目前的能力水平，发掘潜在的需求和学习目标。应该在儿童能够玩多种不同的玩具、在游戏中能够组合使用物品，或者能够完成不同的玩法之后，再引入假扮游戏。在进阶到假扮游戏之前，孩子还需要懂得在与他人玩耍时如何模仿他人，并且有共同注意的能力。向家长说明这些技能是如何给假扮游戏奠定了基础，尤其当孩子明显需要更多的练习才能进入本章的学习时。如果家长提到了孩子创造性游戏或假扮游戏的例子，询问家长是什么促成了这种技能的发展。我们还在下面列出了相关的访谈问题清单，用于询问家长在家庭生活中有哪些主题可以用来进行假扮游戏，当你进行家长辅导时，就可以向家长提出这些问题。

以下为可选的问题参考：

- "孩子在游戏中是如何进行想象或假扮的？"
- "到目前为止，哪些策略帮助孩子在游戏中表现出了更多的灵活性或创造性？"
- "我们已经讨论了孩子会假扮哪些在实际生活中看到的主题，模拟他人的行为。在家庭的日常生活中，有哪些主题是孩子可能喜欢并且想要进行假扮游戏的？"

家长如何提高孩子的假扮游戏能力？

与家长分享的内容： 在假扮游戏中，儿童通常会使用到三种常见技能。家长教授这三种技能的方式与教授其他技能的方式基本相同——通过共同活动的流程。与语言、社交或认知等方面的技能类似，假扮游戏技能的发展和进步也需要时间才能取得。

1. **拟人游戏（Animate play）。** 使用玩偶、毛绒玩具或其他物品，就好像它们是活的，可以移动、可以说话或能玩游戏（如狮子可以拼图或者玩偶可以吃金鱼饼干）。

2. **物品替代（Symbolic substitution）**。把物品当作其他东西使用（如把积木当作手机放在耳边说话，或者把勺子当作飞机在房间里飞来飞去）。

3. **物品组合（Symbolic combinations）**。以几个不同的假扮环节来创造出一个事件或主题（例如，假装给毛绒动物洗澡，其中包括了六个不同的假扮游戏动作：用一个碗当浴缸、假装碗里是装满水的、把动物放进碗里、用海绵假装给动物洗澡、假装从杯子里倒水在动物身上、用毛巾把动物擦干）。

写给导师：需要留意的是，对于某些儿童来说，形成和进入假扮游戏的技能和阶段可能需要相当长的时间。学步儿童通常从 12 个月大时开始发展这些技能，并且会持续进步，到 36 个月左右时相对稳定。必要时，帮助家长管理好自己的预期，将假扮游戏技能学习视为一项长期工程，孩子可能需要一两年才能完成，但这并不影响当下立即开始和持续练习。收集家长的想法，留意家长会如何建设游戏流程及日常活动（如：吃饭、洗澡、看书、做家务、换尿布、穿衣服等日常起居）来练习三种不同类型的假扮游戏技能。

以下问题供你参考，可以在家长辅导中提出：

- "在这些类型的假扮游戏中，你可以尝试哪些游戏创意？"
- "如何用玩偶、毛绒玩具或其他物品在孩子最喜欢的游戏中进行轮流？"
- "你可以使用哪些玩具或物品在假扮游戏中进行示范，如何向孩子展示将玩具假想成其他物品？"
- "在哪些事件或主题中，你可以按步骤演示，向孩子展示不同的假想创意？"

步骤 1：教授常规的或功能性的游戏玩法

与家长分享的内容：当孩子模仿他人使用玩具或物品来进行游戏时，就开始了假扮游戏。孩子会假装用勺子喂自己，拿起纸巾假装打喷嚏，或者戴上妈妈的项链。常规游戏又称为功能性游戏（functional play），是指儿童通过观察和模仿他人的行为来了解其社会性意义，而不是只关注到玩具/物品的物理属性和因果关系。这是儿童游戏技能发展重要的一步，因为儿童会通过观察他人来学习如何进行假想动作。常规游戏是一种社会性学习——留意别人在做什么并模仿他们的行为。家长通过共同活动的四个环节来帮助孩子发展常规游戏技能。让我们以梳子为例进行说明。

1. **准备**。家长拿出物品，或者让孩子在不同款式之间进行选择（以梳子为例），决定自己想要用哪一个。家长需要依从孩子的选择或者提供孩子看起来很喜欢的选项。家长可以将未被选中的物品放在附近，以便之后再与孩子一起使用，但注意不能影响当前所选物品的使用和游戏过程。

2. **主题**：家长对该物品进行命名，并参与轮流，示范常规的或者功能性的玩法。该物品可以与孩子共享，也可以是家长和孩子各有一件，各自使用。使用梳子时，家长一边说"梳头"，一边给孩子梳头。家长梳完头之后，把梳子递给孩子（如果梳子是共用的话），鼓励孩子做同样的动作。如果孩子没有进行模仿，家长就更加夸张、更加热情地重复一遍动作，或者先帮助孩子梳，然后让孩子自己梳头。接下来，家长和孩子继续轮流进行主题动作。

3. **扩展**。当孩子在没有家长帮助的情况下轻松完成主题部分的操作后，可以在互动中加入与当前物品相关的其他玩法。家长和孩子可以互换角色——家长给孩子梳头，并鼓励/帮助孩子给家长梳头，或者也可以给玩偶或毛绒玩具梳头。家长用自己的名字和孩子的名字来标记游戏中涉及的物品和动作（例如，"妈妈的头发""克莱尔的头发""轮到妈妈了""轮到克莱尔了""给多莉娃娃梳头"）。

4. **结束/过渡**。当家长和孩子不再有新的游戏想法，或者任意一方的兴趣降低时，家长和孩子达成一致，游戏结束了，然后收起材料，决定下一步做什么活动。

除了和孩子一起玩，家长还可以在其他日常活动中引入常见物品和常规动作。家长可以用牙刷刷牙，并鼓励/帮助孩子也用牙刷刷牙。如果孩子没有马上做出家长所示范的常规动作，家长仍然可以多次示范，让孩子更多地接触刷牙的概念。家长还可以尝试变换花样使用日常物品，看看这些创意是否能让孩子更加感兴趣。如果孩子对家长用叉子喂自己吃东西兴趣不大，那么孩子会喜欢用叉子喂家长吗？会喜欢喂洋娃娃或毛绒玩具吗？我们的目标是保持创新，在玩法方面保持一定的新意，这样孩子会对家长展示的内容更有兴趣。在这些日常互动中加入社交元素，帮助孩子更多地了解其他人在做什么，学习生活中与当前物品和动作相关的词汇。

写给导师：请参阅本步骤的活动思路和亲子互动情景，帮助家长调整共同活动的流程，教授孩子常规游戏技能。指导家长在游戏中完成这些步骤，并选择至少一项日常流程进行同样的练习（例如，吃饭/吃零食、穿衣、看书）。这些场景可以为家长提供更多的具体想法，让家长知道如何用实物开启假扮游戏的教学。如果你认为家长已经接受了这些建议，就可以开始讨论下一个主题中会提到的言语和语言技巧，因为家长在本章中所教授的游戏内容也能帮助孩子在言语方面取得进步。但不论当前处于哪一阶段，家长都需要继续阅读本章，与导师一起练习，培养孩子的假扮游戏技能。

你可以选择性地提出这些辅导问题，帮助家长规划本步骤的内容：

- "在与孩子玩耍时，你可以使用现实生活中的哪些活动或常规？"
- "在这些活动中，你可以向孩子展示哪些物品操作？"
- "在这些活动中可以怎样用到玩偶或毛绒玩具？"
- "如果孩子需要帮助，你会如何教他/她模仿相关动作？"
- "你还可以和孩子一起进行哪些经常发生的日常活动？"（例如：吃饭、洗澡、洗漱、穿衣、户外活动、看书、感觉社交游戏、做家务、自理活动或其他杂务。）

步骤2：玩偶和动物玩具的拟人化

与家长分享的内容：现在，孩子可以让玩偶或毛绒玩具使用物品，进行社会活动，家长可以向孩子展示玩偶或毛绒玩具是如何拟人化的，如何栩栩如生地表现人的行为。家长和孩子的任何动作都可以变成玩偶或毛绒玩具游戏的创意。家长可以使用共同活动流程的四个环节向孩子演示如何做到这一点。

家长可以让玩偶、毛绒玩具进行各种日常活动。孩子可以擦洗玩偶的肚子、胳膊和脸，或者反过来让玩偶给自己擦洗。毛绒玩具可以坐在餐桌旁，吃孩子和家长的食物；然后孩子和家长可以与毛绒玩具互换动作。玩偶可以和孩子一起换尿布或上厕所，然后洗手。毛绒玩具可以穿衣服，也可以帮助孩子穿好衣服迎接新的一天，然后到了晚上脱掉衣服准备睡觉。玩偶可以读书或表演书中的某一页内容，可以唱歌，也可以玩追逐游戏，追赶家长或孩子。在一天的时间里，孩子有很多机会可以观察、思考并添加新的拟人化游戏动作。家长只需决定具体从哪里开始！

写给导师：帮助家长发掘玩偶拟人游戏的更多操作，可以是在家长、孩子和玩偶本身上进行的。辅导家长在游戏和至少一项日常流程中（例如，吃饭／吃零食、穿衣服、看书、感觉社交游戏、户外活动），指导孩子完成步骤，所选取的游戏和流程需要能够在一节课的时间内完成。这也会为家长提供一些思路，让他们了解如何将游戏操作融入各种日常活动当中。当孩子模仿家长的动作越来越熟练时，家长一定要给孩子独立尝试的机会，观察孩子是否能自发地完成，然后才在必要时提供肢体辅助。当孩子在没有家长辅助的情况下独立完成模仿时，家长可以自己再模仿一次，并且给到孩子热烈的回应，来庆祝孩子的成功。最后一点，将言语和语言技能融入与家长的复盘对话中，让家长了解他们如何应用"单字（one-word-up）"的原则，来描述每个参与者（例如，家长—孩子—玩偶）在轮流中的回合。

可以选择性地提出这些辅导问题，帮助家长规划本步骤的内容：

- "孩子喜欢在游戏中使用哪些玩偶、毛绒玩具或其他物品？"
- "现实生活中的哪些活动和操作可以用来让孩子跟玩偶互动？"
- "在给出肢体辅助之前，你要怎样教孩子操作玩偶？"
- "你还可以在游戏中跟孩子和玩偶一起进行哪些日常活动？（例如：吃饭、洗澡、洗漱、穿衣、户外活动、看书、感觉社交游戏、做家务、自理活动或其他杂务）"

步骤3：从模仿到自发的假扮游戏

与家长分享的内容： 家长和孩子在日常活动中以不同的材料和角色进行假扮游戏时，孩子的假想能力会越来越强。孩子会表现出更多的主动性，产生更多的游戏创意，他/她甚至会指导家长来扮演谁，告诉家长在角色中做什么、说什么。我们希望孤独症儿童也能从观察和模仿家长的玩法转变为提出自己的游戏思路，供家长参考。当家长把道具或材料摆放得井然有序，更好地支持孩子观察并取用自己想要的物品时，就是在支持孩子从模仿到自发游戏的转变。与某一特定主题相关的材料可以摆放在桌上或地板上，如给玩偶洗澡的套装（包括玩偶、塑料浴盆或足够大的能放入玩偶的碗、杯子、海绵或毛巾、玩具肥皂、毛巾等）；与多个主题相关的不同材料（例如给玩偶假装洗澡或假装理发的套装），可以分别放在不同的收纳盒/箱子里，供孩子选择。然后，家长给孩子一点时间，等待孩子自己选择游戏主题（如果家长已经提供了选项的话），观察孩子会首先进行什么游戏操作，而不是由家长直接上手主导，让孩子模仿自己。当孩子自发地进行游戏操作时（例如，把玩偶放进盆里洗澡或拿起梳子），家长可以先点评孩子的操作（如"玩偶在浴缸里"或"刷子"），然后跟随孩子的玩法。如果当下使用的物品有好几个一样的，家长可以拿起其中一件，模仿孩子的动作；家长也可以从旁支持，例如帮孩子扶住碗或者调整玩偶的姿势使其保持直立。如果孩子没有自发地提出游戏思路，家长可以提出主题建议，供孩子选择（例如，"多莉是要洗澡还是理发？"），或指出/拿着同一个主题中的两种材料让孩子选一选（例如，"浴缸还是多莉？"），然后看看孩子是否会开始行动；家长不要直接上手，也不要直接提出一个具体的游戏思路让孩子执行。当孩子需要更多的帮助时，家长要尽可能少地给予直接帮助，而要尽力培养孩子的独立性和自发性。家长可先陈述事实情况或大声提问，给孩子一些游戏思路的提示（例如，"我看到了毛巾、肥皂和杯子"，或者"嗯……多莉在哪里洗澡呢？"），然后再提出更直接的建议（例如，"多莉进浴缸里面吧"，或者"多莉好脏啊，我们帮她洗洗吧"），如果孩子仍然需要更多的辅助，这时家长才能亲自上手，或使用肢体辅助帮助孩子完成游戏。这种在孩子没有立即做出反应时逐步地提供帮助，并在每次孩子做出目标行为后及时撤出辅助的顺序被称为"从最少到最多的辅助等级"。在整个教学过程中，家长应该贯彻使用"从最少到最多"的辅助方法，即先等一等，观察孩子自己能做到什么程度，然后再用声音或手势提示孩子该做什么，或者用肢体辅助帮助孩子完成动作。当孩子做出反应或自己提出游戏想法时，家长要热情洋溢地进行评论和模仿，这样孩子就能从学习和互动中获得最大的乐趣，从而产生更多的游戏创意。以下的教学顺序是促进孩子自发性游戏的关键：

- 以直观、有序的方式提供熟悉、有趣的材料，并排除其他干扰，激发孩子的积极性，帮助他们想出游戏点子。
- 等孩子先提出自己的游戏思路，或者在孩子思考时尽可能少给帮助。
- 以饱满的热情和愉悦的心情来点评和模仿孩子的玩法。
- 可以逐渐加入新的游戏思路，以补充孩子的游戏操作，或者当孩子的玩法变得单调重复时，帮助他/她回到主题上来。

写给导师：指导家长坚持这一步的操作，直到孩子至少能在活动中主动提出游戏想法，不选择材料或主题作为活动的开端也可以；家长不需要做出肢体辅助，只帮助孩子补充或实施游戏想法。如果你和家长正在研究亲子沟通技巧，不要忘了对这些策略进行反思。

你可以提出这些可选的辅导问题，帮助家长规划本步骤的内容：

- "孩子可以选择哪些物品和道具来进行假扮游戏？"
- "你会如何摆放材料来帮助孩子思考游戏创意并开启游戏？"
- "你会如何鼓励孩子自发地与玩具或物品一起玩耍？"（鼓励家长考虑使用"从最少到最多"的教学策略，以便在孩子没有立即想到游戏创意时提出恰当建议。下一个问题也是关于这个方面的，只是采用了另一种方式来问。）
- "当孩子不知道该做什么时，有什么教学策略可以帮助他/她自发地与玩具或物品进行游戏互动？"

- "你会如何强化孩子的游戏动作（自发的或模仿的）？"
- "为了增加你和孩子使用道具假扮不同的游戏场景或丰富游戏流程，你需要哪些素材？

步骤4：教孩子象征性使用物品

与家长分享的内容：接下来要教给孩子的假扮游戏是用物品进行假扮。孩子在玩这种游戏时，会把某个物品假装成其他东西，比如把卷纸芯当作望远镜用来望远，或者把卷纸芯当作麦克风用来唱歌并发出搞怪的声音，或者假装拿着物品来做动作，比如把手举起来假装拿着奶瓶给娃娃喂奶。把物品当作其他东西或者"凭空捏造"是儿童发展的重要里程碑。这些技能表明，儿童的想象力可以引导他们的行动和思维超越物质世界，不再局限于物品的物理属性及因果属性。游戏会逐渐变得更加抽象，规则约束也相应减少，这些对于孤独症儿童来说，都是在与同龄人玩耍时会遇到的重要场景。在这些情况下，孤独症儿童作为游戏伙伴，需要知道应该如何参与游戏，如何贡献协作，跟上游戏的节奏。我们首先教孩子怎么在游戏中将某个道具假装成其他物品，然后再教孩子怎么假想出一些物品进行游戏。

跟其他技能的教学一样，家长在这里仍然采用共同活动的框架来进行教学。

帮助孩子理解物品的象征性使用

1. **准备**。家长使用孩子在其他假扮游戏中熟悉的道具或材料，并加入一些对于儿童来说"不明确的"或无明显特征的物品或材料，这些物品或材料可以在游戏中很好地代表其他东西（例如，餐巾纸可以变成降落伞，让武打英雄从桌子上跳下来时拿着它；积木可以变成滚动的石头，与玩具车相撞；或用橡皮筋给娃娃的脚上绑一只马克笔，让娃娃在地板上滑雪或滑冰）。家长根据材料的物理特征，如大小、颜色或质地，用以代替某个实际物品。家长找到一或两个物品，用它们代替在孩子的游戏主题中的两个关键物品（例如玩偶、填充动物、英雄角色等），与每个游戏主题相关的道具也包括在内。当家长整理好所有材料后，孩子可以挑选出熟悉的物品，并选择一个主题让家长跟随自己的动作，家长也可以推荐一个孩子可能会喜欢的主题，尤其当孩子需要一些帮助才能开始的时候。

2. **主题**：家长不要直接使用替代物品，而应该先使用实际物品（或等待孩子使用实际物品）来开启和玩偶的亲子假扮游戏主题。当孩子没有立即做出反应时，家长继续采用从最少到最多的辅助等级，鼓励孩子自己思考游戏创意，或者先做出一个示范动作，然后再提供辅助与建议，最后再考虑直接给出肢体辅助帮助孩子完成动作。

3. **扩展**。在家长和孩子用实际物品玩过主题游戏之后，家长可以每次引入一个新的替代物品，代替之前主题游戏中使用的物品（例如，叉子变成梳头的梳子，或橡皮泥做的小圆饼变成大家假装吃的饼干）。家长轮流做出几个示范动作，并对替代的物品进行命名，把替代物品说成是实际的物品（例如，"看，这是我的梳子！给多莉梳头"，或者"小猴子在做巧克力饼干。现在他要吃饼干啦！"）。然后把材料递给孩子，鼓励孩子用替代物品做出同样的动作。当孩子这样做时，家长用替代物品重复这些动作，与孩子一起享受游戏的乐趣，巩固学习成果。同样按照从少到多的辅助顺序，逐步地向孩子展示如何将其他替代物品纳入游戏主题，以帮助孩子理解，独立游戏。当孩子兴奋而自如地使用替代物品时，可以将实际物品与替代物品（如真实的梳子和叉子，或饼干/饼干玩具和橡皮泥小圆饼）放在一起，让孩子使用这两种物品做游戏。

4. **结束/过渡**。当孩子的兴趣降低，或者游戏创意减少时，帮助孩子进行有计划的结束/过渡：整理并收好游戏材料，然后继续开展另一项活动。

帮助儿童理解"无形的"物品（无实物表演）

注意：在开始以下步骤之前，确保孩子已经能够在游戏中自发地使用一些替代物品来代表实际物品了。孩子对于一个物品可以替代另一个物品的概念理解得越深刻，就越容易理解打手势或无实物表演，就像在操作实际物品一样。

1. **准备**。跟之前替代物品的准备一样，在游戏主题中留出一到两个关键的物品，将这些物品作为在游戏中的无形物品（例如，在一个游戏主题中预留出梳子，在另一个游戏主题中预留出饼干）。

2. 主题。使用家长在准备环节中安排的道具和玩偶、毛绒玩具，进行熟悉而愉快的主题活动。家长可以假装物品就在手中，一边描述一边做相关的动作（例如，家长一边用手顺着玩偶的头发一边说"给娃娃梳头"，或家长向小猴子伸出手说"给你一块饼干，吃吧，小猴子"）。家长重复这个动作几次，并鼓励/帮助孩子做出同样的动作。家长和孩子用"无形物品"来回表演几次之后，家长提供实际物品，让孩子进行使用，而家长则做出无实物动作/假扮游戏动作。

3. 扩展。家长等到孩子能使用"无形物品"进行无实物游戏之后，再使用另一个预留的主要物品来重复这一过程。家长用同样的语言和动作来演示如何使用手势或动作来假装使用实际物品，让孩子跟随模仿。从一个常规动作慢慢过渡到下一个常规动作，并在孩子理解困难或者没有立即掌握动作要领时，混合进行使用实际物品的游戏和无实物游戏。

4. 结束/过渡。跟以往一样，当孩子兴趣减弱或没有游戏创意的时候，帮助孩子进行有计划的结束/过渡：整理并收好材料，然后继续下一项活动。

写给导师：参考本步骤的活动思路和注意事项，帮助家长和孩子学习如何以象征性物品进行游戏。向家长详细说明，所有孩子在这一阶段发展假扮游戏技能都需要较长的时间。事实上，这个过程不能操之过急，而家长和孩子一起玩过的各种游戏主题、场景和道具，都会帮助孩子越来越多地了解现实生活，学会如何参与社会活动，并通过自己的思考、语言和行动更好地融入社会生活。家长对这一过程了解越多，就越不会纠结于孩子发展这些技能所需的时间而倍感压力。相反，家长可以把注意力放在游戏的乐趣上面，这样可以培养孩子进行无实物假扮游戏的技能，并通过自己的想象力与他人进行游戏互动，进一步了解社会。如果孩子对这些假扮游戏技能还不太清楚，那么就可以指导家长在亲子游戏主题中使用玩偶或玩具等实际物品来做出假扮游戏动作，让孩子跟随模仿。这样可以提高孩子的理解能力和技能的稳定性，然后家长可以再次尝试进行无实物的假扮游戏。

可以在家长辅导中提出以下备选问题，帮助家长规划本步骤的内容。当孩子准备好学习无实物游戏时，你同样可以提出这些问题。

- "在与孩子玩耍时，你可以使用哪些替代物品？"
- "在使用替代物品之前，你会如何使用实际物品先完成游戏的准备和活动主题的设置？"
- "你会怎样在游戏中向孩子演示将替代物品当作实际物品来使用？"（支持家长考虑"从少到多"的教学方法，以便在孩子没有立即做出反应时及时提出建议。下一个问题是关于同样的内容，只是换了一种询问家长的方式。）
- "当孩子不知道该怎么做时，有什么教学策略可以帮助他/她在游戏互动时，将替代物品当作实际物品来使用？"
- "你可以采取哪些应对措施来强化孩子使用替代物品来进行假扮游戏的行为？"
- "为了在亲子游戏中扩展替代物品的种类以及相关的游戏操作，你需要做什么？"

步骤5：形成物品组合

与家长分享的内容：最后一种假扮游戏是教孩子把假扮游戏中的动作组合起来，表演出现实生活中某个常规事件的整个流程和场景（而不仅仅是几个相关的动作）。这个场景可以是孩子每天都要做的事情，例如早上起床以及构成这一常规流程的所有动作（包括上厕所、洗手、刷牙、脱睡衣、挑衣服、穿衣服、走到厨房吃早餐等）。这个场景也可以是孩子与家长或者全家人一起外出，例如买菜、去邮局寄包裹、开车经过洗车房、去公园玩耍或孩子经常看到的或者亲历的其他活动。不管什么活动，每项活动都会涉及一些动作，孩子可以假装与家长和玩偶一起做，这样孩子的游戏技能就会变得更加丰富和精细。孩子能够快速学会这一步的前提是，他/她能够轻松地玩出几个不同的主题，在这些游戏中，孩子可以模仿并且自发地创造出不同的假扮动作，哪怕使用替代物品或者无实物游戏的技能还未出现也无妨。让我们一起过一遍共同活动框架的四个环节，教孩子将现实生活场景中的动作组合并表演出来。

1. **准备**。家长选出几个孩子所熟知的能反映出日常生活事件的主题，并为之准备道具，然后让孩子选择要做的事情（如野餐、表演故事《三只小猪》或去看医生），以及决定场景中的角色。在开启活动主题之前，家长可以让孩子参与道具与角色的准备。

2. **主题**。家长等待孩子主动开始使用某一物品和/或角色进行表演，或使用问题、陈述或暗示来引导孩子开启选定的活动主题（例如，"我们野餐时想吃什么？""我看到有很多食物，可以放在野餐篮里""小熊需要帮助"）。家长继续让孩子主导构建和实施主题，必要时给予鼓励和帮助。当孩子模仿或自发地做出假想动作时，家长跟随孩子的玩法进行点评和模仿。

3. **扩展**。孩子开始主题之后，家长可以加入一些与现实生活中的事件或流程相关的动作。轮到家长的回合时进行动作的说明和示范，每次陈述一个想法（例如，"草地是湿的。我想坐在毯子上吃东西。帮我把毯子放下来吧"，或者"我们需要叉子和餐巾纸来吃东西"），并鼓励或帮助孩子模仿，家长可以单独使用自己的那份物品，也可以与孩子共享。家长继续示范游戏动作，并辅助孩子进行模仿。

4. **结束/过渡**。当孩子的兴趣减退或玩法单一重复，或者场景中没法加入其他新的物品时，就到了结束活动的时机，家长可以让孩子把物品放进盒子或丢进垃圾桶。如果孩子还想继续玩，家长可以指出孩子下一步可以做哪些其他主题的活动，或者让孩子继续练习独立游戏，只要孩子的操作不单一重复即可。

家长可以按照共同活动的步骤演绎任何场景，日常活动（如做三明治、洗澡、刷牙、准备睡觉等），家庭活动，甚至孩子最喜欢的书籍、电视节目或者电影中的情节。这类游戏玩得越多，孩子就越能理解现实生活中的事情。事实上，家长可能会发现，当孩子在游戏中学习和练习这些步骤时，那些对于孩子来说很难做到或不喜欢的日常琐事可能会变得更加容易甚至变得有趣。表演现实生活中的事件也能让孩子为即将经历的新事件做好准备，否则当孩子亲历这些事情时可能会感觉困难重重甚至惊慌失措。当家长引导孩子假装看医生，去牙科诊所、理发，参加生日派对，或者在使用搅拌机等设备制作冰沙时，家长为孩子写好"剧本"，提前告知孩子在接下来会发生什么，以及在一系列事件中应该运用什么技能，表现出哪些行为。家长可以使用这种被称为"铺垫"的策略，让孩子提前熟悉流程，无论这项流程对于孩子来说是新的还是已经经历过的，从而提高孩子的理解能力和参与社会生活的能力，并在特定事件发生时在一定程度上缓解孩子的沮丧和焦虑情绪。通过这种"铺垫"策略让孩子提前了解某些事件的整个流程，并能够与家长或其他家庭成员一起表演出来。

写给导师：当家长想知道该和孩子一起表演什么"剧本"时，你可以和家长一起列出一份孩子在现实生活中已经经历过多次的事件和流程。对于孩子即将首次尝试的活动（看牙医、家庭野餐、生日派对等），用玩偶间的模拟互动来演绎这些角色和经历，这样有助于孩子理解和应对未知的或者充满压力的场景。当家长和孩子熟悉了剧本之后，兄弟姐妹或其他家庭成员也可以在场景中参与角色的扮演。

可以在家长辅导中提出以下备选问题，帮助家长规划本步骤的内容：

- "你和孩子可以表演哪些现实生活中的事件、日常活动或者熟悉的情景？"（引导家长优先选择孩子会喜欢的事件，然后再尝试可能对孩子来说更难的或更有压力的其他事件。）
- "重现这一事件需要哪些物品、道具或角色？"
- "你会如何摆放所需物品，来鼓励孩子开启游戏？"
- "你将如何帮助孩子按照顺序将假扮游戏的动作组合在一起？"（当孩子没有立即想出游戏创意时，引导家长考虑"从少到多"的教学策略，为孩子提供支持。下一个问题也是关于这一点，采用了不同的方式来询问家长。）
- "哪些教学策略可以帮助孩子理解和执行真实事件中的'流程'？"（可行的思路包括参观某个地点，看看那里发生了什么事情；可以制作故事书或用手机/平板拍照，以建立剧本；还可以制作玩偶剧，将事件表演出来。）
- "你会如何回应来强化孩子的参与行为？"

- "当你要和孩子进行假扮游戏，游戏主题是全新的或有压力的事件时，你需要什么材料？"

主题十：帮助孩子发展言语

与家长分享的内容：家长们可能会问，为什么指导课程开展到现在才开始讨论孩子说话的能力。实际上，前面的所有主题也是在为言语发展打基础：注意力、发声、模仿、游戏、通过肢体语言向他人传递信息、共同注意。当孩子具备了所有这些技能，学习说话（表达性语言）和理解他人的话语（接受性语言）就会容易很多。本主题旨在帮助家长通过积极的社交互动策略促进孩子理解和运用言语（包括面部表情、手势和肢体语言）来进行沟通。

写给导师：向家长了解孩子在这些先备技能方面目前的能力水平，尤其在你通过观察发现了问题的时候。你还可以向家长询问孩子在表达性和接受性语言方面的能力情况，了解家长对孩子沟通能力的认知，并与你的观察结果进行比较。

可以在家长辅导中向家长提出以下备选问题：

- "你觉得孩子在这些关键方面的技能水平怎么样？"
- "孩子目前是如何用语言表达自己的意愿的？"
- "在孩子进行沟通的时候，哪些类型的沟通表达对孩子来说相对容易？哪些相对困难？（例如，提要求、评论、肯定、反对、寻求帮助、问候）"
- "你觉得孩子在理解你和其他人的话语方面的能力在什么水平？"
- "在与他人进行沟通的时候，哪些类型的交流对孩子来说更容易理解？哪些相对困难？（例如，提要求、评论、肯定、反对、寻求帮助、问候）"
- "孩子在跟其他人沟通时（包括理解和表达两个方面）的情况怎么样？（其他人包括家长、老师、朋友或者他/第一次见的人等）"

为什么这是个问题？

与家长沟通的内容：现在，家长们已经明白，为什么受 ASD 症状所影响的行为模式会影响儿童的发展。当儿童对他人的社会关注减少或降低时，他们主动发起社交、与他人交往和沟通的能力也会降低，而与他人社会交往的减少意味着儿童在倾听、学习和回应他人语言方面的机会也会减少。家长采取的所有措施都是为了增加孤独症孩子与他人接触的时间，或者减少孩子的问题行为，避免让孩子变得更难以接近。这就是为什么家长需要尽全力创造与孩子面对面互动的机会，跟孩子一起玩玩具或者进行感觉社交游戏，让孩子拥有有意义的体验，而不是将孩子"扔给"声光玩具、电子产品、电脑游戏或者其他让孩子"沉迷"的物品。这也是为什么要让家长同时对自己和孩子的所见所闻进行命名和描述。关键点在于，**孩子是从与他人的互动中进行学习的**，这一点适用于孩子任何技能的教学。而现如今，鉴于家长自己和家庭的工作、生活需求，我们也知道，保证孩子一天到晚的所有时间都充实，这是不可能的，对孩子也不一定有益。家长在教养子女的过程中也需要休息。但是，我们之所以强调要在游戏活动、日常起居或其他家庭常规活动中练习这些策略，就是为了充分利用家长和孩子自然相处的时间。接下来，我们会讨论下一组策略，继续提高儿童使用和理解语言的能力！我们会首先讨论表达性语言（使用语言的能力），然后再讨论接受性语言（理解语言的能力）。

写给导师：帮助家长了解受 ASD 症状所影响的行为（如注意力、社交或沟通方面）与孩子的社交互动和学习方面之间的关系。你可以跟家长进行访谈，了解家长是如何理解这些信息的，哪些常规是孩子可以做到的，哪些是需要继续努力的，以及到目前为止，在孩子的能力方面，家长看到了哪些变化（希望是积极的变化），这些变化如何促进孩子与他人进行社交和学习。同时也要了解家长是如何面对和适应这些变化的。对于与孩子一起实施这些策略时可能会遇到困难的家长，你的诊所或机构是否能够为他们提供相关资源？

你可以在家长辅导中提出以下备选问题：

- "你如何看待这些内容？这些信息有让你想到什么吗？"
- "这些信息对你和家庭成员来说意味着什么？"
- "与我们刚开始家长辅导课程的时候相比，你觉得孩子现在对他人的社会性关注有什么不一样？（例如社交兴趣、主动性、响应性、参与度）"
- "孩子的社交注意力有什么变化？哪些因素促成了这些变化？"
- "在为孩子做这些事情的过程中，你察觉到自己发生了哪些变化（例如，自己的行为、习惯、生活方式、教养方式等）？你是如何适应这些变化的？"

家长可以做些什么来培养孩子的表达性语言能力？

与家长分享的内容：我们将深入探讨各种策略，在亲子互动中，通过模拟动物、汽车、火车的声音或发出其他有趣的声音来诱导孩子发声。培养孩子的这些技能为其言语能力的发展奠定了基础。

写给导师：家长可以举例说明孩子已经发出的有趣的声音或其他声音。

可以在家长辅导中提出以下备选问题：

- "哪些发音对孩子来说相对容易？"
- "哪些活动能诱导孩子发出声音？"

步骤1：增加孩子的声音词汇量/发声种类

与家长分享的内容：所有孩子都会先发出元音，例如"ah""oh"和"ee"，然后才是辅音—元音的组合，例如"ba""da"或"ma"。我们希望孤独症儿童能发出各类不同的元音，并在家长和其他人发出类似声音时能经常跟随发声。家长首先要把孩子发出的任何声音都当作语言表达来回应。家长可以回答、模仿或者以孩子的口吻说一些话。当孩子发出声音时，家长也可以走过去，模拟孩子的声音。当孩子发声时，家长也发声，轮流发声就变成了一次小型对话，这个过程可以教孩子如何控制自己的声音。如果孩子停止发声也没关系，不一定是出了什么问题，也并不意味着孩子不再发声，孩子可能是想做其他事情了。

写给导师： 其他的步骤旨在帮助家长设计发声游戏，鼓励儿童发出声音，而步骤1则提醒家长注意自己在孩子面前所处的位置，并（通过上述策略之一）对孩子的声音做出及时的回应。在日常生活中，任何能激发和引导孩子发声的共同活动都可以用来进行这些练习。有些家长习惯记录孩子所发出的声音，以便跟踪孩子的发展和进步。如果家长想要记录，你可以给家长一些建议并提供记录模版。

你可以提出以下备选问题，帮助家长规划本步骤的内容（前两个问题与上一节重复）：

- "哪些发音对孩子来说相对容易？"
- "哪些活动能诱导孩子发出声音？"
- "在孩子发音时，你会如何回应来鼓励他/她重复这些声音？"

步骤2：根据孩子的发声设计游戏

与家长分享的内容： 当家长和孩子能够一来一回地发声时，家长就可以开启发声游戏了。首先家长要与孩子面对面，例如坐在吃饭时的高脚椅上、在换尿布的桌子上，或者让孩子坐在家长腿上面对着家长、靠在桌子旁边、躺在床上、躺在地板上或其他姿势，帮助孩子保持良好的注意力。家长看着孩子，发出孩子能够发出的声音，然后满怀期待地等着孩子模仿这个声音。当孩子仿音时，家长也用同样的声音来回应，与孩子进行对话。当孩子发出的声音与家长发出的声音不同时，家长可以再重复一遍原来的声音（而不是孩子发出的声音），用声音回应来肯定孩子的努力，同时也给到孩子更多的机会尝试新的声音。孩子没有发出任何声音也没关系。有时候，孩子需要不止一次地听到（或看到）某些东西才能学会，而家长每次示范发音时，孩子仍然在倾听和思考。家长需要坚持下去，可以改变自己的音调、音色或语速，用歌曲或道具（例如玩具麦克风或卷纸芯）来夸大自己的声音，还可以尝试嘴部动作游戏，例如轻拍孩子的嘴或者用手指轻触/划过孩子的嘴唇，看看这样是否能诱导孩子发出声音。家长带孩子进行这些发声游戏的练习，轮流充当主导者（由家长先发声，注意要发出孩子已经学会的声音）和跟随者（孩子先发出声音，然后家长模仿其声音）的角色。家长和孩子轮流作为先发出声音的说话者和对他人的声音做出反应的倾听者，从而教会孩子如何开启、回应和维持对话。这是孩子向说话迈出的一大步！

写给导师：关注亲子互动的具体情况，提供实用的建议，了解家长是如何进行这一步骤的练习的。如上一步所述，有的家长喜欢记录孩子发出的声音，以跟踪他们的发展和进步情况。如果家长在上一步骤中已经开始记录了，可以请家长分享数据单，来帮助决定目前哪些发音适合家长和孩子一起练习。随着练习的深入，家长可以在发音清单中增加新的发音，那些家长示范了一次之后，孩子就能重复的发音，也可以从清单上划掉。看着清单上的声音越来越多，并对孩子主动发出的声音和家长示范后的模仿发音进行区分，这些对于所有家庭成员来说都是莫大的鼓励。

你可以提出以下备选问题，帮助家长规划本步骤的内容（前两个问题与上一节重复）：

- "让我们从孩子已经能自主发出的声音开始。可以尝试哪些发音？可以在哪些活动中鼓励孩子做出回应（或模仿这些发音）？"
- "你可以如何回应孩子的发音，来鼓励他/她再次重复这些声音？"
- "我们讨论过的策略中，有哪些可以用来鼓励孩子对你的发音进行回应，尤其在孩子很少进行回应的时候？"

步骤3：增加倾听和回应他人声音的机会

与家长分享的内容：家长在游戏和其他例行活动中加入有趣的声音、歌曲或顺口溜，可以增加孩子在听到声音时做出回应的机会。具体建议如下：

- 发出与假扮游戏中使用的玩具、道具有关的声音，如烘焙游戏中"计时器"响起时发出"叮"的声音，假装接电话时发出"叮铃铃"的铃声，假装洗东西或熨烫衣物时发出"嘶嘶嘶"的声音。
- 在使用玩具、图画书、歌曲、拼图或其他相关物品时，发出动物或交通工具的声音。
- 在换尿布、吃饭、洗澡或穿衣服等日常活动中，发出孩子可能会觉得有趣的搞怪的声音:"啧啧啧"或抿嘴唇的声音等。

- 为感觉社交游戏中有趣的动作配上有节奏的声音,例如当孩子荡秋千或者蹦蹦跳跳时发出"wee""ooo"的声音,或者当孩子在玩"围着玫瑰绕圈"(Ring-Around-the-Rosy)或其他动作游戏中摔倒时发出"uh oh"的声音。
- 可以加上"一、二、三!"或者"预备,开始!"等句式和短语,提示孩子可以期待一下感觉社交游戏中有趣的动作。

跟上一步的操作类似,家长要在孩子对面的位置,发出每一个声音,然后耐心地等待孩子模仿或发出声音。此外,家长还要同步观察孩子的反应(回想有关肢体语言的内容),多重复那些能让孩子微笑、抬头看向家长或表现出明显兴趣和关注的声音。无论孩子是否做出反应,家长都要再次在发出声音的同时做相关的动作(例如,说"叮"的同时假装打开烤箱;或者模仿熊的声音"啊呜",同时把小熊的拼图块放进拼板)。多次听到的声音,以及相伴而来的可预测的有趣动作,都可以鼓励孩子开口发音,也有助于孩子积累越来越多的声音语料,更好地理解这些声音的社会性含义。

写给导师:我们希望孩子反复练习本步骤及其他两个步骤,来提高发音技巧,为开口说话打下基础。家长也需要在这些步骤中帮助孩子发展先备技能,在孩子语言发展的第一阶段提供充分的支持:巩固孩子的已有发声,在不同的语境中发展新的声音和词语,以及帮助孩子在社会性活动和互动中扩展发音。在家长辅导课程中,按照这些步骤衡量孩子语言表达的进展。我们强烈建议家长与孩子的言语治疗师分享孩子的语言表达目标及其进展数据,或者由你在家长授权的情况下进行分享。虽然孩子可能无法完全达到你制定的语言表达目标,但我们在步骤 1~3 上分配了大量的辅导课程时间,孩子应该能够在语言表达目标的各个阶段取得一定的进步。如果在连续三次以上的辅导课程中,孩子在语言表达目标方面没有任何进展,或者在现有教学策略之外需要更多教学建议和资源时,建议言语治疗师介入干预,观察家长与孩子的互动,给出专业反馈和建议。

可以提出以下备选问题，帮助家长规划本步骤的内容：

- "孩子经常发出哪些声音？"（询问元音和辅音的发音情况，以便全面了解孩子的能力水平。）
- "在你先发出声音时，我们讨论过的哪些策略可以用来辅助孩子重复、模仿你的发音？"（例如，身体姿势和所处的位置、使用更能吸引孩子注意力和兴趣的声音、夸张或突出声音的方法、给孩子足够的时间去倾听和尝试发音。）
- "如果孩子只是看着你做手势，但没有发出声音，你应该做些什么来保持孩子的兴趣？"（请牢记区别强化的策略，以帮助家长预演这种可能出现的情况——家长只提供孩子想要的部分物品或动作而非全部，即部分强化，以肯定孩子的努力尝试，从而避免削弱孩子回应的动机。充分强化则是针对孩子更好的表现：在这个例子中，更好的表现就是发出目标音。举例来说，在部分强化中，给孩子的零食数量或分量可以少一些，孩子玩玩具或物品的时间可以短一些，或者家长回应时的情绪可以稍弱一些。）

步骤4：与孩子交谈会促进其语言的发展

与家长分享的内容： 家长与孩子交谈的方式会直接影响孩子的语言发展。这就是为什么辅导策略中会鼓励家长多与孩子面对面交谈，用简单的语言描述自己和孩子所做、所见、所经历的事情以及相关物品和动作。如果家长每次跟孩子说话都是在发指令或者纠正孩子的行为，就会限制孩子学习语言的机会；而如果在一天之中，家长都在与孩子进行交谈，就能帮助孩子积累更多的词汇。家长保持与孩子多说话的最简单的方法，就是跟随孩子的注意力描述孩子的动作和物品。家长可能还记得之前的家长辅导中提到过这一策略，即如何通过谈论孩子喜欢什么和做了什么来吸引他们的注意力和兴趣。而家长使用语言描述孩子看什么、玩什么、触摸什么或者用什么，也有助于孩子将家长的语言与自己正在关注和思考的物品/行为联系起来。这样，孩子能了解词语的含义，就更有可能自己说出这些词语。家长可以列一个简单的词汇表，列出他们希望孩子学会的单词，然后经常使用这些单词,让孩子有足够的机会进行接触和练习,从而学会这些单词。记住,对所有东西进行命名——孩子接触的物品和动作;孩子喜欢的感觉社交游戏;孩子想要的食物、饮料、玩具和玩伴。对于初学语言的孩子,家长可能想把重点放在颜色、数数、形状名称或字母上。随着孩子对物品和动作名称的掌握以及词汇量的增长,这些更高层次的概念会逐渐出现。目前,在语言的初学阶段,应该侧重物品和动作名称的学习,为后续的学习打下基础。另一个需要考虑的因素是家长在对孩子说话时语言的复杂程度。一般来说,家长的语言比孩子的语言稍微复杂一些就好。这样的语言既清晰明了,又能切中要害(帮助孩子了解词语的含义),同时还能描述事物(帮助孩子增加词汇量)。对于还不会说话或刚刚开始使用单词的孩子,家长的语言要非常简短,用一到两个字的短语来概括孩子的动作,描述物品。对于使用两到三个单词短语的孩子,家长的语言可以增加到四到五个单词的长度。

写给导师:基于孩子目前的语言水平,列出家长可以与孩子一起使用的语言范例。准备好短语、注意事项和亲子故事的内容,思考如何与家长一起实现这一目标。如果家长在之前的步骤中已经列出了孩子的发音表,那么可以根据孩子的实际情况进行调整扩充。

家长可能还需要练习和接受导师的反馈,避免使用超过孩子语言水平太多的词语,避免过度关注物品的物理或认知属性,做到更多的关注物品和动作的名称。通过清单、图表或一些可视化的模板,帮助家长全面认识孩子在这一步骤和之前步骤中的语言发展情况,避开误区,并坚持执行逐字扩展的(one-word-up)原则:家长说话时只需要在孩子表达的基础上增加一个字/词。如果针对这个概念进行说明能帮助家长记住要做什么和如何做,可以按需进行说明。

理想情况下,我们希望家长在进入下一步之前,能够帮助孩子在以下三个方面取得明显进步:(1)发声从无到有;(2)发展出更多的声音或词语;(3)在发音游戏中与家长和其他人轮流发出声音或词语,建立对话的框架基础。

可以选择性地提出以下问题,帮助家长规划这一步骤的内容(前两个问题与上一节重复）：

- "让我们先了解一下孩子的语言水平，以便知道我们应该用多长的词／短语跟孩子说话。孩子经常说的声音或单词有哪些？"（对于还不会说单词的孩子，询问元音和辅音的情况，以便全面了解孩子的发音水平，并且计算的时候只将孩子自发说出的单词包括在内，方便实行逐字扩展的策略。）
- "当你和孩子一起活动时，可以和孩子谈些什么？（鼓励家长与孩子一起参加非游戏活动，以便进行更加多元化的练习。下面的问题是针对那些没有遵循"逐字扩展"原则的家长提出的，换了种问法。）
- "在你和孩子一起进行的活动中，可以对哪些物品和动作进行命名？"（鼓励家长与孩子一起参加非游戏活动，以进行更加多样化的练习。）

步骤5：为手势配上声音

与家长分享的内容：对于能够在与家长和他人的来回"对话"中使用声音或语言的孩子来说，下一步就是在声音或语言中加入手势。家长可以通过眼神交流、手势、面部表情和肢体动作等方式，培养孩子用肢体语言交流的能力。现在是给这些手势配上声音的时候了。跟其他技能的教学一样，家长要进行示范或告诉孩子如何将声音、单词或类似单词的声音（我们称之为"单词近似音"，它们也算有效表达）与手势结合起来。家长需要遵循以下三个步骤：

1. 家长选择孩子经常使用的手势和声音、单词或单词近似音，并将两者结合起来进行示范。对于只能发出声音（而不是单词或近似词）的孩子，家长可以考虑将单词近似音作为目标，比如"啊"表示那个、猫或球；"da"表示爸爸或向下（也可以代指那个）。对于会说单词或近似词的孩子，家长可遵循逐字扩展的原则，将简单的单词与手势进行配对。

　　孩子知道如何伸手或用手指物，来向妈妈表示他想要什么。由于孩子伸手和用手指的频率相当，妈妈认为这两种手势都可以使用。接下来，当妈妈向孩子示范这两种手势时，会思考孩子目前已经在使用的声音或词语中有哪些可以用来跟手势搭配使用。目前，孩子只会发出声音，还不会说词语或近似词。妈妈翻看孩子的发音清单,发现"啊"是他经常发的一个音,于是她决定在儿子伸手或指向他想要的东西时,将这个发音与单词"那个"搭配起来。下次儿子伸手去拿妈妈手里的东西时,妈妈就问儿子:"那个?你想要那个吗?"然后停顿一下,让他说"啊""那个"或其他孩子尝试说出的词。如果孩子没有反应,妈妈就再试一次:"你想要那个吗?"并把词语"那个"突出强调,让儿子更多地注意到这个词。孩子看着妈妈,一声不吭地伸手去拿东西。妈妈没有阻止儿子使用肢体语言——用眼神交流和伸手来告诉妈妈他想要什么,而是把东西给了他,同时重复说一遍:"那个。你想要那个。"虽然妈妈希望儿子能发音甚至说出单词,但她知道,每次孩子伸手或指着他想要的东西时,她就有机会来示范和让孩子练习。而且,妈妈希望儿子能感受到鼓励,并继续通过声音、眼神、手势或其他肢体语言向她提要求。当儿子学会在伸手或指东西时加上声音或词语时,妈妈必须尽快把儿子要的东西给他,让儿子明白:他的声音和手势让他得到了想要的东西。

2. 家长为孩子的手势或动作添加声音或简单的词语。我们之前提到过这个策略,即家长发出与玩具、社交游戏、书籍或歌曲有关的声音,例如动物叫声、交通工具的声音或其他好玩的声音。其他例子还包括:当孩子推开不想要的东西时,家长会说"不要,不要";当孩子不小心掉了东西时,家长会说"啊哦";当孩子拍打或撞击物体和玩具时,家长会说"咚";当孩子在玩躲猫猫游戏时,家长会说"嘘";当孩子挥手时,家长会根据具体情况说"hi"或"拜拜";当孩子拿起或指着感兴趣的东西时,家长会说"哇"。家长可根据上述建议,选择一个声音或某个单词与孩子的手势进行搭配,然后示范声音/单词和手势,让孩子尝试模仿。当孩子模仿时,家长可以继续示范声音/单词和手势,让互动继续下去。当孩子没有模仿时,家长可以鼓励孩子模仿他们的声音或词语,或者让孩子使用其他肢体语言来"说话",并创造下一个互动机会,再次尝试这种组合。让我们回到上一个例子中的母子俩,看看他们是如何进行这一步骤的。

孩子最喜欢从沙发后面跑出来,跑到妈妈的怀里。妈妈会抱他,给他挠痒痒。妈妈在做儿子喜欢的动作之前，会考虑当他跑出来时，自己可以说什么声音或词语。她本想选择"嘘"，但又想把这个音保留给"躲猫猫"，于是妈妈决定选择另一个词来做这个游戏，这样儿子可以接触到不止一个词。在查看孩子的声音和单词表时，她发现孩子会说"哈"，于是决定让儿子模仿这个声音。孩子从沙发后面跑出来，妈妈一边说"哈"，一边把他抱在怀里。孩子高兴得又笑又叫，他们又这样继续了几轮，孩子反复听到妈妈的声音，这些声音与妈妈做的、他喜欢的动作有关。第四次，妈妈改变了姿势，不再是坐着，而是跪在地上，这样孩子就不能直接跑出来坐到她的腿上。这一次，妈妈伸出双臂说"哈"，但要等孩子模仿之后再把他抱在怀里。孩子没有反应，于是妈妈又说了一遍"哈"，再次等待。孩子继续看着她，边扭动身体边发出轻微的声音，虽然还不是"哈"。但是妈妈发现孩子有在尝试发出声音，于是妈妈一边说"哈"，一边把儿子抱起来，来肯定他的努力。妈妈和孩子继续玩这个游戏，孩子也发出了更多的"哈"声。

3. 本步骤适用于能够用手势和声音（暂不能使用词语）来回应家长的孩子。当孩子发出声音、做出手势时，家长在递给孩子所要求的物品或做出孩子要求的动作时，加上一个有实际意义的单词。记住，单词必须简洁——想想单个的名词或动词——而且最好包含一些孩子在与家长的游戏或日常活动中已经能够发出和模仿的声音。我们回到之前例子中的母子俩。

  洗澡时间，孩子在想要洗澡玩具时说"dah"。妈妈照例回答："那个？"然后，她一边把洗澡玩具递给孩子，一边说出它们的名称："鸭子、鲸鱼、鱼。"为了让儿子听清鸭子的"ya"、鲸鱼的"jing"和鱼的"yu"，妈妈认真地把每个词的第一个辅音清晰地表达出来。由于这是孩子第一次听到妈妈给他的洗澡玩具起名字，妈妈暂时就停留在这个任务上就好，不用担心儿子是否会模仿这些新词。妈妈一个一个地举起玩具，并在儿子说"dah"之前和之后，指着每一个玩具问妈妈要的时候，说出名称让儿子听到。妈妈希望在他们重复几次这个新的流程之后，儿子能开始自己说出一些单词，儿子也能全神贯注，从而更好地理解妈妈说的那些词。

写给导师： 在进入下一步"培养孩子的接受性语言能力"之前，家长和孩子应继续进行一些声音模仿游戏，让孩子尝试模仿各种声音，以提高说单词的能力。指导家长接受孩子模仿的所有声音，在教学的过程中支持家长管理好预期，对孩子学习发声的过程保持耐心。从元音或辅音—元音组合到说出完整的单词可能是一段漫长的旅程，但所有孩子学习说话都会经过这样的过程。孩子学习自己能说的内容，随着练习的增多和时间的推移，孩子对嘴部肌肉的控制能力增强、能更好地分辨出声音的差异、发音会更加准确、与发声相关的肌肉和器官进一步发育，这些都能帮助孩子改善表达的清晰度，说出真正的单词。而且，孤独症儿童遵循与普通儿童相同的发展路径来获得能力方面的发展，这本身就是件振奋人心的消息！

可以提出以下备选辅导问题，帮助家长规划本步骤内容：

- "在游戏和非游戏活动中，你是如何与孩子交谈的？"
- "你应该用什么程度的语言和孩子说话？记住，我们要在孩子目前的表达水平基础上多用一到两个词。"
- "在讲述你和孩子一起做的事情时，你会让自己处于什么样的位置，方便与孩子互动？"
- "和孩子一起活动时，你会怎样让孩子关注到你做了什么、听到你说了什么，而不仅仅只是关注自己？"
- "你可以为孩子的手势添加哪些简单的声音？"（帮助家长选择他们知道孩子可以模仿的声音。）
- "如何鼓励孩子模仿你的声音？"
- "当孩子用手势模仿或发出声音时，你可以说哪些简单的词语来回应？"（帮助家长使用名词和动词的逐字扩展规则。）
- "如何鼓励孩子模仿你说话/说出词语？"

家长如何帮助孩子理解他人的语言？

与家长分享的内容：孤独症儿童在语言方面的一大挑战是很难理解其他人的语言表达。有些孩子表现出来的理解能力可能比实际能力要强，因为他们会用其他技能来弥补语言上的不足，例如环顾房间，或集中观察某一特定物品或线索，从而根据自己以往的经验来猜测接下来会发生什么（例如，家长给孩子拿来鞋袜或拿出车钥匙，这些都是提示孩子即将出门的线索，孩子并不一定理解家长说的"我们去商店吧"或"该上车了"）。有些时候，孤独症孩子似乎对一切都视而不见，无论是语言表达还是环境线索。家长可以练习本书中介绍的所有语言策略——在物品上贴标签，在与孩子的共同活动中做动作，使用简单的发音和词语，并进行大量的语言示范。然而，孤独症孩子似乎仍然"听不到"家长的话。他们可能无法完全理解倾听别人说话的重要性，也意识不到自己应该对别人的话做出恰当回应。但家长仍然可以教孩子倾听和回应，有两个点是非常乐观的。第一个点是，本章前面介绍的步骤可以培养孩子的语言表达能力，使用这些策略也可以培养孩子的接受性语言的能力，即倾听、理解和回应别人说话的能力。家长在这些技巧方面的练习越多，就越能帮助孩子理解语言的重要性——孩子需要倾听和注意别人所说的话，当别人对他们说话时，他们应该做出回应——从而为发展这两方面的技能打下基础。第二个点跟下一个步骤相关，即侧重帮助孩子理解和回应他人的语言。

写给导师：家长可能想谈谈自己的感想，分享他们对孤独症的理解和过往与孩子相处的经验，以及对他们的影响。如果邀请家长讲述自己的故事可以加深他们对孤独症的理解，当然可以多邀请家长进行分享。

可以向家长提出以下辅导问题：

- "当我们谈论孤独症时，你想到了什么？"
- "你对孤独症的影响了解多少？有什么疑问？"
- "你对这个话题有其他的疑问或者担忧吗？"

步骤1：期待回应，然后得到回应

与家长分享的内容：当孤独症儿童对于我们的话完全没有反应时，我们有时候可能会不知所措。这会成为一个问题，原因有二。随着时间的推移，我们可能就不再期待孩子会做出回应了。而因为没有了期待，孩子也就无法懂得说话的重要性。因此，保持对孩子回应的期待并且采取后续行动至关重要。而要做到这一点，就需要回到家长已经在使用的教育策略上来。首先，我们需要引起孩子的注意（想一想这些操作：与孩子面对面，消除或控制干扰因素，在教学中考虑到孩子的喜好或兴趣），然后给出简单的指令，稍做停顿，等待孩子的回应。如果孩子没有回应，家长就会迅速提示孩子进行回应，然后在孩子做出理想行为之后给予积极的后果。家长一直在练习的"轮流"就是很好的例子。家长通过轮流来教授孩子目标行为（例如，翻转玩具，观察并尝试新的游戏想法）。最开始时，家长会等孩子自己尝试做某个动作，或者按照从最少到最多的原则来辅助孩子做某个动作。家长在孩子按照要求完成了之后，再给到孩子想要的结果。（例如，家长把孩子递过来的玩具修好或给出新的玩法，孩子可能想要扩展新的玩法或回到之前的主题内容。）家长温和、简要地提出要求、想法或指示，保持一定的频率提要求，让孩子对家长的话语保持关注、了解话语的含义，从而做出反应。

写给导师：指导家长思考可以在现有的游戏和其他日常活动中加入哪些类型的要求或指令，以及可能需要哪些从最少到最多的提示来帮助孩子做出回应。这一步是个例外，当情境中需要孩子更快地反应时，家长可能需要进行肢体辅助，而不是口语或手势提示。但我们仍然需要遵循肢体辅助的实施原则，在教授新技能时，家长需要根据情况尽快淡化肢体辅助，以支持孩子独立性的发展。

可以选择性地提出以下辅导问题，帮助家长规划本步骤的内容：

- "你可以在这项活动中加入哪些要求或指令？"
- "你会如何支持孩子完成要求或指令？"（下句是另一种提问方式）
- "我们讨论过的哪些策略可以帮助孩子回应你的要求或指令？"
- "在本步骤中，如果你不对孩子使用肢体辅助，你认为会发生什么？"

- "在家里的环境中，你还可以给到孩子哪些要求或指示？"

步骤2：留意孩子的自然强化物，并确保使用这些强化物来回应孩子

与家长分享内容：当家长选择的强化物与孩子自己的目标和动机相一致时，孩子就更有可能做出回应，并再次重复。如果孩子出现目标行为之后没有强化物，或者强化物对孩子来说并不重要，那么孩子反应的概率就会降低，也不太可能会再次做出同样的反应。这一概念可以追溯到"ABC"的内容，即只有当行为之后有紧跟着强化物或好的体验时（如喜欢的物品、动作或活动），学习才会发生。我们来重温一遍ABCs，即家长向孩子提出要求或指令（前提），等待孩子做出反应或进行提示（行为），并尽可能使用与孩子的行为相关的强化物（结果）来强化孩子的行为。下面是一些实例。

家长说：

- "坐下"，孩子就坐下来，开始充满乐趣的游戏活动。
- "打开"，孩子拿掉盒子的盖子，开始吃麦片。
- "过来"，孩子走向家长，让家长抱自己起来。
- "把我的眼镜给我"，孩子把眼镜递给爸爸，让他戴在脸上。
- "让我看看你的肚子"，孩子摸摸自己的肚子，让妈妈给他挠痒痒。

但是，如果很难想到某种强化物与家长希望孩子做的事情有关，或者很难找到孩子很喜欢的东西，那我们该怎么办呢？当家长发现将新技能与孩子的兴趣/喜好结合起来并不理想时，可以尝试"首先/然后"原则（也称为"普雷马克原则"），来帮助孩子学会接受任务要求并配合执行指令。使用这一原则的时候，家长要想一想孩子在完成要求/指令后会得到什么奖励，然后再让孩子去体验。我们来看几个例子。

家长说：

- "先穿袜子和鞋子，然后再去外面。"
- "先洗手，再喝果汁。"
- "先收拾干净，再吹泡泡。"

写给导师： 指导家长思考希望孩子遵守的要求/指令，以及孩子配合要求/指令后可以得到的自然强化物有哪些，如果强化物不是内在的，那就是他们喜欢的具体东西。家长可能会提出这样的问题：为什么我们要求孩子做事情的时候，必须强化或"奖励"孩子呢？家长可能会认为这个原则与自己的育儿理念、文化、宗教信仰或其他原则相冲突。家长也可能会认为，孩子已经学习了这么久，具备了一定的技能，不再需要大量或者高强度的强化来刺激他们遵循要求或指令了。无论面临的问题是什么，重要的点在于要提出问题，倾听家长的观点，并找到家长想法的共同点，因为强化和奖励就是孩子的学习方式，也是成年人的工作方式（例如，我们上班是为了谋生；我们计划当晚吃甜点；我们完成了学期论文，然后奖励自己去足部按摩！）。强化或奖励存在于我们每个人的生活之中，为了得到强化而做事情，并不妨碍我们做事情的初心，也不会影响我们努力的价值。

当家长选定了要求/指令和相应的强化物之后，跟上一步一样，家长要使用从最少到最多的辅助策略来帮助孩子做出回应。当需要孩子更快地做出反应时，家长需要更早地使用肢体辅助，不再局限于口语和手势提示。在进入下一步之前，家长要在游戏和非游戏活动中都进行相关的练习。

你可以提出以下辅导问题，帮助家长规划本步骤的内容（除了两个跟强化相关的问题外，其他问题都与上一步骤重复）：

- "在这项活动中，孩子可以完成哪些要求或指令？"
- "什么强化物能促使孩子完成要求或指令？"
- "在孩子完成了要求或指令（相对不太喜欢的）之后，可以得到什么喜欢的东西？"
- "你会如何支持/帮助孩子完成要求或指令？"（下面是另一种提问方式）
- "我们讨论过的哪些策略可以帮助孩子回应你的要求或指令？"
- "在本步骤中如果不对孩子使用肢体辅助，你认为会发生什么？"
- "在家里的环境中，你还可以给到孩子哪些要求或指示？"

步骤 3：少发指令，落实到位

与家长分享的内容：家长要坚持不懈地帮助孩子回应他们的指令、提问、想法、评论或其他对话，让孩子懂得语言是有意义的。同时，家长也要承担相应的责任：随时准备好兑现自己所说的话，给予相应的后果，确保孩子的积极性，维持孩子对家长的期望和信任。如果当下家长很忙，或者孩子遇到了困难，或者存在其他干扰因素，家长可能会延后提出要求，或者在提出要求时更加审慎。例如，指令可以集中在家长知道孩子明确能做的或者能学会的动作上面：坐、站、给一件东西、展示东西放在哪里、被叫名字时走过来、看向别人展示的东西、穿上衣物、脱下衣物，或把东西拿下来、放进去或放在某物上面。家长提出要求，等待孩子的回应；如果孩子没有回应，家长就辅助孩子完成，并尽快淡出对孩子的辅助，让孩子能够独立完成动作。少一些指令，多一些行动，而不是反其道而行之，这样才能帮助孩子理解家长和他人的语言。

写给导师：使用表 7.4（家长行动计划），与家长一起选择游戏活动或其他日常活动，以及孩子在这些互动中可以得到的提要求或其他接受性语言的学习机会。家长还可以让孩子用不同的方式进行回应，在孩子做出反应之后进行多样性的强化，并在孩子独立做出反应时进行跟进。当有必要采取后续行动时，模板最后一栏列出的策略反映了从最少到最多的提示过程，提醒家长如何确保孩子做出回应，同时促进孩子独立完成尽可能多的行为。模板的前两栏是互动示例，旨在启发思路，我们鼓励家长跟孩子进行更多的提要求练习（而不是比表格中的更少），并进行后续跟进。

表 7.4　家长行动计划

活动 / 流程	家长的要求	孩子的反应	强化物	家长后续跟进
土豆先生	—给我鼻子。 —把帽子戴上。 —他的眼镜在哪里？ —我这里有耳环，可以戴在她耳朵上面。	孩子执行动作指令（例如，给，戴上，拿起来，用手指，看向目标物品），并且获得强化物。	孩子参与轮流（例如，碰一碰或者指一指玩具部件应该放在哪里，或者直接帮家长放进去），然后得到下一个部件，或者选择下一步做什么。	家长示范提要求，重复操作，打手势（例如，伸出一只手提示孩子递给自己零件，或者耸肩提示孩子看向零件），将零件移近一点或者放在孩子手里，提示孩子做出反应，或者肢体辅助孩子做出反应。
就餐时间	—拿出餐垫放在桌上*。 —打开抽屉拿一张餐巾纸出来。 —你想要叉子还是勺子？ —杯子放在哪里？ —打开水果罐子。 —金鱼饼干是想放在碗里还是盘子里？ —给妹妹一张餐巾纸。 —我也想吃一口。 —看！我要咬一大口胡萝卜。 —把你的餐巾纸扔进垃圾桶。 —把你的杯子拿到柜台上。 —把你的碗放进水池里。 —帮我擦桌子。	孩子执行动作指令（例如，拿出来，打开，选择，给，观察家长的行为），然后得到强化物。	孩子得到自己喜欢的食物或饮料。	每次由家长开启提要求练习，并在必要时提供辅助。辅助需要逐步撤出，给到孩子当前需要的辅助就好。在转换到手势提示、半肢体辅助或者全肢体辅助之前，家长重复要求的次数不超过两次。

*如有需要，多步骤指令可以分成多个单独的指令发出，让孩子执行。

来源：*Coaching Parents of Young Children with Autism: Promoting Connection, Communication, and Learning* by Sally J. Rogers, Laurie A. Vismara, and Geraldine Dawson. Copyright © 2021 The Guilford Press. 购买本书的读者可以复印用于个人工作和学习（详见版权页说明）。读者可下载本表格的高清版。

（续表）

活动/流程	家长的要求	孩子的反应	强化物	家长后续跟进

你可以提出以下备选的辅导问题,帮助家长规划本步骤的内容(其中一些问题与上一步骤重复):

- "你可以指导孩子做哪些游戏和日程活动?"(当家长选择了某项活动或常规之后,提出下一个问题。)
- "在这项活动中,孩子自己可以提出什么要求或指令?"
- "哪些强化物会促使孩子接受这些要求或指令?"
- "在孩子完成了(相对不太喜欢的)要求或指令之后,可以得到什么他喜欢的东西?"
- "你会如何支持/帮助孩子完成要求或指令?"(下面是另一种提问方式。)
- "我们讨论过的哪些策略可以帮助孩子回应你的要求或指令?"
- "如果在本步骤中不对孩子使用肢体辅助,你认为会发生什么?"
- "在家中,你还可以给到孩子哪些要求或指示?"

步骤 4:教孩子理解全新的词语和指令

与家长分享的内容:到目前为止,家长的指令都是让孩子做力所能及的事情。随着孩子技能的发展,家长会逐渐添加新的指令,包括他们希望孩子在活动或常规中学习的其他技能。例如,妈妈希望儿子把外套挂起来或放在大厅的凳子上,因为儿子现在知道如何自己脱外套了。在给孩子下达指令并帮助他们完成时,家长也要遵循同样的教学过程。

教学过程

1. 家长选择一项游戏或非游戏的活动,并在活动范围内给孩子相关的指令。
2. 家长找到孩子喜欢的、与孩子行为相关的强化物或积极正向的后果(在条件允许的情况下)。
3. 家长向孩子发出指令,等待他们做出反应,如果没有反应,则辅助孩子完成。
4. 家长针对孩子遵从指令的行为给出强化物。

写给导师:家长可能会使用表 7.4(家长行动计划),并在其中加入对孩子的其他要求。有些指令可能包括两个步骤（例如，"把玩具捡起来放在那里"或"把餐巾扔到垃圾桶里，然后把碗放到水槽里"）。对于多步骤指令，除了跟家长确定口头指令的具体用语之外，还要与家长一起列出相关的步骤和辅助方式，以便家长向孩子更好地展示技能的操作。

在对家长进行最后一次辅导课程之前，应与家长进行讨论，并制定后续计划，让家长知道如何根据你帮助他们制定的策略和技能，继续自我监督，辅助孩子学习。

可以提出以下备选的辅导问题，帮助家长规划本步骤的内容：

- "在这项活动中，孩子还能完成哪些要求或指令？"
- "在这项活动中，孩子还可以完成哪些连续的指令，比如把东西捡起来放到某个地方，或者捡起来拿给你？"
- "你还希望孩子掌握哪些技能？"（当家长提出一项技能时，就问下一个问题。）
- "孩子学习这项技能的步骤是什么样的？"
- "第一步和最后一步相比较，哪一步更容易教孩子去做？"
- "除了口头提示之外，你还可以使用什么辅助来教孩子做这一步？"
- "孩子的哪些表现能显示出他/她正在学习如何独立完成该步骤，而你可以逐渐撤除辅助了？"

结语

总的来说，与本书其他章节相比，本章内容更具"技术性"，更"硬核"，我们之所以这样写，是应许多来自一线以及参加我们工作坊的导师的要求。许多有经验的导师已经具备了给家长说明各种技巧的技能，也有了自己特定的教学方式。然而，我们考虑到的是那些在公共早期干预项目中工作的专业人士，以及那些希望将自己的技能和知识传授给旁人，从而帮助家长们将干预措施融入日常生活中去的通才。从直接提供干预转变为以家长指导为重点的干预，需要干预者在干预过程中不断地做出适当的调整。本章旨在为干预者提供家长辅导的主题和教学范式，我们发现这些主题和范式对于将干预的理论基础传递给家长非常有帮助。我们也相信，在参考本章内容进行家长辅导的过程中，干预者会与自身和家长的个人风格和沟通方式，以及与不同家庭的具体情况和互动风格相结合。

我们认识到，这些主题的重点是解决有孤独症或有孤独症风险的儿童在游戏、社交和互动方面的发展问题，而这些仅代表了这些儿童中的普遍受到影响的几个发展领域，是比较有限的。然而，这些领域是早期孤独症干预中最容易受到影响和发展延迟的领域，这些领域的发展情况也最能预示未来的干预效果。关注这些领域并不意味着放弃其他的领域，在加强这些领域发展的同时不能排斥在辅导干预目标中纳入个别儿童所需要的其他任何目标。但本章提到的领域是所有孤独症早期干预和自然发展干预中的核心部分，也是必须解决的问题。

第八章
家长辅导中的变化与调整

到目前为止，我们一直在描述这样的情景：导师与家庭建立了一种结构性的、有效的辅导关系，通过这种关系，家长和儿童双方都朝着目标共同努力，并取得了良好的进展。然而，这种典型的情景并没有完整地体现出导师与孤独症儿童及其家庭合作的过程中所出现的日复一日、周复一周的变化，或干预人员自己日常工作及生活中的变化。正如读者所感受到的，主题与变化、前进与停滞、奖励与挫折、欣喜和失望——都是这一工作中不可或缺的部分。我们要根据家庭分享的内容或实际观察到的情况，当下不得不迅速反应，重新制定和调整已有的辅导课程计划（哪怕是经过深思熟虑的），这种情况很常见。因此，导师常常得放弃自认为很好的干预思路，因为家人会断然拒绝（"如果孩子永远和我们睡在同一张床上，也是可以的！"）。

本章介绍了我们多年来在以家长为主导的早期干预丹佛模式的家长辅导实践中经历的一些变化。我们希望为新手导师提供绕过、迂回、替代或跨越障碍以稳步前进的方法。我们将考虑辅导方法的创新，以增加干预服务的频率，解决实际的问题，平衡好各种充满挑战性的情况和不同的家庭需求。我们还将探讨如何辅导在动机、技能和参与干预的精力等方面存在巨大差异的家长，以及导师在面对不同的文化背景时需要具备的文化谦逊以及从容的学习者心态。

方法上的显著差异并不意味着结果上的大相径庭。本章提到的例子说明了导师在继续采用有效的干预方法和营造建设性学习环境的同时，也需要为了满足家庭和儿童的特定需求而做出决策和调整。在这个过程中，我们针对导师工具包中的必要工具进行了更详尽、深入的说明。我们会从三个不同家庭的故事开始。

不同家庭的故事

安娜和安东尼·卡贝略斯

卡贝略斯夫妇两岁的儿子加布里埃尔最近被诊断出患有孤独症。加布里埃尔18个月大时，还不会说话，也很少咿呀学语，夫妇俩这才开始担心了。他们注意到加布里埃尔天性随和，并将其语言发展缓慢归咎于他是个男孩。加布里埃尔还有两个姐姐，她们会替他说所有的话，而且他每天都能听到混杂在一起的西班牙语和英语。他是家里的小宝贝，也是唯一的男孩，大家都很宠爱他。直到儿科医生开始关注到加布里埃尔的发育情况，并将他转介给发育儿科医生，后者诊断出加布里埃尔患有孤独症。加布里埃尔很少与他人进行眼神接触，游戏兴趣和技能极其有限且不符合典型发育水平、呼名反应匮乏，同时在几个沟通交流的里程碑方面存在延迟。

那天，卡贝略斯一家的世界天翻地覆。他们一直认为加布里埃尔是个完美的宝宝，而现在仅仅过了几个小时，就有人告诉他们加布里埃尔出了大问题。他们疯狂地在网上研究孤独症，希望能了解其症状、如何干预以及什么样的干预方法可以帮助到儿子。然而，他们一家所在的乡村地区并没有针对孤独症的专业项目。附近公立的"0~3岁"早筛机构为他们安排了当月内的一次面诊，并介绍了评估和早期干预的流程。卡贝略斯夫妇考察了离他们最近的城市中更好的项目，但考虑到工作，两人都无法承担长时间的接送任务，他们需要全职工作来维持生计。夫妇俩不想耽误加布里埃尔的干预，他们感到悲伤和恐惧，不知道该做什么，也不知道如何开始一个可以帮助到自己家庭的项目。整个大家庭都不接受加布里埃尔的诊断，不愿意讨论这个问题，并建议夫妇俩把重点放在祈祷和教会上，以此获得安慰和帮助。

在这个家庭中，有哪些辅导问题让你印象深刻？花几分钟时间写下来。你的清单中是否包括这些因素：双语、双文化的家庭环境，美国乡村家庭的孤立、病耻感，附近缺乏专业支持，针对孤独症幼儿的低强度干预支持（0~3岁儿童的公共资源）

与高强度治疗需求的冲突，家庭成员对于儿童的实际状况和需求存在认知差异，家庭财力和付出时间有限，多个照顾者和照顾环境（大家庭），还有其他吗？

接下来我们看看情况是怎样发展的。

该机构的社工打电话来预约接诊时间，并要求加布里埃尔的母亲安娜向她讲述发生的所有事情。安娜非常感谢能有机会与她分享，于是她详细地讲述了整个故事——诊断过程、她在网上找到的信息、缺乏针对孤独症的服务、家庭内部的分歧、自己时间有限且无法请假。社工感同身受地倾听了她的诉说，查看了发过来的儿科医生的详细报告，意识到孩子的评估可能需要在家中进行，而且在首次家访时就应该提到加布里埃尔申请干预资源所需的全部材料。社工还与安娜约定了家访的具体时间和日期，以免影响她的工作安排。针对与大家庭的分歧，社工询问是否有可能与教区牧师讨论此事。安娜与牧师的关系很好，欣然接受了这一建议。牧师认真听取了安娜的情况，鼓励她继续预约专业机构，夫妇俩感觉获得了支持，去缓和与大家庭的矛盾。

考虑到儿科报告中详细描述的语言发育迟缓、孤独症、肌张力低下和运动发育迟缓等问题，社工、言语治疗师和职业治疗师参加了此次家访。在安娜从机构领导那里争取到的两个小时的时间里，整个团队使用发育量表对加布里埃尔进行了各个方面的评估。评估过程中祖母也在现场，她正在照顾其他孩子，社工用西班牙语与祖母进行了友好的、礼貌的交流，赞扬了她的家庭，表扬了加布里埃尔的优势，肯定了她女儿（即加布里埃尔的妈妈）对孩子的养育，让祖母参与讨论加布里埃尔在家中的表现，并寻找合适的机会与祖母分享一些观点。随后，小组成员稍事休息，讨论了他们的发现以及各自能为这个家庭提供的帮助。父亲安东尼在午休时也加入了讨论，团队与家庭一起就孩子的需求和建议的服务内容进行了双语讨论，包括家庭的目标和需求。针对卡贝略斯一家提出的干预服务要求，团队解释了由家长实施干预的益处，并提出了每月探访和每周远程督导相结合的循证做法，鉴于社工在此次探访中与家庭建立了非常积极、正向的联系，她将担任导师的角色。夫妇俩的主要担忧在孩子的语言表达方面，言语治疗师解释说，她将全程参与加布里埃尔的评估和干预，观看远程医疗会议的视频，监督孩子的进展，并详细说明了需要做的事情。她还解释说，孩子从照顾者那里（例如祖父母和父母）以及日常活动中学习语言的效果最好。祖母对此非常满意，治疗师也强调了让加布里埃尔同时听到两种语言的重要性。

辅导包括每两周通过远程医疗平台与导师联系一次。导师按照本书中描述的课程结构和数据系统对家长进行自然发展行为干预指导（Schreibman et al., 2015），并监测孩子和家长的进展情况。卡贝略斯一家选择了一个公开的、循证的在线家长辅导项目（www.helpisinyourhands.org），他们每周观看一次课程，并将课程内容融入日常活动中。导师在家长的午餐时间打电话给他们，家长提前安排好工作；祖母也会加入，因为她非常关注这件事。加布里埃尔在干预下很快就出现了改变，他学会了玩玩具，开始模仿词语（用两种语言），也开始对成人的评论和指令做出反应（同样也是用两种语言）。虽然祖母坚持认为加布里埃尔没有任何问题，但她也非常支持女儿和女婿的努力，看到加布里埃尔开始学习，她感到非常高兴，也开始模仿加布里埃尔父母的做法，在大家都在一起时进行观察学习。加布里埃尔的姐姐们也在耳濡目染中运用父母的互动方式与弟弟互动。当夫妇俩提出加布里埃尔在辅导课程中需要更多的干预时间时，导师让他们计算一下孩子一天中有多少时间是花在学习语言、学习玩耍、学习倾听和学习自己做事情上的。夫妇俩意识到，孩子已经得到了医生所说的需要的干预时长（每周20多个小时），而且在所有他们期望的方面都取得了进步，这让他们放下心来，并期待着儿子继续取得进步。

在这个案例中，我们还可以提供哪些额外的支持？如果你的工作环境与这个干预小组的工作环境类似，那么与小组成员一起讨论这个案例可能会有很大的收获；思考一下，对这个家庭和孩子来说，有哪些不同的或者更好的做法。可以提供的建议是：帮助该家庭加入全州家庭支持网络，并让家长与其他孤独症儿童家庭接触，最好同样是拉丁裔家长。你还想到什么其他的吗？

艾莉和菲尔·华纳

艾莉是一位家庭主妇，有两个年幼的孩子，一个是1岁的男孩，另一个是3

岁的女孩艾娃，她是一位家庭主妇，丈夫是一位忙碌而成功的商人。艾莉平时忙得不可开交，既要打理家务，又要满足家人的所有需求，包括支持丈夫参加必要的社交活动。大约一年前，她的女儿被诊断出有孤独症。艾娃被确诊后，艾莉彻夜未眠，进行研究、分析并开始规划干预。干预开始后，她为孩子报名参加了全日制的托儿所课程，并将艾娃的所有干预安排添加到自己的日程表中。丈夫支持她，但由于工作繁重，加上悲伤和焦虑的情绪，对于妻子身体和精神上的双重负担他能分担的也很有限。两人决定暂时不向任何人透露艾娃的诊断结果。艾娃每周接受的干预措施包括在家中进行的密集 ABA 干预、在诊所接受言语和作业治疗，以及与另外两名儿童一起参加游戏支持小组。艾娃还接受神经学检查和遗传学检查，以排除癫痫或其他并发症，以及去常规的儿科就诊，来监测其整体发育和里程碑发展情况。艾娃支持团队的主导人（组长），也就是 ABA 团队的督导，看到了艾娃妈妈为孩子的付出，肯定了她对艾娃的养育，认为孩子的快速进步都归功于艾莉的坚持和努力。组长经常说的一句话是："我希望我服务的所有父母都能像你一样为他们的孩子如此付出。"事实上，艾莉已经筋疲力尽，也感到非常孤独，但她认为最重要的是艾娃，她要尽全力让艾娃得到所需的帮助。

经过一年的干预，艾娃在语言、注意力、社会参与、游戏和自理等方面的进步使她在各方面的指标都进入了正常范围，行为也有了明显改善。干预小组改变了干预计划，接下来艾娃将参加一个 ABA 学龄前融合项目，这个早托中心可以满足她所有的干预需求。孩子越来越喜欢学前班，并在那里持续进步，但艾莉却发现自己孤立无援。在照顾女儿的过程中，无论是已经获得的服务还是艾莉付出的所有努力，都没有解决她自己的情绪和个人需求。艾莉快要被负面情绪淹没了——悲伤、恐惧、愤怒、自责、难过和孤独。她在家里的日子越来越不好过，总是泪流满面、烦躁不安、疲惫不堪。她每天都在想，随着艾娃的长大会发生什么，她关注着艾娃的每一点进步和每一个症状，在治愈的希望和对终生残障的恐慌之间反复挣扎，寻求着平衡。艾娃的同龄人会一直接受她，还是会远离或排斥她？艾娃会坠入爱河吗？自己和丈夫离开后，女儿该如何养活自己，谁来照顾她？这个责任会不会落在艾娃的弟弟身上，弟弟会不会因此对艾娃产生怨恨？

如果艾娃被她信任的人伤害了怎么办？她会告诉别人，还是会继续忍受伤害？这些恐惧困扰着艾莉，她知道总有一天自己将无法保护和照顾艾娃。她也担心自己的婚姻，自己无法与丈夫分享这些感受。隔阂在不断扩大，她感到被遗弃和被孤立。夫妇二人有着各自的困境，既需要对个人的支持，也需要找到一条合适的路径来重回彼此的身边。

在干预中心举行的 IEP 会议上，心理学家、言语治疗师和团队负责人（行为分析师）与艾莉在一间铺着地毯的舒适小房间里，围坐在咖啡桌旁，讨论着艾娃的新干预方案。组长首先说道："现在我们整天都能看到艾娃，我们对她在中心的情况有很好的了解，但我们对艾娃在家里的情况还不是很了解。家里现在的情况怎么样？"艾莉默默地坐着，低着头，开始哭泣。团队成员们都感受到了她的情绪，递给她纸巾，静静地等待着。艾莉开始分享她的孤独、恐惧以及日常生活中的空虚感。当她停下来时，组长感同身受地说："现在的情况对你来说太艰难了。我完全能感受到你的情绪。你有倾诉的对象吗？"然后，艾莉透露了夫妻之间的隔阂，谈及生活中的那些沮丧和沉默时刻。"听起来艾娃的需要给你们家带来了很大的负担。我在想，如果我们能与你的丈夫见上一面，可能会有所帮助。我们已经很久没有见到他了，是我们疏忽了与爸爸的直接沟通。如果我们约见一面，这样会有帮助吗？如果这样不可行，还有没有其他方式能帮助你感觉好一些，我们可以提供哪些帮助？对于家庭来说，诊断和干预的初期可能是非常痛苦的，但情况一定会越来越好。"

艾莉从这段对话中感受到了极大的支持——认真的倾听、思考、情感安慰以及最后一句话传达出的乐观情绪。她想了一会儿，觉得这个建议很好，于是表达了肯定。组长问她希望哪些专业人士出席会议，艾莉表示，她认为让所有团队成员出席会议很重要，这样可以回答她丈夫的所有问题。会后，团队反思了他们在与父亲沟通的不足。父亲在初次会议中是表现得非常积极的。但团队把与孩子的其他家人沟通的责任留给了艾莉。团队讨论了如何进行下一次会面、为艾莉提供支持的必要性、他们所看到和听到的抑郁和焦虑迹象以及为这对夫妇提供支持的必要性。团队中的临床心理学家正好擅长解决此类需求，团队决定，她应该参与下次会议。他们想到了艾莉与社会脱节的问题，想看看如果她能和其他家长之间建立联系是否会有所帮助。在团队正在服务的家庭中，有一位非常活跃的母亲，她的家庭角色与艾莉相似，她还成立了一个家长支持小组。另外，包括家庭咨询在内的心理健康服务似乎也是很重要的干预内容。

在下一次同伴督导会议上，组长提出了艾莉的问题，她对此非常内疚，因为整整一年中，她每两周都会去艾莉家一次，却没有留意到这些问题。组长请同伴帮助她审核自己的工作，并给出一些建议，自己应该如何避免目前的情况再次发生。

作为读者，你对此有何看法？这个话题可能也很适合用于你的团队讨论。本书中提到的哪些家长辅导的策略适用于解决艾莉的问题？

在团队的支持下，导师决定不再等到下一次团队会议，而是在下一次对艾莉的家长辅导中提出加入家长支持小组的建议，艾莉并不排斥这个想法，并表示会考虑。导师问她是否希望与家长支持小组的组织者通个话，艾莉犹豫了一下还是答应了。第二天，组织者就给艾莉打了个电话，就她现在所处的困境进行了热烈而轻松的交流，并告诉她，对其他家长倾诉是非常有帮助的。她邀请艾莉参加下一次的小组咖啡会。艾莉同意了，尽管她不确定自己在一群不认识的人面前能够分享多少。但与此同时，她也非常感谢这次通话中感受到的温暖和理解，并希望在小组会中也能体验到这种贴心。

艾莉很庆幸自己在第一次会议上不用说太多话。组长向她介绍了在座的五位女性和一位男性，并向她介绍了小组的情况和他们制定的基本规则：对彼此"保持善意"，保密协议，保持倾听而不随意打断对方，除非特别要求否则不提供建议，以"我"开头单独陈述而不是多方交流。小组成员分享了一周以来发生的事情、自己的想法和经历，其中很多内容都引起了艾莉的共鸣。其中一些小组成员表达了孩子被确诊时所感受到的痛苦和恐惧，这些在女儿确诊时艾莉也经历过。与会者讲述了自己探索的各种干预方案。有些家长已经奋斗了好几年的时间，正在思考未来的规划以及可能发生的事情。所有的人都在以非常个人化的方式分享着他们的生活——幽默、痛苦、失落、愤怒等情绪。有些人还坦然接受了孤独症。小组中的一位父亲谈到了孩子的症状给自己的婚姻所带来的压力。他分享了自己在照顾儿子方面遇到的挑战，同时他也看到了妻子对儿子非常自然的照顾天性。当儿子牵着妈妈或爸爸的手去找自己想要的东西时，妈妈就能明白儿子想要什么，会教他如何触摸或用手指着自己想要的东西；儿子站在储藏室里盯着架子时，也会向妈妈抬起胳膊要求她把自己抱起来，并尝试说出他想要的食物。作为父亲，这位小组成员认为自己也应该知道如何预测和了解儿子的需求，如何给孩子想要的东西，并保证他的健康和安全。但实际情况却正好相反，所以他认为自己是一个失败的父亲、失败的丈夫，羞耻感让他逐渐疏远了妻子，他不知道如何主动跟妻子沟通并解释这些感受。听了大家的分享，艾莉感到些许安慰。在这里，她不必隐藏自己的感受，也不必假装家里一切都很好。虽然她在这次会议上说得不多，但当小组成员的发言结束时，她向大家表示了感谢，并说这次会议对她来说意义重大，她会再来参加下一次会议。

在开车回家的路上，艾莉在想自己的丈夫菲尔是否也有过小组里那位父亲所描述的感觉。艾莉想到，自从她和菲尔开始担心艾娃不说话以来，她是如何处理与艾娃干预有关的一切事情的。从研究干预服务到处理所有的预约和会议，再到学习如何与艾娃互动的技巧，艾莉意识到自己并没有让菲尔参与其中。他的工作本来就很忙，艾娃接受干预后更是如此。艾莉意识到，菲尔可能都是以局外人的视角看待艾娃的学习和成长的。她不希望菲尔觉得自己不适合做艾娃的父亲，很高兴干预团队能提到让菲尔直接参与进来。她还认为，菲尔也一起参加下一次家长互助会议可能会有所收获，并计划着向他提出这个想法。

同时，导师向艾莉和菲尔发送了邮件，邀请他们一起来参加团队会议，回顾艾娃过去12周的进展情况，并对下一年度的目标进行规划，因为艾娃的干预马上要进入第二个年头了。导师让他们提出在接下来两周内他们可以参加2小时会议的日期和时间段。菲尔查看了自己的日程安排，找到了自己合适的时间段发给艾莉，艾莉随后向团队发送了一封邮件，同时抄送了丈夫，以便安排会面。艾莉和菲尔分别乘车到达会议地点，会议还是在一个舒适的房间里举行，门口备有热咖啡、水和杯子。导师向他们一一问好，并向他们介绍了小组的其他成员。

会议开始的方式与上次会议一样。有人问艾娃在家里过得怎么样，艾莉看着菲尔，等他回答。菲尔首先表示抱歉，他的工作非常繁重，在家的时间很少，经常早出晚归。他说自己在周末不出差的时候看到艾娃取得的进步很惊喜，并对团队的努力表示感谢。他还看向了艾莉，对她为艾娃和家庭所做的一切表达了感谢。在大家的聆听下，他开始反思。"女儿被确诊后，我的世界变得一片漆黑，我只能去办公室拼命工作。我感到麻木、孤独，想远离一切。"艾莉把手放在丈夫手上，菲尔握住了她的手。"现在我看到女儿可以聊天、看电影，在院子的小水池里跑来跑去，她看起来完全不一样了，就像其他孩子一样会做很多事情，这给了我希望。我看到了她的好奇心、她的幽默和她的个性。她给了我更多的活力。"

艾莉捏了捏他的手，两人四目相对。"我想做更多的事情来帮助艾莉。我不想让你独自来承受这一切。"艾莉泛起了泪花，离她最近的组员递给她纸巾。团队中的心理学家开始说道："我们很乐意继续支持你们。这也是我们的工作。我们来聊一聊你们认为女儿仍然需要哪些帮助好吗？明年，我们在学校里，你们在家里，看看如何来帮助她学习新的技能？"夫妻俩点了点头，然后话题转移到了来年的干预目标上。

在制定涉及家庭和亲子活动的学习计划时，导师特意看了看父母双方，并向他们提出了有关家庭学习的问题。艾莉首先回答了她与艾娃在一起的时间里可以做哪些事情。导师向她表示肯定，然后特意看了看菲尔，爸爸对周末与艾娃在一起的时间安排有自己的想法。当艾莉问他这样是否真的可行时，他说道："我觉得我不太了解自己的女儿，也不太了解我的儿子。我想让自己成为一个更称职的父亲。在很多事情上面，你都知道如何跟他们相处，满足他们的需求。我也想做到这样。"随后心理学家谈到，对许多家庭来说，孩子确诊和干预的第一年是非常艰难的，这一年对父母的影响很深——悲伤、担忧的情绪，以及对父母自己、夫妻关系和家庭的影响巨大。父母和家庭最终会调整自己，找到前进的道路，但在这个过程中，他们需要帮助，需要来自彼此、其他家庭成员和朋友以及其他专业人士（包括治疗师和咨询师）的帮助。她补充说道："了解自己需要什么样的帮助才能让你成为想成为的父母，这也是实现这一目标的最重要一步，而我们的工作就是帮助你找到这些支持。华纳先生，我很高兴我们能共聚一堂，同时我也要向你道歉，因为我们之前的邮件和通信中都没有表示将你纳入进来。这是我们的失误，今后不会再出现这样的状况。今天我们谈了很多，时间也差不多了。我想你需要一些时间在家里跟进我们今天讨论的所有问题。几周后我们再聚一次，看看你的家庭目标进展如何，还有你需要的其他支持，我们看看能否帮忙找到资源。"菲尔回答说："我喜欢这个计划，我需要一些真正具体的帮助，为我和艾娃的相处制定一些书面的、具体的目标。"导师立即主动要求在下一次家长辅导课上与他一起制定计划，并请他确定完成这项任务的日期和时间。

　　花一些时间反思一下这次团队会议，并与自己的团队成员进行讨论。你还会在这次会议上提出其他观点吗？其中是否有你和你的团队成员不同意的干预措施？你参加过类似的会议吗？你觉得案例中的团队对这次会议的管理，对你的实践有什么启发？

　　一个月后，心理学家和导师前往该家庭进行了进度审查会议。父母的情绪有了明显的变化，两人都非常积极地分享着自己与女儿互动的进展。当心理学家问及他们是否觉得共同讨论和解决问题有帮助时，他们对于问题解决过程的描述已经清晰地表明，家庭中的沟通已经畅通了很多。艾莉还描述了她和菲尔从家长支持小组中（菲尔有空时也会参加）得到的思路和帮助，她反观自己，觉得自己现在的感觉与几个月前相比有了很大的不同，不再那么孤独，也更加乐观了。菲尔的肢体语言也印证了这一陈述。

　　想一想，针对这个家庭，在传统的干预方法上做出了哪些调整。这些变化你以前尝试过吗？艾莉和菲尔的故事，是否让你对自己工作中遇到的家庭产生了共鸣？

佐藤昭夫和佐藤久美

佐藤昭夫和佐藤久美夫妇同久美的父母从日本搬到了美国，同时他们两岁三个月的儿子凯托被诊断有孤独症。他们这样做是为了参加一项研究，由一个训练有素的专业团队在他们家中免费为凯托进行为期两年的家庭密集干预。此外，该团队还直接与父母和祖父母合作，指导和支持他们如何在与凯托的日常互动和家庭常规中使用干预策略。在干预的最初几周内，佐藤夫妇注意到了凯托身上细微但明显的变化。他对家人所做的事情显得更加好奇，会走过去仔细观察，而在干预之前，他从来没有这样做过。他和家人一起进行某些活动时会坐得更久，例如看图画书或把钉子放进钉板的活动。在他喜欢的活动中，他也会和其他人一起笑，例如姐姐会给他挠痒痒并追着他跑，或者祖母会在洗澡时用毛巾把水拧到他的头上。这些进展让他的家人欣喜若狂，并对他继续学习新技能的前景充满了希望。

问题只有一个，家长怀疑自己是否有能力帮助凯托学习。虽然干预小组定期与家长举行会议，小组负责人也每两周对家长进行一次辅导访问，但佐藤一家并不能完全听懂。英语会话对他们来说并不容易，团队成员在会议上的快速发言和所提供的大量信息要求他们必须高度集中注意力。他们无法快速处理这些信息，同时又要回答别人提出的问题。在家里进行的家长辅导课上，导师让家里的所有大人都参加，父母在祖父母和导师之间充当翻译。导师努力使用我们在这里描述的"以家长为中心"的对话方式：开放式问题、家长选择、共同制定目标和课程规划过程。然而，这些与佐藤夫妇在日本与专业人士的交流情况完全不同。他们以为专业人员会告诉他们该做什么，而且他们在回答关于自己的目标、想法或个人经历/感受相关的问题时感到很不自在。他们对自己的英语水平不足也感到抱歉和尴尬。祖父母觉得这个过程很不合理，并质疑导师的专业水平，认为导师是专业人员，为什么要征求他们的想法和意见？父母在祖父母的意见和自己与团队合作的愉快感受之前左右为难。父母不愿意当着导师的面与凯托互动，在参加家长辅导课程时也很不自在，他们的导师也有同样的感受。导师开始畏惧进行辅导课，甚至发展到自己开始找理由取消辅导课。

花几分钟时间设身处地为导师想想，将自己代入到导师的角色。你对自己和佐藤一家有什么感觉？你有什么想法来改变目前的辅导方法？你会采取哪些措施来增强父母的参与度，并缓解与祖父母的紧张关系？你会采取哪些措施来应对消化的感受？

导师决定组织团队成员进行一次复盘督导。在这次会议上，她首先描述了当时的情景，以及她自己在帮助这个家庭时所感受到的挫折感、不足、失败感和无力感。当她看到祖父母喂孩子吃饭，满足他的一切要求时，她描述了自己的绝望感。"我们一走出家门，他们就把我们所做的一切全都推翻了！这简直是浪费时间和金钱，我不知道该怎么办。我不适合这个家庭。"她流着泪说。小组成员认真地听着，当她说完后，成员们开始问一些开放式的问题。导师希望家长辅导会议如何进行？如果可以，她会如何改变？她认为家长会希望辅导课程如何进行？如果可以，他们会如何改变？

随着对话的继续，一些有用的想法出来了。一位小组成员分享了她在以前的工作中与亚裔家庭和同事合作时了解到的文化差异。她提到，一些家庭更习惯被动学习，尤其是在干预的早期。她还谈到，与美国文化相比，有些文化对幼儿独立性的要求会比较低。另一位成员提到了佐藤夫妇担任翻译角色时所面临的挑战，可以探索一下以其他方式来支持祖父母的需求和兴趣。还有一位成员问导师，如果让她从头再来，她想做什么。言语治疗师观察到，在每次接触中都存在语言沟通方面的挑战，她想知道这些挑战会对每个人产生什么影响。

我们在此处暂停，如果你参与会议，你会提出哪些开放式的问题和想法。

这位导师在会议结束时总结了几个要点，并在下次与上级督导的会面中进行讨论。其中之一是邀请当地的亚太心理健康中心为团队举办一次在职培训，以增加他们对日本传统的职业—家庭关系的认识和文化意识。这次培训如期开展，在其中讨论到了患有严重发育障碍的儿子对家庭的影响，讨论了家庭成员的心态问题和干预中的文化差异。该中心同意继续为团队提供支持，并建议从中心的团队中挑选一名翻译来提供具体的帮助。第二个想法是在机构与家长会面时，翻译、督导和有亚裔家庭工作经验的团队成员都要在场。会议的目的有三个：（1）讨论家长希望如何开展家长辅导会议；（2）讨论日本和美国生活中的文化差异，因为这涉及与治疗师的合作，以及儿童语言学习和儿童独立性等话题；（3）考虑如何更好地与祖父母就凯托的需求和干预措施进行沟通。

会议的翻译是亚太心理健康中心的一名治疗师。在这次会议上，家长明显比以前更加健谈，更加坦诚。他们对导师和团队成员对凯托和家庭的关心表示感谢，并对凯托的快速进步感到惊喜。他们对听到凯托开始用两种语言说话感到惊讶，并为凯托在如厕训练中的快速进步感到自豪，这一直是他们的首要关注点。在回答关于他们在辅导过程中最想要获得什么的问题时，他们回答说，祖父母在场的情况下孩子很难听指令并做出反应。当导师询问父母是否愿意在机构与导师和凯托见面时，他们欣然同意，并说他们最希望凯托学会的是如何在家里玩耍、去公园散步，以及在他们想参加的日语教堂的礼拜活动中表现良好，希望导师在这些方面给出帮助。父母认为，最后一个目标对祖父母来说尤为重要，达成该目标有助于祖父母接受干预。父母对导师提供的书面和视频材料表示感谢，因为对于他们来说，英语书面材料比单纯的英语口头会话更容易理解和有所收获。父母对凯托能用叉子和勺子吃饭感到非常高兴，尽管自己对孩子没有这方面的要求，父母还分享了在教会家庭聚餐时，凯托在餐桌上的表现得到了表扬，并为此感到自豪。父母想学习如何帮助孩子在其他场合也能应付自如，这样他们就不会因为孩子的行为而感到尴尬。他们还想了解美国的家庭如何向他人解释孩子的孤独症，以及美国的家庭在祖父母否认孩子有任何问题时是如何处理的。在这次会议中，翻译人员自身的心理健康专业知识和文化专长发挥了巨大的作用，她表示愿意继续参与后续的团队会议。

这次会议后，干预小组做出了一些调整。导师和家庭开始在机构见面，导师在与家长的交流中也更多地从直接干预的角度出发。她和凯托一起去游乐场，还去教堂参加礼拜，并在礼拜后的午餐会上了解了对孩子的要求和幼儿活动流程。她在下一次辅导中为凯托制定了计划，在白板上写下了父母希望凯托在每一类环境中实现的目标，以及如何帮助他实现每个目标的步骤。然后，父亲用手机录下了这些内容，他们一起来到机构的户外场地，尝试了步骤1和步骤2。父亲录下了导师的操作，然后让妻子录下他在导师的帮助下尝试推孩子荡秋千时的动作。然后，他让妻子也尝试一下，自己也拿手机记录了下来。凯托对此的反应都很好——推秋千时要求"推"（步骤2），当他想自己下来推秋千时要求"下来"（步骤1）。看到孩子很喜欢这项活动，父母也很开心，他们常聊起那天晚上公园里推秋千的事情。类似的干预围绕着教堂活动的主题展开，导师进行示范并为父母写出每个干预项目，父母把每个活动的视频录制下来。家长后来告诉导师，他们用这些视频来提示自己的操作，还把这些视频与祖父母分享。家长还开始主动把凯托在家里的视频带到辅导课上，一方面展示孩子做得很好，另一方面在活动中断时寻求导师的帮助。对于教会活动，导师制定了如何提高孩子参与度的计划，并确保密集干预小组在课程中教授他核心技能，导师也在辅导课程中与家长一起练习。当父母第一次问导师是否愿意和他们一起去教堂，给他们展示一下如何支持凯托时，导师同意了（全程由父亲记录）。随着家长对新方法越来越适应，对凯托的学习能力和他们自己教导凯托的能力也越来越有信心，他们不断地带来家里的视频并就出现的问题提出疑问，到季度总结时，他们已经准备好为下一季度的辅导课程设定目标了。昭夫也越来越愿意在课程中分享自己的观察和反应，但久美却有所保留，直到有一天，她单独把凯托带来参加课程时，她的表现让导师大吃一惊，原来久美对于分享儿子的情况也有着很高的热情。在下一次的团队季度会议上，团队成员和翻译全神贯注地听昭夫介绍（用的是英语）凯托开始参加幼儿小组后，他和妻子如何回答教会午餐会上提出的关于凯托的问题，以及牧师为他们提供了多少支持。他对自己能够直接使用"孤独症"一词以及其他家长（其中许多人了解孤独症）的支持态度表示惊叹。他为一些询问孤独症相关信息的家庭提供了日本网站的链接。他的妻子补充说，凯托已经学会了很多东西，他们没有理由感到羞愧,她认为凯托在未来将大有作为。

这个家庭的经历体现出,文化差异可能会对西方家庭的传统家长辅导实践造成很大的影响。你在家长辅导实践中是如何认识和应对与孤独症和心理健康需求相关的潜在病耻感的?要帮助像佐藤夫妇这样的家庭,你还需要其他家长辅导资源吗?

本章其余部分将会更详细地讨论上述例子中的操作调整以及小组形式的家长辅导。

家长辅导的适应性变化

心理健康和咨询服务

看到孩子的问题、给孩子转诊、接受诊断和开始干预,这个过程会给大多数家长带来深刻而痛苦的情绪。临床文献中对儿童确诊孤独症之后家长悲痛、伤心的状态进行了详细描述。我们在本文中提到的一些个人经历可以为需要帮助的家庭提供相当大的支持,并且可以帮助创造机会与关心此事的、善于聆听的导师进行讨论和沟通。然而,许多家长在这个过程中都需要心理健康服务。识别心理健康问题的迹象和症状是早期干预人员的一项重要技能。确保你的团队成员具备了这项技能;确保团队成员能够识别这些迹象和症状,并讨论在什么时间以什么样的方式提出这些问题。这将有助于所有团队成员更好地关注到相关的征兆,并将自己的担忧在同行监督会议中及时提出来,这样家庭成员的心理健康问题就不会像艾莉那样随着时间的推移而不断恶化。

我们在本书中讨论过的辅导策略可以帮助导师为家庭提供所需的支持,建立双向的沟通渠道,也可以帮助家长分享自己正在经历的事情,包括正面的和负面的。这些辅导策略包括:每周检查进展情况,留出时间让家长在辅导过程中提出任何问题,深入细致地倾听,使用复盘程序,以及避免扮演啦啦队队长的角色,对家长只是一味地赞美、恭维和报以热情。

处理冲突

如果导师认为冲突对家长辅导课程的开展构成了重大挑战，就有必要与家长直接对话。对话的目的始终是以目标为中心，通过合作解决冲突，达到双方都满意的结果。上文中例子说明了深入倾听以及花时间重新思考辅导方法和工具的重要性。在不影响干预完整性的前提下，可以进行各种改变和调整。可以寻求各种支持来帮助打破僵局。尤其在关键时刻，我们的应对方式会决定家庭是会继续还是会结束辅导。我们的反应可能最终决定家庭是否实现了所有人都希望达到的目标和学习成果。家长可以学习各种干预策略，他们可以用自己目前想都想不到的方式来支持孩子，但他们的学习效果很大程度上取决于导师的创造力、灵活性、投入程度和谦逊的态度。

基于文化背景的实践

文化差异远不限于语言、种族和民族方面。它们涉及宗教习俗、社区规范、社会阶层和社会经济地位、地区和地方习俗以及育儿理念和实践等诸多因素。这些因素通过孩子的父母以及他们生命中的其他关系——原生家庭、朋友、同学、教会联系人、工作同事、娱乐团体和社区联系人等，在个人一生的时光中不断地塑造着他们。

书里提到的所有家庭都展示出了他们目前所面临挑战的特定社会文化背景，以及在家长督导课程之外的生活。要帮助到这些家庭，就需要认真倾听、同伴监督、咨询和向组外的资源学习，跳出条条框框进行思考以及建立文化背景的框架。每个家庭都属于一个或多个特定的亚群体。导师需要注意，不要认为与客户在外形上有相似性就意味着有文化上可以互相理解，反之亦然。要学会随着时间的推移提出更多的问题，来更好地了解家庭在养育和教育孤独症儿童方面的做法、理念、挑战、偏好、恐惧和期望。

远程医疗（Telehealth）辅导

互联网的兴起为远程医疗铺平了道路，使其成为辅导孤独症家庭的另一种途径（Hall & Bierman, 2015; Hall, Culler, & FrankWebb, 2016）。远程保健（等同于"远程医疗"一词）是指使用电子通信工具（如双向视频、电子邮件、智能手机、平板电脑和其他有线工具）从一个终端与另一个终端交换医疗信息，以改善个人的健康状况（American Telemedicine Association, 2014）。我们考察了各种技术平台，从最初的 DVD 和网站（供家长获取书面和视频内容）到视频会议（家长可以通过电脑看到、听到导师的声音并与导师在视频中进行面对面实时交流）。通过这些应用，全美国和其他国家的家庭都可以练习、复盘和评估他们的学习情况以及孩子的进展（www.helpisinyourhands.org; Vismara, McCormick, Monlux, Nadhan, & Young, 2016; Vismara, McCormick, Shields, & Hessl, 2019; Vismara, McCormick, Young, Nadhan, & Monlux, 2013; Vismara, Young, & Rogers, 2012）。现在，越来越多的临床机构有条件为家庭提供远程保健服务。研究数据和临床经验都让我们确信，利用这种方式可以做到为需要这种服务的家庭提供高质量的家长辅导。

然而，每个专业学科都有其特定的道德规范和实践要求，涉及互联网治疗的提供、隐私信息的保护、许可、计费、记录保存以及临床护理的其他方面。希望使用远程医疗服务的专业人员在开始提供这种服务之前，先考虑到自己的医疗保险、职业伦理条例、机构政策以及网络通信的安全性。不过，我们相信，远程保健将会应用得越来越广泛，为许多家庭和专业人士打破使用的障碍，并在未来几年内提供更多和更经济的服务。如果想进一步了解远程医疗在专业领域内的法律问题和实际应用问题，市面上有相关的在线课程可供选择。

对家长进行小组辅导

在孤独症儿童家庭中，家长小组辅导的使用率越来越高（Baker-Ericzén,

Stahmer, & Burns, 2007; Gengoux et al., 2015; Hardan et al., 2015; Minjarez, Williams, Mercier, & Hardan, 2011）。家长作为小组的一员，在学习和实践如何促进儿童学习的同时，也能够相互联系、相互支持、相互学习，这种协同体验是这种辅导方式的一个重要优势。通过观察其他家庭与孩子相处的情况，以及聆听其他家长讲述影响其生活的故事和经历，家长自己可以获得安慰和启发。通过这些交流，家长可能会拓展出新的资源和关系网络，用于孩子的干预，以及与其他家长建立联系，从而帮助自己减少孤独感，在心理和情感上进行更好的调整（Minjarez et al., 2011）。

在我们最初探索如何指导家长小组开展早期干预丹佛模式时，重点仍然是通过使用计划、行动、个人复盘、评估的流程以及其他成人教育原则（Trivette, Dunst, Hamby, & O'Herin, 2009），帮助家长形成并实现他们的目标。我们还采用了美国《残疾人教育法》的C部分所述的以家庭为中心的方法。在小组辅导中，家长在不带孩子的情况下与辅导员会面，以明确课程学习的重点目标。然后，家长在家里与孩子一起练习，并与导师进行15分钟的一对一辅导，随后，家长进行复盘—评估—规划的流程，评估干预对他们的育儿方式、对孩子的行为以及家庭日常生活的影响。导师（和小组成员）会保持倾听、支持和回应的状态，而不是将个人信仰、价值观或优先项强加给家长。团体辅导中提供的资源和工具与个别辅导中的一样，而辅导的重点仍然是对家庭生态环境、亲子关系、行为等方面的变化，关注到对家长—孩子—家庭稳态影响深远的因素，关注到亲子互动和学习过程（Vismara & Rogers, 2018）。

所有这些都需要在每次辅导课程的前后进行充分准备，以确保会议准时开始和结束，能按照议程或计划进行，并有针对性地聚焦于家庭的活动和相关主题。我们使用与一对一辅导相同的辅导课程计划。尽管在小组辅导中，如果没有孩子在场，可能有一些辅导活动无法进行（见表8.1）。（我们也列出了相应的备选内容。）表8.1列出了一对一辅导和团体辅导在准备工作上的异同。

在团体辅导中，导师可能会在第一节辅导课程里提出一些讨论问题，让家长回答，以此作为破冰活动让家长们相互了解，找出共同的兴趣或需求，从而建立联系。此外，导师和小组成员可能需要就彼此间的交流和组内行为制定基本规则，例如：不得随意打断别人的发言，分享的内容要严格保密，仅限于房间里的人，不能要求对方应该做什么或者批评其他家长的做法。在谈论个人的困难经历时，情绪和压力可能会很高。小组内需要形成一个安全的对话空间，家长以建设性的方式分享、讨论和解决他们的意见分歧，互相支持和鼓励，从始至终都致力于彼此的成功。研究显示，那些在公开交流中详细阐述自己经历的家长，更有可能从辅导中受益，并且更加积极地参与到对儿童发展至关重要的干预实践中来（Hutman, Siller, & Sigman, 2009; Oppenheim, Koren-Karie, Dolev, & Yirmiya, 2012; Siller, Hutman, & Sig- man, 2013）。表 8.2 列出了家庭个体辅导和团体辅导在第一节课之间的异同。

表 8.1　团体家长辅导的准备工作

与一对一辅导的相似点	与一对一辅导的不同点
● 在计划表中列出每节课的干预主题和家长辅导的具体活动。 ● 导师提前计划和组织，并且按计划准时开始和结束每节课。 ● 每节课后，导师会进行总结，汇总家长、孩子的情况以及辅导课程中的数据。	● 计划表上的有些活动可能不适用于团体辅导的场景。 ● 在团体辅导中，每节课的计划表中可能会涉及多个主题（而不是单个主题）。 ● 团体辅导的会议室需要足够大，并且有相应的视觉提示或者有其他导师从旁协助来指导学习。 ● 在孩子一起参加的团体辅导中，会提供干预时用到的玩具，还会有志愿者帮忙照看孩子。

表 8.2　第一课的课程计划

与一对一辅导的相同点	与一对一辅导的不同点
● 对课程结构和组织过程进行说明，以及家长和导师各自在课程中的角色。 ● 导师进行积极沟通的示范，全程构建安全、包容的环境。 ● 目标的设定充分考虑到家长的优先级，针对课程中涉及的干预内容和操作进行详细说明。 ● 目标和教学目标遵循 ABC 的学习依联，以家长友好型的语言进行说明和指导。	● 在集体辅导中，跟小组就"基本原则"达成共识，并一起讨论、明确积极沟通的方式。 ● 组内保密的原则会被提出并进行讨论和练习。 ● 如果有孩子参加，会相应地安排志愿者。 ● 如果是视频会议的形式，需要提前测试网络和音频连接。 ● 在小组目标中找到共识，以建立起组员间的联结和社交支持。

团体辅导第一课：课程计划用表

导师：_____　　　客户：_____　　　课程日期：_____

上节课遗留的主题/目标：_____

签到（更新/需求/课程计划初稿）
观察（反馈/评价/课程计划定稿）
主题（策略/目标）
家长辅导活动1（复盘/评价）
家长辅导活动2（复盘/评价）
结束（后续行动方案/提问/其他需求）

来源：*Coaching Parents of Young Children with Autism: Promoting Connection, Communication, and Learning* by Sally J. Rogers, Laurie A. Vismara, and Geraldine Dawson. Copyright © 2021 The Guilford Press. 购买本书的读者可以复印用于个人工作和学习（详见版权页说明）。读者可下载本表格的高清版。

规划和观察

在小组工作中，签到、登记和计划的最初制定为接下来的行动奠定了基础。在小组辅导中，每位家长都会简要介绍上一次辅导的后续进展。导师和其他成员会共同庆祝所取得的成就，无论多么细微的进步都值得庆祝。在导师实际观察家长和孩子的互动之前，会详细询问相关信息，了解具体的问题和挑战，但暂时不会解决问题。

孩子在场的小组活动中，家长会在小组成员面前与孩子一起进行简短的活动，讨论目标，并在活动后提出一些反思，与小组成员分享。如果孩子不在场，家长可以选择分享他们在家练习的视频，或者目标跟踪记录表。导师会收集家长的信效度和孩子的表现数据，跟踪进展情况，以此为基础来与家长进行复盘谈话。与家长进行讨论时，关注的数据不一定是某个具体的数字或分数，而是侧重在与学习策略和孩子目标相关的亲子互动上面。将数据转化为有意义的行动和建设性的反馈信息，让家长能够遵照执行进行并达到自己的目标，这就是导师支持家长学习的方式。以下是一位导师在谈到数据时所作的两段阐述。你注意到这两种说法有什么不同？如果你是家长，你会对哪种方法产生共鸣？

导师阐述 1

"我注意到你用不同的方式把亨利的注意力吸引到你身上。当亨利的视线越过你时，你顺着他的视线看向乐器，并把乐器移到你自己面前。你让亨利看了一会儿乐器，并说出了每件乐器的名字，让他更多地关注到这些乐器。当他的注意力停留在鼓上时，你就将鼓举起来让他拿。他一边伸手拿一边看着你。当你唱《蚂蚁前进》的歌同时击鼓时，我发现亨利对你有了更多的眼神关注。当其他的击鼓工具被引入游戏时，亨利的注意力似乎有所减弱。下一次当我们引入新的创意玩法时，想想我们可以采取哪些不同的方式来引入，尽量避免让亨利的注意力转到别处？"

导师阐述 2

"对于你将亨利的注意力吸引到自己身上的操作，我给你打了 3 分。这意味着你在某些时候能吸引亨利的注意力,但不是每一次都能成功。你吸引亨利看你的操作是:跟随他的兴趣看向乐器,将乐器移动到你自己面前,以及一边打鼓一边唱他喜欢的歌。我还看到,随着活动材料的增加,亨利的注意力从你身上飘走了。下次我们可以采取什么不同的方法来吸引亨利的注意力,让你的分数能达到4分或5分?"

当天的主题和辅导过程

导师利用各种教具(如手册、视频、视觉锚点、角色扮演、日记)对主题进行简要讲解。这可以引导家长进入第一项辅导活动,与孩子一起练习主题和相关目标。孩子不在场时,通过讨论、视频分析和角色扮演等方法,帮助家长学习掌握课堂上的新技能。附录 A.4 中"活动类型图鉴"的卡通版讲义可以帮助家长了解不同的活动选项和学习机会,无论是玩具游戏、感觉社交游戏、日常照料流程、看书、用餐时间、适合儿童的家务劳动,还是家庭外出活动都可以列入考虑范围。表 8.3 列出了一对一家长辅导和团体辅导的异同。

表8.3 在小组中进行家长辅导

与一对一家长辅导的相同点	与一对一家长辅导的不同点
● 明确主题和目标,通过家长辅导的形式提供支持。 ● 家长辅导的内容是简洁的、正向积极的,侧重提高亲子互动技能。 ● 任何进步(无论大小)都会得到认可。 ● 每节课至少会练习两种不同的辅导活动。 ● 每项辅导活动之后都会进行复盘和评估。 ● 形成一份计划,阐明如何实践、由谁实践、在哪里实践、何时实践以及如何评估实践的成果。	● 团体辅导中会用到多种学习工具和辅导模式,以适应各类不同的学习方式,以及兼容孩子无法参加课程的情况。 ● 为其他家长的行动计划提供集体意见。 ● 更多地关注家长的肢体语言和非语言方面的不适或不满的信号。 ● 在远程医疗形式的家长辅导中,能够无碍地观看亲子互动。 ● 如果孩子不能参加小组活动,可以通过观看亲子活动视频来进行辅导。

复盘和评估

每次活动结束后都要进行复盘,我们常常将评估环节来作为课程结束的环节,评估与复盘可以同时进行。对家长来说,评估可以帮助他们进行自我评价。

家长看到了自己干预能力的进步吗？他们是否达到或至少接近了预期目标？对导师来说，家长的自我评价加上他们对课程内容的认知，为下一步的学习方向提供了思路。家长是否已经准备好进入另一个干预主题和目标的学习，或者他们是否需要更多时间来达成当前的目标？

　　导师会在远程医疗和小组课程中安排几个时间点进行评估。第一个时间点是在课前签到的对话中，家长描述他们自上次课程以来的练习情况，以及学习成果与他们所设定的目标之间的比较。家长们会分享自己的目标跟踪表，或者由导师主动提出要求。所有的努力都会得到小组中导师和其他家长的认可和反馈。在小组活动结束时，家长们分享各自简短的自我反思，有助于导师为每位家长制定明确的行动计划，让他们在家中实践，以取得预期的成果。可参照进度跟踪策略，了解我们为家长制作的简单的数据跟踪系统的范例，供家长进行自我评估进度。表 8.4 和表 8.5 中概述了与一对一家长辅导相比，在小组辅导中我们如何进行复盘和评估。

表 8.4　复盘阶段

与一对一家长辅导的相同点	与一对一家长辅导的不同点
●在引入新的内容之前，分享更多的策略以及回顾进展情况，来进行家长辅导的决策。 ●目标跟踪数据表，相关问题或者报告可以帮助进行时间管理和内容回顾。	●时间管理至关重要，以便每个人都能分享自己的想法。 ●组内的集体贡献对于共同进步、共克难关都非常重要。 ●如果孩子不能参加团体辅导，可以预测一下辅导的内容如何在家庭中应用。

表 8.5　评估阶段

与一对一家长辅导的相同点	与一对一家长辅导的不同点
●在每个活动的实操之后基于期望目标对进展进行评估。 ●为目标跟踪提供不同的方式选择。 ●由家长决定哪种评估方式最合适。 ●确保相关人员都知悉家长辅导的决策及行动方案。 ●任何进步都值得被肯定。 ●明确解决问题的具体时间，由导师和家长共同决定。	●鼓励组内成员的互相赞美和支持。 ●参加小组会议或在线会议时，家长会感到放松，备受鼓舞。 ●不同的评估方式可以在组内同时使用。

一些最后的说明

想要通过改变辅导方法来满足家庭的特定需求，以下的经验之谈可以供你参考。这些信息都直接来自我们自己的研究和服务于家庭的临床实践。本章所描述的家长辅导和经过调整的辅导模式，并不是要取代早期密集干预。我们没有数据可以比较二者的效果。但是，有研究数据表明，与一般干预或不采取干预措施相比，针对孤独症谱系障碍的干预措施由家长主导实施对家庭和儿童更有帮助。家长首先是孩子的父母，而不是治疗师。通过家长辅导课程的学习，家长可以更好地与孩子进行互动和沟通，并帮助孩子学会如何在家里的日常生活中成长和学习。我们相信，即使孩子正在接受专业团队的早期密集干预，家长辅导也是非常重要的。我们的所有研究和临床实践中都有使用家长辅导来支持家长参与干预、学习专业知识、为孩子争取权益以及提高对自己和对孩子的信心。

本章开头的案例中，家长们面临着一系列不同的挑战，但他们也有许多的共同点：他们对孩子的爱和无悔付出，他们教育孩子和参与照顾孩子的意愿度，以及家长对孩子能力和需求的洞察力和育儿智慧。作为导师，我们的职责是灵活地解决家长的需求，即使这意味着要抛开我们自己的期望值、价值观和对干预应该如何展开的先入之见。通过这种沟通、接受和逐渐适应的过程，家长和导师之间会建立起深厚的信任关系，为家长辅导过程以及家长和孩子的学习与发展奠定坚实的基础。

第九章
展望未来：挑战与机遇

在本章中，我们就家长指导的不同方面提出了几个未来的研究方向，并讨论了家长辅导干预的更为广泛的影响。这些研究方向包括：（1）了解家长实施的早期干预如何适用于有其他精神障碍或共患病的孤独症儿童；（2）开发和实施用于美国及全球资源缺乏社区的儿童和家庭的支持策略；（3）创建和评估家长实施的针对孤独症高风险婴幼儿的干预。

伴有共患病的孤独症儿童：关注整体，实施全案治疗

为孤独症儿童家庭提供治疗或家长辅导的从业人员早已认识到，孤独症并非某一种疾病，而是一组异质性的神经发育障碍，其特点是社交互动和社交参与困难，以及存在单一和重复性的刻板行为。任何孤独症早期干预计划的核心原则都是高度个性化，任何干预都必须因人而异，这反映了人们对孤独症儿童之间所存在的巨大差异的认识。治疗师根据每个儿童和家庭的独特需求和特点，帮助家庭制定个性化目标。具体的策略和活动顺序也是为每个儿童和家庭量身定做的。其核心原则是，孤独症的治疗不是"一刀切"，而是基于高度个性化的规划。这是有临床佐证的早期干预计划的宗旨（Schreibman et al., 2015）。

越来越多的人认识到，孤独症还会与其他几种精神障碍同时出现，有时还会出现其他的医疗问题和需求，需要对症治疗。因此，人们呼吁早期干预的方法和策略要能够涵盖多种疾病的治疗，以应对多重状况。

精神障碍

如图 9.1 所示，两种最常见的与孤独症共发的精神障碍是焦虑症和注意缺陷 / 多动障碍（ADHD）；40%~60% 的孤独症儿童符合其中一种或两种疾病的诊断标准（Leyfer et al., 2006; Turygin, Matson, & Tureck, 2013）。研究表明，同时患有孤独症和其他疾病的状况（如 ADHD 和焦虑症）会影响儿童的干预效果（Magnusdottir, Saemundsen, Einarsson, Magnusson, & Njardvik, 2016; Sikora, Vora, Coury, & Rosenberg, 2012; Sprenger et al., 2013）。这类儿童往往在社交和语言方面有更严重的缺陷，感觉敏感度更高，更容易出现问题行为，例如大发脾气和攻击他人。除了这些行为上的差异外，孤独症与 ADHD 或焦虑症的同时存在还会影响到儿童的身体健康。这些共患病的存在与胃肠道问题和睡眠困难的增加有关联（Johnson, Gliga, Jones, & Charman, 2015; Singh & Zimmerman, 2015）。如果孤独症孩子同时有 ADHD 等其他共发疾病的诊断，也会导致家庭在对诊断资源和早期干预资源的接触方面出现明显差异，而时间早晚这一影响因素与家庭和孩子本身相关。导致诊断推迟的其他因素还包括少数族裔或种族的家庭背景，以及父母的受教育程度和社会经济地位。一项研究发现，先被诊断为 ADHD 的儿童在 6 岁之后确诊为孤独症的可能性要比其他儿童高出近 30 倍（Miodovnik, Harstad, Sideridis, & Huntington, 2015）。

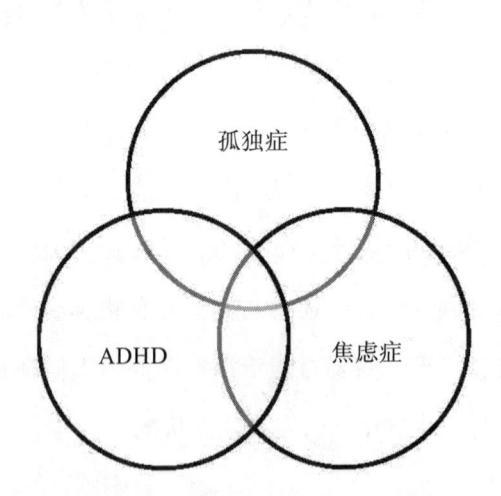

图 9.1 孤独症与其他共发障碍。40% 至 60% 的孤独症儿童同时也符合 ADHD 和焦虑症的诊断标准。

此外，研究还发现，同时伴有焦虑和 ADHD 症状会影响儿童行为干预的效果（Antshel et al., 2011）。这就是为什么目前的研究正在探讨如何调整早期干预方法（包括由家长主导的干预），来更好地满足同时患有其他精神障碍的孤独症儿童的需求。虽然这项研究仍在进行中，但导师还是可以做一些事情来助力早期干预。首先，熟悉共患精神疾病的症状，了解这些症状会如何影响孤独症幼儿。虽然这些症状可能始于婴儿期，但一般在儿童 3 岁左右时才会被发现。ADHD 的症状包括注意力不集中（如在完成任务或游戏活动时难以保持注意力、无法完成任务、容易分心）和多动/冲动（如坐立不安、扭动身体、经常离开座位、乱跑和攀爬、难以等待）。有 ADHD 的儿童（或那些后来才被诊断出有 ADHD 的儿童在婴儿时期）往往更加易怒和烦躁（Sullivan et al., 2015）。

有趣的是，这些问题对于孤独症幼儿来说很常见，尤其是在他们刚刚开始接受干预的时候。许多孤独症儿童一开始在游戏中无法集中注意力，他们会在房间里四处游荡或在家具上爬上爬下。其中一些孩子，在有人对他们提出要求时，会变得烦躁和易怒。但是，随着干预的进行，我们希望看到孩子能够越来越多地把注意力集中在有趣的、适合其能力水平的游戏活动上，并开始愿意与父母一起玩耍，而不是在房间里乱跑。从以往的临床经验中，我们还了解到，儿童在"学会学习"方面有快有慢，学会学习是指孩子能够适应游戏活动，在活动参与方面符合其年龄段的发展规律。当孩子处在能力水平的下线，导师和家长都付出了持续的努力，但孩子的进步仍然微乎其微时，就应该考虑孩子是否患有 ADHD 了。

同样地，3 岁以下的儿童被诊断为焦虑症的可能性也比较小，尽管焦虑症的症状可能会更早出现。幼儿焦虑症的常见症状包括：经常哭闹；极度恐惧（如害怕某些声音或物体）；不愿与父母分开；遇到新物品时会出现极度痛苦的反应；经常崩溃和发脾气，尤其是在新的环境中；回避某些活动；拒绝说话；对特定事物的恐惧（如害怕洗手间或狗）。研究表明，感觉高敏的孤独症儿童更有可能患焦虑症（Mazurek et al., 2013）。特定恐惧症在孤独症儿童中尤为常见，这可能与负面的感觉体验有关（例如，害怕厕所冲水的声音，从而害怕上厕所），也与注意力转移困难有关，孩子很难将注意力从负面的体验中转移出来。

如果这些症状影响到了孩子的进展，或者家长提出，这些焦虑或类似ADHD的症状干扰到了家庭生活，则需要将孩子转诊给合适的专科医生。对孤独症幼儿及其家庭的早期干预应始终由跨学科团队进行。这意味着，要么导师所在团队有其他学科背景的专业人员，要么导师知道如何根据需要适当地转介给专科医生。向心理学家、精神科医生或者儿科主治医生进行咨询，都会有所帮助。

ADHD和焦虑症在幼儿期的表现

ADHD	焦虑症
• 在游戏活动中很难集中注意力	• 经常哭泣
• 无法完成一项任务	• 恐惧感很强烈
• 很容易分心	• 分离焦虑
• 坐立不安，身体扭来扭去	• 对新事物的反应很极端
• 频繁离座	• 频繁的大发脾气、情绪崩溃
• 跑来跑去，爬上爬下	• 拒绝说话
• 等待困难	• 特定恐惧症（例如，害怕洗手间或怕狗）
• 冲动易怒	• 由感觉体验引发的恐惧

无论共患病的最终诊断结果如何，都必须调整干预措施，以兼顾到其影响。幸运的是，治疗幼儿ADHD和焦虑症的最佳实践中同样涉及应用行为分析原则的应用，而这已经是早期干预丹佛模式的一部分。当你思考如何引导孩子的行为以提高其社会参与度和学习能力时，以应用行为分析（前提—行为—结果）原则为重点的策略就尤为合适。你已经熟悉的那些行为原则，例如逐步地引入新活动，也称为"逐级接触（graded exposure）"、鼓励家长强化近似行为以逐渐达到长期的行为目标，以及不断延长孩子参与活动的时间，这些都会对孩子和家长有很大的帮助。理想情况下，导师和受过ADHD和/或焦虑症行为治疗培训的专业人员

一起与家长会面，制定调整家长辅导课程的计划，并确定共同的目标和策略。这与导师如何与言语治疗师和作业治疗师合作，共同为孩子和家长提供服务的过程并无不同。

医疗状况 / 健康问题

孤独症症状经常与多种健康问题同时存在，可能影响到儿童早期干预的效果。两种非常常见的健康问题包括睡眠障碍和肠胃问题（Holingue, Newill, Lee, Pasricha, & Daniele Fallin, 2018; Mannion & Leader, 2014）。有趣的是，这些问题在患有 ADHD 或焦虑症的儿童中更为常见。

许多幼儿中都有睡眠问题。典型发育儿童的家长中约有一半表示孩子存在睡眠问题。然而，睡眠问题在孤独症儿童中出现的比例更高。大多数孤独症儿童都有入睡问题。研究表明，孤独症儿童睡眠问题的高比例有其生物学基础，与调节睡眠—觉醒周期的基因差异有关。过去十几年的研究证实了睡眠对大脑健康状况的重要性。睡眠对巩固记忆、减轻压力和保持专注非常重要，对于大脑的发育、新技能的保持和自我调节尤为重要。很显然，这些都是影响个人生活的关键方面，而这些对于正在接受早期干预的孤独症幼儿会产生尤其大的影响。

在干预计划实施之初，当你开始了解一个孩子及其家庭时，最好向家长详细询问孩子的睡眠情况。孤独症儿童最常见的睡眠问题包括入睡困难、梦游、做噩梦和夜间频繁惊醒，需要家长进行干预。导师应该向家长进行说明，睡眠问题的存在会直接影响到孩子早期干预的效果，而且现在有一些行为干预和药物治疗的方法（如褪黑素和其他药物）能够解决大多数孤独症儿童的睡眠问题。促进养成良好睡眠习惯的简单的行为干预措施包括：建立有规律的夜间作息、限制睡前电子设备的使用，以及使用消退法减少睡前需求。要解决长期存在的睡眠问题，应将患儿转介给儿科主治医生。

孩子的哪些行为会让你怀疑他睡眠不足？有睡眠障碍的孩子在玩耍时往往更难保持注意力、易怒、经常发脾气，并且更难掌握新的技能。

> **孩子睡眠不足的表现**
> - 在游戏中难以保持注意力
> - 烦躁易怒
> - 难以维持新学的技能
> - 在日间经常犯困，精神不佳

　　研究发现，孤独症儿童比其他儿童更经常出现肠胃问题。最常见的肠胃问题是便秘、腹泻和腹痛。研究还表明，有肠胃问题的儿童更容易失眠，更易怒，经常发脾气和表现出攻击性。由于语言障碍和对身体的认知能力较差，一些孤独症儿童不会告诉父母自己肚子疼。相反，家长和导师需要寻找孩子可能肠胃不适的迹象。肠胃不适的迹象可能包括抱怨、呻吟、尖叫、"无缘无故"地抽泣、表情痛苦、蜷缩身体、用力按自己腹部、身体扭来扭去、烦躁、自伤行为、睡眠障碍和易怒。如果导师或家长发现孩子有这些行为，尤其是突然出现这些行为时，一定要让医生对孩子进行评估。转诊给孩子的儿科主治医生是比较合适的处理。儿科医生可能会建议由儿科胃肠病医生对孩子进行评估。对孤独症儿童胃肠道问题的治疗方法已经有很多深入研究，成果也发表了出来（Furuta et al., 2012）。治疗胃肠道疾病将有助于家长辅导干预的开展，让儿童从中受益。

　　尽管本节重点讨论的是最常见的共患精神障碍和健康问题，但许多其他病症也是有可能出现的，会对儿童的健康造成不利影响，影响家长主导干预的效果。其他的常见疾病包括进食和喂养问题、过敏、营养不良、感官障碍如听力和视力问题、对孩子的能力有特定影响的特殊遗传病（如脆性 X 染色体综合征）、癫痫等。导师应该熟悉这些情况，并制定跨学科合作的方案，以确保儿童能从早期干预中获得最大的发展。

> 很多孤独症儿童还同时存在其他健康问题，例如睡眠问题和胃肠道问题。我们要留意这些问题，注意观察孩子的状态和症状表现。

孩子肠胃问题的表现

- 哼哼唧唧（发牢骚），呻吟
- 表情痛苦，蜷缩身体
- 用力按自己腹部
- 身体扭来扭去，姿势怪异
- 焦虑不安，烦躁易怒
- 出现自伤行为

资源缺乏社区的儿童和家庭

采用以家长为主导的早期干预丹佛模式通常有一些重要前提，那就是家长需要有足够的资源和精力经常约见导师；能够定期从工作或者其他日常活动中抽出时间来参加家长辅导课程；家中有玩具、橡皮泥、玩偶等材料；家庭环境不嘈杂、不拥挤、足够安全，并且家长不会过于繁忙，有持续的时间来专注于亲子互动（例如，与孩子一起吃饭和给孩子洗澡）。世界上大多数家庭环境都很难同时满足我们在干预过程中提出的大多数条件。导师必须了解孩子的家庭环境，并在设定家长和孩子的目标时将这些因素考虑在内。他们多久来干预一次？谁会参与其中？在家里的干预练习何时进行？许多家庭面临的一个主要困难是居住在城市的郊区，因此很难定期去见导师。科技的进步让使用远程医疗的方式辅导家长主导干预成为可能（第七章里面有提到）。这些远程医疗的方法包括使用智能手机APP、DVD、视频会议和在线课程内容。最近，有一篇总结分析了使用远程医疗实施家长主导干预的九项相关研究的系统综述发表，其中包括由劳里·维斯马拉开展的以家长为主导的早期干预丹佛模式的研究（Parsons, Cordier, Vaz, & Lee, 2017）。该文献总共涉及美国、加拿大和澳大利亚的197名家长。这篇文献综述的结论是，远程医疗的方法有利于提高家长的知识水平，改善儿童的社交行为和沟通技能。虽然这一研究仍处于早期阶段，但在未来有很大的可能帮助到更多因地理位置而无法与导师面对面交流的家庭。

在过去几年中，人们越来越关注如何解决中低收入国家与西方富裕国家在满足孤独症幼儿的干预需求方面所存在的巨大差距。事实上，绝大多数孤独症儿童都生活在低收入国家，在学龄前得不到任何治疗。即使到了上学年龄，这些儿童中的大多数也无法获得针对孤独症的专门服务。这意味着大多数孤独症儿童将继续存在严重的发育障碍，包括行为、沟通和认知障碍，这也给他们的家庭带来了巨大的压力。显然，这一问题不能简单地通过培训更多的专业人员来解决。仅印度就有500多万2~9岁的孤独症儿童（Arora et al., 2018）。目前正在考察的一种方法是培训非专业的社区卫生工作者，使他们成为教授家长介导干预策略的导师，即"任务转移（task-shifting）"。这种方法满足了一些抑郁症、艾滋病和精神分裂症等患者的需求。这是一项重要的工作，需要对目前循证的家长干预措施进行大量调整，使其在文化上适合资源缺乏的环境。这一调整包括：(1)对家长和社区工作者进行焦点小组讨论和定性访谈，以更好地了解其文化背景、态度、价值观、资源和局限性；(2)调整干预手册内容，使他们更贴近文化背景，适合非专业人员使用，并且切实可行。例如，可以鼓励家长在日常游戏中使用水、树枝、树叶和其他常见材料，而不一定是花钱买的玩具。劳伦·弗兰茨（Lauren Franz）是一名儿童精神科医生，过去几年一直在非洲工作，以增加患孤独症幼儿获得早期干预的机会（Franz et al., 2018）。因为看到了以家长为主导的早期干预丹佛模式对非洲家庭的潜在帮助，她一直在调整干预策略，使其在撒哈拉以南的非洲地区具有文化适宜性和更高的可行性。她首先系统地研究了共同活动框架（包括嵌入早期干预丹佛模式的游戏常规）的使用是否适用于南非资源匮乏、文化多样的环境。她与家长及其他看护人员密切合作，以了解共同活动框架在多文化、多语言的南非环境中是否可行。她发现，事实上，南非的父母们很容易描述出他们在日常生活中的许多共同活动流程，这表明在这个资源匮乏的国家，早期干预丹佛模式也是一种很有前景的早期干预方法（Ramseur et al., 2019）。弗兰茨目前正在开展一项试验，评估由社区工作者提供的家长为主导的早期干预丹佛模式对改善南非孤独症幼儿及其家庭状况方面的效果。弗兰茨的工作是振奋人心的进展之一，它为全球各个资源匮乏地区的家庭带来了希望。最近的研究表明，在世界其他地区，由家长提供的干预为孤独症儿童带来了积极的改变。在印度果阿和巴基斯坦的拉瓦尔品第由非专业的卫生工作者担任导师进行家长主导干预，其结果表明，在发达地区所使用的干预措施是可行的，但需要进行调整和任务转嫁，这项研究在改善亲子互动方面取得了积极的成果（Rahman et al., 2016）。另一项研究成果让人备受鼓舞，表明了家长主导干预很有可能成为解决大多数孤独症幼儿及其家庭干预差距的关键因素。

对有孤独症风险的婴儿采取家长干预措施

对有孤独症遗传风险的婴儿（例如孤独症孩子的兄弟姐妹）的观察，以及对孤独症患者在婴幼儿时期的家庭录像进行研究，揭示了孤独症的最早期症状（Osterling & Dawson, 1994; Ozonoff et al., 2010）。其中，约有四分之一的孤独症儿童在刚出生时发育正常，但在第二年或第三年会出现技能退化，而大多数孤独症儿童在出生后第一年的下半年就开始出现症状。最早出现的症状包括：眼神接触欠佳；交流性的咿呀学语变少；被叫到名字时不知道看向他人；不会使用手势，尤其是不会用手指物；性格特殊（过于激动或过于安静被动）。我们通过对哥哥/姐姐患有孤独症的婴儿群体进行前瞻性的跟踪研究，了解到了很多孤独症婴儿早期症状的信息，因为这些婴儿中大约有五分之一会确诊孤独症谱系障碍（Ozonoff et al., 2011）。此类研究表明，后期患有孤独症的婴儿从2~6个月开始观察世界的方式就有所不同（Jones & Klin, 2013）。

随着我们对婴儿孤独症症状越来越准确的识别，研究人员一直在开发相应的干预策略来促进孤独症高风险儿童的社交和沟通能力的发展。家长主导的干预措施尤其适合婴儿。虽然研究才刚刚开始，但已有三项概念验证研究初步证明了对孤独症高风险儿童进行早期干预的有效性。第一项研究由加州大学戴维斯分校的罗杰斯及其同事进行（Rogers et al., 2014）。总共 14 名年龄在 7~15 个月之间、已经表现出孤独症早期行为症状的婴儿参与了这项研究。这些症状包括缺乏交流性的咿呀学语、过度专注于物品、重复刻板行为、眼神关注没有在父母与物品之间轮换，以及在与人互动时表现出较低的兴趣。14 名婴儿中的 7 名接受了 12 节每周一次的家长辅导课。其余 7 名拒绝接受干预的婴儿组成了对照组。所使用的干预措施是婴儿版的早期干预丹佛模式，在干预过程中会指导家长使用互动策略，促进孩子的社会性参与和沟通。在 18~36 个月时，接受干预的婴儿比未接受干预的婴儿表现出更少的孤独症症状（尽管他们仍然具备一些孤独症特质）。家长接受了辅导的婴儿在穆伦量表（Mullen Scales）上的语言得分也相对较高，与典型发育婴儿的语言得分相近，而家长未接受辅导的婴儿，其语言能力则明显滞后。

第二项研究由格林及其同事在英国进行（Green et al., 2015）。这是一项随机对照试验，研究对象为 54 名 7~10 个月大的婴儿，他们都有一个患有孤独症的哥哥或姐姐，其中一半的婴儿接受了家长主导的干预，其父母接受了家长辅导。在干预结束时，父母接受辅导的婴儿表现出的孤独症症状较少。三年后，家长主导干预组儿童的症状较轻，在亲子互动过程中，注意力也更集中，有更多的主动性社交发起（Green et al., 2017）。3 岁时，干预对儿童整体发育或语言水平的影响没有表现出来。

第三项研究由道森及其同事进行（Jones, Dawson, Kelly, Estes, & Webb, 2017）。36 名高危婴儿在 6 个月大时接受了一项测试，对婴儿回忆面孔的能力（已证实孤独症儿童在这一技能领域存在缺陷）进行了评估。让婴儿观看动态的社交和非社交刺激的视频，记录其脑电图（electroencephalography，EEG）的情况，以及在事件相关电位（ERP）[①]测试中通过记录婴儿大脑对人脸和物品的反应，来对婴儿的大脑活动进行评估。9个月大时，婴儿被随机分配到无干预组和家长主导干预组，后者的重点针对婴儿的社交性参与和沟通进行干预。在婴儿12个月和18个月大时进行评估，接受干预的婴儿更善于回忆面孔，并在面对社交刺激时表现出正常的大脑活动模式。这些早期干预研究很有前景。我们需要对更多的样本量进行研究，以重现这些发现，了解有效干预的关键因素，明确哪些早期干预措施对个体是最有效的。

展望未来

在对孤独症早期干预的研究和实践中，我们清楚地认识到，通过家长辅导来支持家长实施的干预可以为儿童和家庭提供很多帮助，对于12~30个月大的幼儿来说是一个合适的出发点（Rogers et al., 2014）。展望未来，以下建议能帮助我们提高信心，完善我们与孤独症幼儿的互动方法：

1. 我们需要更多的实证来证明家长主导干预对儿童发展的影响，包括了解与发展结果差异相关的因素。 我们还需要更多的纵向数据，以研究基于家长辅导的干预与治疗师直接提供的干预相比，是否会对儿童的发育商数（即智商）和症状产生类似的影响（Rogers et al., 2014）。韦瑟比等人（2014）的研究表明，家长实施的干预措施对改善儿童的发育状况具有潜在的作用，但还需要更多的实证研究支持。我们有充分的理由反对将语言学习和整体发展速度的改善作为衡量干预是否有效的最重要标准。然而，我们几乎没有其他可行的成效衡量标准。大多数衡量标准，包括评估适应性行为的标准，都与智商的提高相关。纵向研究表明，智商和语言学习（而非孤独症症状）最能预测长期结果（尽管这些因素都并不是独

[①] 编注：事件相关电位（event-related potential, ERP），一种神经科学研究方法，通过记录大脑在特定刺激事件发生时产生的电位变化，来研究大脑对这些事件的反应和处理过程。

立于其他因素的），而只关注孤独症症状的改善程度并不能解决这个问题。

有一些人本主义和以障碍本身为中心的论点反对采取以结果为导向的干预措施，而倾向于以包容性为导向的干预措施，但这些论点和替代方案更适合讨论残障成人，而不是幼儿。幼儿一贯的"角色"是学习者，学会交流、游戏，并以符合家庭价值观、文化和社区要求的方式参与家庭生活。因此，幼儿取得了一定的进步通常是指他们在沟通、社会交往、游戏、家庭参与和独立生活技能等方面得到了进一步发展。将这些期望寄托在残障儿童身上，并不是放大他们的残障或缺陷，而是基于他们作为儿童的社会角色提供支持，这对许多家庭来说都很重要。

2. 我们需要掌握跨学科的实践技能。跨学科协作的早期干预模式被认为是最佳的干预实践。然而在实际情况中，临床实践更可能是以多学科的形式，而不是跨学科的。许多家庭经常要看许多专家，这些专家会解决孩子的不同需求，但这些专家之间往往并没有紧密合作，也没有制定连贯的、全面的干预计划。专科化继续存在的主要原因是医疗计费和报销流程都是各专业领域单独结算而不支持跨学科的治疗。解决家庭、环境、健康和行为（社会、情感、语言、认知）等方面的需求，对儿童进行全面的治疗，能为儿童带来最佳的治疗效果。

理论上来说，考虑到所需人员的配置模式，采用不依赖于医疗报销资金的"0~3岁"早期干预计划是完全可以实现跨学科治疗的。然而，跨学科实践是需要时间来完成的，它需要整个团队共同制定和实施干预计划，以共享专业知识和技能，促进整个团队的跨学科合作。当一群家长、幼儿和他们的跨学科团队在同一时间、同一地点聚集在一起时，这种跨学科的信息流通就会发挥作用。然而，由于最少限制的干预环境要求和自然情境干预的趋势，家访已成为提供早期干预的主要方法。出于人力成本的考量，家访并不是跨学科团队协作的可行方式。未来，要更加关注促进跨学科协作的方式创新，这对于儿童实现最大的发展潜能非常重要。

3. 我们需要从专家模式过渡到以家庭为中心的评估和指导干预模式。与针对其他类型发育障碍的早期干预不同，针对孤独症的早期干预服务通常依赖于专业驱动的儿童和家庭干预模式（参见 Dunst & Trivette, 2009a, 2009b），这也是不同模式的核心差异。家长辅导关系与以家庭为中心的支持理念是一致的。它是一种服务模式，从与家庭的第一次接触开始，到更多接触、评估、反馈和计划，都采用了以家庭为中心的做法。以家庭为中心的服务已经为家长和导师之间的辅导关系奠定了基础。更重要的是，与以专家为基础的模式相比，以家庭为中心的模式能为家庭和儿童带来更大的帮助（参见 Dunst & Trivette, 2009b，多项研究和荟萃分析综述）。

对于那些仍在接受专业培训或计划在儿科环境中工作的人来说，以家庭为中心的治疗和家长辅导的实践需要成为医疗、保健辅助和早期教育领域课程的一部分。对于那些已经在早期干预领域工作的专业人员来说，与家长辅导和以家庭为中心的干预相关的在职培训讲习班以及认证项目的费用也需要降低，让他们可以参与。

4. 当家长实施干预时，我们需要更清楚地了解和界定家长辅导关系的特点。在采用导师模式的家长主导干预研究中，儿童和家长都是导师干预的接受者，而导师和家长都是干预的实施者。这些关系应该是怎样的呢？早期干预研究人员已经详细描述了成人与儿童互动的类型，这些互动有助于儿童取得进步，正如各种干预信效度评估所显示的那样。然而，在以儿童为中心的干预研究中，针对干预人员的"干预信效度"评估的必要性不言而喻，而在由家长主导干预的研究中，这一项评估同样是必要的。导师需要采取哪些行动，提供哪些支持才能最有效地支持家长实施干预？我们如何衡量这些技能？培训、研究和个人执业中都需要这样的工具。现有的文献中有提供针对一般残障类型的家长辅导工具，但这些工具的适用对象可能不包括孤独症群体。我们不知道现有工具对孤独症幼儿家长的帮助是否与对其他残障儿童家长的帮助一样。研究发现，孤独症儿童的家长与典型发育儿童或其他发育障碍儿童的家长相比，承受着更大的压力（Hayes & Watson, 2013; Sanders & Morgan, 1997）。对针对其他发育障碍儿童所研发的家长辅导和以家庭为中心的干预模式（相对于专家模式）进行分析，研究其对孤独症儿童家庭是否同样有帮助，这很有必要。

结语

在本书中，我们分享了在指导家长帮助特殊孩子与自己和其他家庭成员沟通、学习及互动方面的知识和临床经验。我们要为家长提供支持，教授他们技能。要做到这一点，最好的办法是以家庭为中心的模式，让家长成为"专家"。儿童发展学科和早期筛查方面的研究对我们目前以家长为中心的互动模式产生了重大影响，还有关于成人如何学习的研究也带来了很多影响。后者为我们与家长合作的策略提供了思路，包括如何通过支持家长提高自身的能力来学习、实践干预策略，调整固有的习惯，替代先前的行为。有关成人学习的研究为治疗师担任导师而非专家或培训师的角色提供了强有力的支持。

我们已经描述了以家长为中心的干预的自然发展过程，它通常包括了以家长学习为中心的阶段，然后是以实现儿童学习目标为中心的第二阶段。由于干预过程中难免会遇到挫折和挑战，我们介绍了如何调整治疗计划，增加灵活性以适应每个家庭的特定需求。正如每个孤独症儿童都有其独特的优势和问题一样，每位家长也会在治疗过程中体现出独特的过往经历、资源、期望、文化和家庭态度、价值观以及个人特点。导师在与家庭合作时所表现出的灵活性和充分的尊重促进了个性化干预的实施。

在如何促进孤独症儿童及其家庭的发展和学习方面，我们已经学到了很多。为全世界的家庭和儿童提供更多获取知识的途径，将帮助这些儿童在成长过程中很大程度地改善他们在社会生活中的参与程度——这是对所有专业干预者的挑战。学习如何尽早发现儿童的困境，以较低的成本提供可行、可及的干预措施，并取得一定的干预效果，这仍然是全世界孤独症研究人员和从业人员所面临的挑战。

附录A
家长辅导课程中常用的讲义和清单

正如第四、五、六章的内容所述，我们在家长辅导中会使用许多简单的纸笔工具来组织思路、准备课程、在课程中做笔记、计时、记录数据、评价自己的技能以及做好课程管理。使用这些工具可以让导师保持严谨，进行大量的教学，保存所有参与者的课程数据，并且仍然能做到以家庭为中心、保持审慎、不断反思自身，这些都是早期干预丹佛模式的核心特征。我们发现，越有经验、越熟练的导师反而最依赖这些工具；因此，我们认为这些工具对于保持该模式的质量和效力至关重要。

内容目录

附录 A.1：导师的随身清单	284
附录 A.2：课程计划表（导师用）	285
附录 A.3：家长日常练习图表	286
附录 A.4：活动类型图鉴	288
附录 A.5：主题要点清单/冰箱便利清单	289
附录 A.6：P-ESDM 信效度检核表	290
附录 A.7：家长技能检核清单	291
附录 A.8：家长自检表	294
附录 A.9：导师操作信效度检核表	296
附录 A.10：ESDM 家长辅导信效度评分工具	298
附录 A.11：变化阶段及可行性策略	309

附录A.1　导师的随身清单

---

1. 导师的课程计划表

2. 便利贴

3. 学生数据表

4. 家长操作信效度检核表

5. 学生目标清单

6. 活动分类图鉴

7. 便利提示清单/冰箱便利清单

8. 家长日常练习图表

9. 导师操作信效度检核表

10. 导师操作信效度数据表

来源：*Coaching Parents of Young Children with Autism: Promoting Connection, Communication, and Learning* by Sally J. Rogers, Laurie A. Vismara, and Geraldine Dawson. Copyright © 2021 The Guilford Press. 购买本书的读者可以复印用于个人工作和学习（详见版权页说明）。读者可下载本表格的高清版。

附录A.2　课程计划表（导师用）

治疗师：＿＿＿＿＿＿＿＿＿　日期：＿＿＿＿＿＿＿＿＿　学生：＿＿＿＿＿＿＿＿＿
第几节课：＿＿＿＿＿＿＿
上一节课中的家长辅导主题：＿＿＿＿＿＿＿＿＿＿＿＿＿＿＿＿＿＿＿＿＿＿＿＿＿＿
上次课程中需要继续沟通的要点：＿＿＿＿＿＿＿＿＿＿＿＿＿＿＿＿＿＿＿＿＿＿＿

时间	活动	笔记
0~5 分钟	问好： • 初步交流 • 收集数据并对家长表示感谢	
5~10 分钟	进展报告： • 上周的焦点 • 和孩子的功课进展如何？ • 今天想要达成哪些目标？	
10~15 分钟	活动1：热身 • 你和孩子的亲子活动进行得怎么样，展示一下；同时收集家长信效度数据	
15~20 分钟	复盘和讨论 • 你感觉如何？ 参考已经教学过的主题的相关笔记	
20~30 分钟	讨论是否准备好进入新的主题 或者继续讨论当前主题（根据自己的学习节奏）	
30~35 分钟	活动2：家长辅导：不同的活动类型 同步记录孩子的数据。	
35~40 分钟	复盘，分析，制定计划	
40~45 分钟	活动3：家长辅导：不同的活动类型 • 家长练习新的技能 同步记录孩子的数据	
45~50 分钟	复盘，分析，制定计划	
50~60 分钟	开放性讨论时间，或者最后再进行一项活动	
60~65 分钟	审核家长和孩子居家的活动计划	
65~75 分钟	准备结束课程，整理教具，和大家说再见	

备注：＿＿＿＿＿＿＿＿＿＿＿＿＿＿＿＿＿＿＿＿＿＿＿＿＿＿＿＿＿＿＿＿＿＿＿＿＿

来源：*Coaching Parents of Young Children with Autism: Promoting Connection, Communication, and Learning* by Sally J. Rogers, Laurie A. Vismara, and Geraldine Dawson. Copyright © 2021 The Guilford Press. 购买本书的读者可以复印用于个人工作和学习（详见版权页说明）。读者可下载本表格的高清版。

附录A.3 家长日常练习图表

本周的侧重点	共同活动（使用物品） 学习玩玩具：娃娃、泡泡棒、气球、发声玩具、球类	感觉社交游戏 不使用玩具的社交游戏：躲猫猫、爬/打滚、韵律、唱歌；户外活动	照护 穿衣、换尿布、洗澡、洗手、梳头、刷牙、睡前活动	正餐和零食 备餐、吃饭、收拾和清洗	共同阅读 一起看书、看相册，以及看平板电脑里的照片	家务 取信，洗衣，使用洗碗机，擦灰，洗车物，浇花，照顾宠物
1.						
2.						
3.						
4.						
5.						
6.						

图例：+ 今天做了这项活动并且很成功。
－ 今天尝试了但没有很成功。
× 今天没来得及做这项活动。

日期：_____
今日计划：_____

(续表)

家长今日小结

今天和孩子的互动中有哪些特殊的地方：	
今天的内容中，以下部分给了我更多信心：	
在这些方面我觉得需要更多的帮助：	
明天我的计划是：	

来源：*Coaching Parents of Young Children with Autism: Promoting Connection, Communication, and Learning* by Sally J. Rogers, Laurie A. Vismara, and Geraldine Dawson. Copyright © 2021 The Guilford Press. 购买本书的读者可以复印用于个人工作和学习（详见版权页说明）。读者可下载本表格的高清版。

附录A.4　活动类型图鉴

洗澡/沐浴	读书
穿衣服/换尿布	家务活动
用餐	户外活动
感觉社交游戏	玩玩具

来源：*Coaching Parents of Young Children with Autism: Promoting Connection, Communication, and Learning* by Sally J. Rogers, Laurie A. Vismara, and Geraldine Dawson. Copyright © 2021 The Guilford Press. 购买本书的读者可以复印用于个人工作和学习（详见版权页说明）。读者可下载本表格的高清版。

附录A.5 主题要点清单/冰箱便利清单

获取孩子的关注

目标：增加孩子对你的关注

步骤：

- 找到孩子当前关注的焦点

- 循着孩子的视线找准方向，并面对面靠近孩子，停在伸手能够碰到对方的地方

- 消除所有干扰孩子注意力的因素

- 找到孩子的舒适区域，并适当停留

- 跟随孩子的引导：积极聆听、描述、帮助和模仿

来源：*An Early Start for Your Child with Autism* by Sally J. Rogers, Geraldine Dawson, & Laurie A. Vismara. Copyright ©2012 The Guilford Press. 授权用于 Coaching Parents of Young Children with Autism: Promoting Connection, Communication, and Learning (Guilford Press, 2021) 一书。购买本书的读者可以复印用于个人工作和学习（详见版权页说明）。读者可下载本表格的高清版。

附录A.6　　P‑ESDM 信效度检核表

导师：_____　　家长姓名&日期：_____

孩子姓名&第几次课：_____

项目	活动 1	活动 2	活动 3
a. 孩子的注意力管理			
b. ABC 行为模式			
c. 授课技巧			
d. 孩子状态的调动与调节			
e. 问题行为管理			
f. 轮流／双向沟通情况			
g. 加强孩子的动机			
h. 成年人表现出积极正向的情感			
i. 成年人表现出敏感度和责任感			
j. 沟通方式多样			
k. 成年人的语言			
l. 共同活动及拓展			
m. 活动空间转换			
备注：			

计分规则：在计分前过一遍整个活动流程。在打分之前阅读每个评分项的完整说明。给出一个单一的分数。在方框内注明计分原因。有关打分标准，请参阅罗杰斯和道森（2010）的书籍中的完整说明。

来源：*Coaching Parents of Young Children with Autism: Promoting Connection, Communication, and Learning* by Sally J. Rogers, Laurie A. Vismara, and Geraldine Dawson. Copyright © 2021 The Guilford Press. 购买本书的读者可以复印用于个人工作和学习（详见版权页说明）。读者可下载本表格的高清版。

附录A.7　家长技能检核清单

家长姓名：_____　评分人：_____

活动			技能
1	2	3	
\multicolumn{4}{c}{**获得关注：吸引孩子的注意力**}			
			正对孩子，保持足够近的距离，伸手能碰到彼此，并且保持舒适的坐姿/站姿来开展活动。
			能够留意到分散孩子注意力的事物，并能够通过有效的方式来减少干扰。
			当有其他人想要加入时，能够等待并轮流，而不是直接打断孩子的注意力。
			能够处在适当的位置并保持适当的距离，这样孩子不会移开视线，转身躲开或直接躺地。
			能够尽全力帮助孩子参与活动，并制定恰当的任务要求。
			能够有计划地准备教具、设置活动，来鼓励孩子主动发起互动。
\multicolumn{4}{c}{**跟随孩子的指引**}			
			能够跟随孩子的兴趣而不是强行要求孩子进行某类活动。必要的时候，可以提供多种适当的活动，供孩子挑选。
			能够观察孩子的行动，欣赏并记录孩子正在做/正在注视的事物。
			能够通过模仿孩子的目标行为参与活动，包括声音的模仿。
			能够帮助孩子更高效地达成目标，例如重复某些活动或者给孩子想要的物品等。
\multicolumn{4}{c}{**通过感觉社交游戏来提高孩子的幸福感和社交参与度，并提升其能力水平**}			
			能够进行感觉社交游戏。
			能够通过暂停来激发孩子积极沟通的愿望，从而继续开展感觉社交游戏。
			能够通过感觉社交游戏来维持或提高学生的能力水平。

注释：填写加号（+）表示在大多数学习机会中使用了该技能，填写 +/− 表示在大约一半的学习机会中使用了该技能，填写减号（−）表示在感觉社交游戏中使用该技能的机会很少或没有。如果完全没有机会，则填写 N/O。

来源：*Coaching Parents of Young Children with Autism: Promoting Connection, Communication, and Learning* by Sally J. Rogers, Laurie A. Vismara, and Geraldine Dawson. Copyright © 2021 The Guilford Press. 购买本书的读者可以复印用于个人工作和学习（详见版权页说明）。读者可下载本表格的高清版。

(续表)

活动 1	活动 2	活动 3	技能
	**孤掌难鸣：建立一来一回的共同活动流程，以提高参与度和增加学习机会**
			使用匹配孩子年龄和兴趣的玩具或教具。
			选择适合轮流玩耍并能够进行多种玩法的教具。
			在感觉社交游戏和玩玩具的过程中使用共同活动的"四个部分"。
			在轮流中保持成年人和孩子主导的平衡，创建游戏主题。
			成年人的回合持续时长与孩子的注意力水平相匹配。
			能够判断出孩子的注意力程度正在下降，进入了过度刺激或者刺激匮乏的状态，或者玩法变得刻板重复。
			让孩子帮助完成部分的或所有的整理工作。能够使用多种策略帮助孩子进行活动转换。
	**用肢体来表达：帮助孩子学习使用肢体语言**
			为孩子创造大量机会来学习用手势沟通。
			能够识别细微的肢体语言或者沟通意愿。
			能够适当引导沟通，并对孩子的手势采取适当的回应。
			能够耐心等待孩子的沟通表达。
			能够坚持不懈地帮助孩子，直到孩子成功完成沟通表达。
			能够在不同的情景中辅助孩子使用肢体语言进行交流。
	**跟我做！通过模仿帮助孩子学习**
			会模仿孩子的发声，并进行适当拓展。
			能够跟孩子各拿一套玩具进行模仿游戏，或者使用多件的玩具套装进行模仿。
			能够经常模仿孩子进行的物品操作。
			能够在每个感觉社交游戏中设置至少一个肢体动作或手势用于模仿教学。
			能够在感觉社交游戏和日常流程中加入表情和声音效果。
			遵循逐字增加的原则，帮助孩子在不同的活动中都进行语言模仿。
			在上手帮助孩子之前能做稍做暂停，给孩子独立尝试模仿的机会。
			能够通过适当的提示引导孩子进行模仿。
			对于贴近孩子发展需求的模仿目标，能够提供多次重复、拓展的模仿学习机会。

（续表）

活动 1	活动 2	活动 3	技能点
			利用学习的基础原理帮助孩子参与学习、进行沟通并且习得新的技能
			在目标活动中能够明确知道学习目标，对于理想行为和非理想行为，能够理解其相关前提和结果。
			能够在理想行为和非理想行为发生后，熟练地、持续地使用前提和结果策略来塑造适应性技能。
			能够在最重要的活动中创造多个高质量的 ABC 三段式学习机会。
			共同注意三角：与他人分享对物品和活动的兴趣
			能够提供多次学习机会来发展共同注意：帮助，给予，展示，指向。
			能够熟练地运用言语、手势和行为 ABC 策略来开发或保持互联注意中手势的使用。
			能够熟练地教授用手指物，来关注、放置、选择、拾起物品，例如玩具、食物、书中的图片以及其他物品。
			能够熟练地支持孩子在共同注意的活动中将眼神和手势配合起来。
			教导孩子灵活独立地玩耍
			在所有的目标活动中，通过共同活动中的主题和扩展环节教授新的物品操作和模仿技能。
			发展言语/语言：通过积极的社交参与，支持孩子使用和理解语言
			适当地模仿和拓展孩子的发声。
			与孩子一起进行交替的声音互动，有效使用停顿—等待的策略来支持孩子的回合。
			使用许多音效、单词、歌曲游戏和"婴儿游戏"（将简单的声音和动作进行配对的游戏）与孩子进行互动。
			能够恰当地引导并加强孩子的词语表达，支持孩子的言语/语言发展。
			在不同的语言使用场景中，支持孩子使用语言（拓展不同的语用功能）。
			持续地帮助孩子遵照指令。
			在语言学习的活动中使用适当的语言表达，匹配孩子的能力和需求。

附录A.8　家长自检表

家长：_____　日期：_____　活动：_____

a. 孩子在整个活动过程中始终表现出对活动和对我本人的持续兴趣。	1 不多	2 偶尔	3 基本可以
下次我准备这样做：			
b. 孩子的注意力没有分散；或者如果出现了分散的情况，我尽了最大的努力去管理干扰因素，将孩子的注意力集中在我和活动上面。	1 不多	2 偶尔	3 基本可以
下次我准备这样做：			
c. 在活动中，我和孩子频繁进行了眼神交流和面对面互动。	1 不多	2 偶尔	3 基本可以
下次我准备这样做：			
d. 我和孩子玩得很开心。我们经常一起笑，享受着整个过程。	1 不多	2 偶尔	3 基本可以
下次我准备这样做：			
e. 在活动中，我跟随孩子的注意力，而不是仅仅试图将孩子的注意力从一件事情转移到另一件事情上面。	1 不多	2 偶尔	3 基本可以
下次我准备这样做：			
f. 在我们的活动中，我和孩子之间有很多的轮流参与，无论是在活动操作上还是在沟通上。	1 不多	2 偶尔	3 基本可以
下次我准备这样做：			
g. 轮到我的回合时，我进行了评论、模仿、示范，并根据孩子的活动参与情况进行了详细阐述。	1 不多	2 偶尔	3 基本可以
下次我准备这样做：			
h. 在活动中，我为孩子提供了许多通过眼神、肢体语言和声音沟通的机会。	1 不多	2 偶尔	3 基本可以
下次我准备这样做：			

来源：*Coaching Parents of Young Children with Autism: Promoting Connection, Communication, and Learning* by Sally J. Rogers, Laurie A. Vismara, and Geraldine Dawson. Copyright © 2021 The Guilford Press. 购买本书的读者可以复印用于个人工作和学习（详见版权页说明）。读者可下载本表格的高清版。

（续表）

i. 我会持续地模仿孩子的声音，或将它们扩展为具有相同声母/韵母的单词。	1 不多	2 偶尔	3 基本可以
下次我准备这样做：			
j. 我坚持通过给事物和动作命名，来回应孩子的眼神、微笑、声音和动作。	1 不多	2 偶尔	3 基本可以
下次我准备这样做：			
k. 我对孩子的活动操作进行了描述，并加入了声音效果。	1 不多	2 偶尔	3 基本可以
下次我准备这样做：			
l. 我们的共同活动包含了四个部分：准备、主题、变化/扩展和结束。	1 不多	2 偶尔	3 基本可以
下次我准备这样做：			
m. 我通过帮助、参与和模仿孩子的动作，跟随孩子进入游戏。	1 不多	2 偶尔	3 基本可以
下次我准备这样做：			
n. 当孩子的注意力出现转移时，我会用恰当的语言和行动来跟随这个变化。	1 不多	2 偶尔	3 基本可以
下次我准备这样做：			
o. 我给孩子示范游戏动作，这些动作他/她可以独立完成，或者只需要很少的帮助。	1 不多	2 偶尔	3 基本可以
下次我准备这样做：			
p. 我向孩子展示了新的游戏动作，重复了两到三次，然后等待他/她模仿，必要时辅助他/她进行模仿。	1 不多	2 偶尔	3 基本可以
下次我准备这样做：			
q. 如果孩子在做某个动作或玩某个玩具时不知道怎么继续，开始出现刻板重复行为，我会找到方法来引导他/她参与新的活动。	1 不多	2 偶尔	3 基本可以
下次我准备这样做：			

附录A.9 导师操作信效度检核表

+/-	准备	备注
	向家长和孩子问好	
	家长反馈本周重点事件	
	家长确认过去一周和孩子练习的重点	
	家长分析在哪些方面表现不错，哪些不太好	
	家长确认还有哪些问题、担忧或是其他任何想要讨论的话题	
	导师在本环节中表现出了积极聆听的职业素养	
	收集数据，做好相应的注释	
	尽量避免冗长的对话交流	
	能够顺利进入热身环节	

+/-	热身和准备活动	备注
	家长和孩子在不被打扰的情况下进行	
	活动能够体现过去一周重点的主题	
	家长针对活动分享了有价值/有建设性的建议	
	导师就家长的操作技巧和家长的关注点进行点评	
	本次课程的目标和计划是通过共同讨论而确立的	
	能够顺利进入学习——家长辅导的环节	

来源：*Coaching Parents of Young Children with Autism: Promoting Connection, Communication, and Learning* by Sally J. Rogers, Laurie A. Vismara, and Geraldine Dawson. Copyright © 2021 The Guilford Press. 购买本书的读者可以复印用于个人工作和学习（详见版权页说明）。读者可下载本表格的高清版。

（续表）

+/-	家长辅导活动	活动 1	活动 2	活动 3
	根据活动需要检核要点、所需工具或关键概念，来完成准备工作			
	在家长进行活动时提供足够的辅导以帮助家长实现目标			
	家长辅导的内容能够真正帮助到家长，且不会破坏正在进行的亲子互动			
	在活动后，家长和导师都分享了各自的反思/自我评价/接下来的计划			
	导师能够安排好孩子，让家长有时间思考，孩子不会干扰到家长			
	导师的点评对家长很有帮助，并引导家长制定出行动计划			
	意见交换是自然而然的，不生硬，而且交换的信息是建设性的，而不是批判性的			
	水到渠成地形成了下一个活动的目标和计划			
	同样的活动能体现出不同的家庭日常			

+/-	结束	活动 1	活动 2	活动 3
	在平等的氛围中进行总结交流			
	讨论了目标技能在其他活动中泛化的可能性			
	对开场提出的问题都有进行讨论			
	结束环节安排了足够的时间			
	正式说再见			
	确定了下次课程的时间和地点			
	送家长和孩子离开教室，过程顺利			

附录A.10　ESDM家长辅导信效度评分工具

　　A. 问候和签到：导师问候家长和孩子。家长应提供过去一周的大体总结，明确自己在过去一周中与孩子的训练重点，通常在上一次课程中会对重点进行确认。治疗师/导师会收集上次课程之后家长记录的所有数据。家长还可以提出其他问题或关注点，导师正面认可家长的努力。这个阶段时间较短，为快速进入活动做好准备。

　　评分标准：

　　1. 没有邀请或者没有创造机会让家长分享自上次课程以来的情况。导师要么直接开始与孩子互动，要么直接开始下一个主题，要么要求家长立即开始与孩子互动。

　　2. 导师要求家长总结自上一次课程以来的进展和挑战，但由于导师的问题，家长的分享不顺利。导师可能会打断家长，主导性太强，或在没有回顾的情况下直接开启当天的话题，或者孩子的需求没能得到很好的处理，导致没有机会进行分享和复盘。

　　3. 家长可以分享自上次课程以来的进展和挑战。然而，导师遗漏了一个或多个重要元素：（a）回顾家长在家里的数据，（b）积极倾听而不过分主导，（c）正面认可家长的努力，（d）顺利过渡到家长与孩子的互动；（e）找到合适的方法将家长的反馈融入课程当中。

　　4. 家长可以分享自上次课程以来的进展和挑战。导师表现出兴趣，积极倾听，按需跟进，正面认可家长在过去一周的练习中和在收集数据方面所做的努力。由开场顺利地过渡到了亲子活动。

　　B. "热身"，亲子共同活动：这个阶段允许导师基于上次课程内容的进展情况直接观察和评估家长和孩子。（1）基于家长分享的一周活动和主题确定互动的重点;(2)旁观亲子活动,有助于家长和孩子进入状态,导师也能更好地评估进展;(3)在活动结束后,导师邀请家长复盘,评估家长目标达成的进度;(4)然后,导师提供建设性的点评,强化家长使用已经学会的干预技能;(5)进入下一阶段,平稳过渡。

评分标准:

1. 没有热身的亲子互动,可能是因为导师没有设置,可能是活动渐入佳境之前家长和孩子被打断/干扰了。

2. 热身活动开始了,但在活动之前没有确定主题。此外,缺少了其他几个重要部分。导师可能会提供一般性的赞美或批评。或者,导师没有给到家长任何反馈。又或者,导师开始了一段漫长的辅导环节,忘记了这是一个"热身"活动。导师没有快速地过渡到当天的主题。

3. 有进行热身活动,并且有确定主题。导师可能会在互动中发表一到两次干扰性的评论,但家长会完成活动而不被干扰。导师提供了反馈,但在谈话中没有及时地引导家长进行复盘,或者在邀请家长复盘时将家长推到"聚光灯下",让家长不自在。

4. 热身活动是基于上次课程的主题进行的。活动具备完整的五个部分。导师保障了活动的顺利进行,或者尽量在不打断活动的情况下给出尽可能少的、必要的点评。导师有邀请家长做出一些关于活动的评价;导师在活动后针对家长表现和孩子的反应给出了建设性的评论,并平稳地过渡到下一个活动。

C. 引入当天的主题:这个阶段为本节课设定了重点主题,并提到了课程安排(如果在之前的环节中没有提到的话)。导师(1)从手册中导出主题:具体目标,主要的育儿策略,以及对孩子行为的影响和时间调整;(2)将新主题与家长为孩子设定的目标联系起来;(3)将新主题与之前观察到的或与家长讨论过的内容联系起来;(4)使用最贴近家长学习需求的多模式策略(印刷材料,口头解释,视觉演示);(5)询问家长的反馈以评估家长的理解程度;(6)对家长的文化背景和育儿理念保持敏感。

评分标准：

1. 课程没有确定主题。在没有明确计划的情况下，让家长与孩子进行互动。

2. 导师开始制定主题，但没有确定主题的要点。没有涉及其他关键部分。没有明确在课程中如何实际展开主题。没有讨论家长的目标，即使有，也与主题和孩子的目标无关。没有进行开放性讨论，或没有留出足够的时间在课程结束时与家长进行沟通。主题已经引入了，但核心要点却"迷失"在滔滔不绝的聊天中时，也符合这一评分标准。

3. 引入了主题，然而缺少一个或多个关键部分：（a）将主题与家长为孩子设定的目标联系起来；（b）将新主题与之前观察到的情况或与家长的讨论联系起来；（c）列出课程中主要事件的发生顺序（如果之前没有提及）；（d）针对该家庭使用恰当的多模式策略，包括考虑家长的语言水平和设置开放式问题；（e）对家长的价值观和行为习惯保持敏感；（f）解释主题的时间安排不合理（信息太多或太少）。

4. 明确了主题，制定了本节课的课程计划。这些都做到了与家长为孩子制定的目标、先前的观察以及与家长的讨论内容相结合。主动寻求并获得家长的认同。根据该家庭的学习风格和需要，使用多模式策略、保证充足的谈话时间来进行讲解。用开放式问题评估家长的理解程度。有考虑到家长的价值观和优先事项。

D~E. 根据本周主题进行家长辅导：（请注意：你需要对这部分进行两次评分，每个活动一次。）这个阶段侧重于导师支持家长成功使用目标技能。辅导不会干扰进行中的活动，提高家长进行活动扩展或从一个活动过渡到另一个活动的能力，会在本节课中至少安排两个活动。在辅导结束时，家长可以陈述主要策略和孩子的目标，以在下次课程之前居家练习。辅导策略包括：（1）将关键教学策略与家长的行为和孩子的行为以及教学目标联系起来；（2）为家长提供足够的支持，使其成功地使用新技能并帮助孩子实现目标；（3）邀请家长对过程进行回顾，评价关键的互动操作，使用开放式问题和积极聆听的策略；（4）使用不同的活动进行另一次实践互动，提供足够的支持保障成功；（5）辅导的具体操作（例如积极倾听、提供反馈、直接示范）贴合家长的学习风格，符合其水平和价值观。

评分标准：

1. 没有进行家长辅导。导师处于权威地位，直接上手操作，没有进行角色转换，或者直接"告诉"家长应该如何做，而不是支持家长去做。

2. 进行了家长辅导，但直到活动结束也没能成功支持家长独立运用目标技能。导师没能成功使用贴近家长学习风格和学习习惯的辅导技巧（例如，撤除辅助、塑造、区别强化、多模式方法或其他教学策略）。或者，家长可能太焦虑或压力过大，无法继续进行太多的评估、点评或指导。

3. 有进行家长辅导并提供了足够的支持，成功支持家长在活动中部分地运用了目标技能。然而，家长可能无法独立使用该技能，而且辅导过程缺乏一个或多个重要元素：（a）对家长的学习偏好、理解水平，或孩子目标的关注被忽视了；（b）导师过于主导，在提供反馈的时候没有征求家长意见和反馈的过程；或者可能过于安静，错过了引导家长进行更多练习的时机；（c）没有完成在另一个活动中的泛化；（d）提供的信息与家长的行为和/或孩子的行为和目标无关。

4. 有进行家长辅导，且在支持家长独立使用目标技能以及引导出孩子的技能方面很成功。导师根据家长的学习风格、理解水平、孩子的目标和实时进展来调整辅导策略。这些策略将家长的行动与孩子的行为和目标联系起来，并泛化到了至少两个活动当中。家长展现出了通过反思和评价来建立技能的能力。家长可以在下次会话之前将练习与孩子的目标联系起来，在不同的活动或家庭环境中进行泛化。

F. 结束：在家长辅导的最后10分钟左右，导师和家长进行了平等地讨论，导师（1）留出时间讨论家长之前提出的问题并解决它们；（2）引导家长理解当天的主题，涉及家长和孩子的技能；（3）支持家长计划在日常生活的多个活动和情境中使用这些技能；（4）邀请家长复盘和评估课程活动的信效度；（5）确定下次课程的时间；（6）与家长和孩子道别，送他们出门。家长和孩子离开时情绪良好。

评分标准：

1. 没有做到有序结束。时间用尽了，但家长没有获得清晰的信息，或者辅导课程没有明确的结束信号，在家长和孩子需要离开时仍在谈话、也没有明确的道别。

2. 有结束环节，但上述要素大部分都是缺失的。搁置的问题未被解决，泛化问题没有解决，讨论过程中主导关系不平衡，缺乏复盘，也没有计划下次课程的时间。没有道别。

3. 有一个结束环节，计划了下次课程时间，有互相道别。家长和导师讨论的过程是平衡的状态。但搁置的问题没有得到解决，没有回顾和泛化课程主题。

4. 结束环节涵盖了搁置的问题，可以在日常活动中进行泛化，并且课程平稳顺利地结束。讨论过程保持了平衡，有进行复盘和评估，下次课程的细节已定好，跟所有人都进行了明确的道别，顺利地走出了门口。

导师素质：在整个辅导课程中，导师在以下几方面表现如何。

G. 合作性：导师与家长作为合作伙伴，一起实现共同的目标，而不是导师直接决定家长要实现的目标或者将所有责任交给家长。这涉及双方关系是否保持着平衡。

评分标准：

1. 导师在这个过程中并不是作为一个合作伙伴。导师可能处于一种绝对权威的位置，没有正面认可家长的知识和能力，没有寻求家长的意见、反思和评价，而是直接告诉家长该怎么做。或者，导师可能处于冷眼旁观的角色，将所有控制权交给家长，而不与家长共享责任、知识、信息和技能。

2. 导师试图与家长合作确定共同的目标和话题，但错过了引导家长分享自己的经历和专业知识的机会，更多地扮演了绝对权威的角色，而不是合作伙伴的角色。或者，导师只是单方面听取和支持家长的意见，并没有适当拓展，没有与家长分享自己的经历和专业知识。

3. 导师与家长制定了共同的目标，并正面认可了家长的知识和能力。然而，在整个会话中，没有轻松流畅地分享彼此的观察、反思、评价和想法。各自的角色似乎尚未定下来，或存在一些冲突或退缩的时刻。

4. 导师与家长合作制定并实现共同的目标。双方互相分享专业知识，并表达对对方知识和能力的认可和尊重。导师提出问题，认真聆听，并复述家长的回答，以明确目标、主题和重点。家长也可以向导师提出问题，认真聆听和反思。合作顺利进行，双方都很满意，在合作中轻松自在。

H. 反思性：在整节课中，导师反思了（1）自己所观察到的事物；（2）学习目标与观察到的行为之间的关系；（3）家长行为对孩子行为的影响；（4）课程中的情感表达。这些反思会持续进行并引导着进一步的评估、想法和建议，以便家长能够清楚地了解导师的思维方式。导师邀请家长进行类似的反思，并支持家长通过反思来进行评估和制定行动计划。这些反思侧重于孩子的目标、情感、动机和沟通，以及背景信息、家长行为和孩子行为之间的关系。

评分标准：

1. 导师在对话中没有保持反思的立场。相反，导师可能会使用固有的规则来进行评估并指导行动。或者，导师可能会一直单方面要求家长反思或提供反馈，而不是反思自己。

2. 导师在课程中提供了一到两次反思性评论，但这些评论没有明确地指导行动计划的落地，因此家长无法从导师的思路中受益。导师偶尔邀请家长进行反思，然后直接提供行动计划，而不是通过反思/评估过程来帮助家长制定行动计划。

3. 导师反思了其中一些领域，并引导家长进行了一定的反思。导师反思之后制定行动计划，但并不是每一次都如此，或者行动计划没有清晰地呈现给家长。导师尝试支持家长从反思过渡到评估和行动，但没有完全成功。如果反思之后最终没有形成具体的行动计划，也符合本项评分标准。

4. 导师反思了五个领域的绝大部分内容，提供了清晰的思路，从反思过渡到行动，并支持了家长的反思和评估过程。从课上和居家干预中提取了足够的相关范例，以加强家长的理解，有助于家长下一次课程之前的练习。基于反思／评估的内容制定了行动计划。

I. 保持中立：导师使用描述性的语言而不是评价性或批判性的语言来指出家长的行为与孩子的行为之间的关系。

评分标准：

1. 导师的反馈通常是评价性和批判性的，没有涉及家长的行为和孩子的反应。导师可能会用模糊的语言或没有联系到亲子互动情况的语言来赞扬家长（"做得好"，"干得好"，"多么有趣"，"你的孩子做得太好了"）。或者，导师的语气和措辞可能显得过于严厉，或者导师直接批评了家长和／或孩子。

2. 导师在整节课中使用评价性、批判性语言，涉及家长的行为或孩子的行为，但没有涉及它们之间的联系（"我喜欢你做某事的方式"，"你的孩子对某事／某物的反应真是太棒了"，"你没有坚持下去"）。

3. 导师在整节课的反馈中混合使用了描述性和评价性的语言，经常涉及家长的行为与孩子的行为之间的联系。

4. 导师在整节课的反馈中主要使用描述性的而不是评价性的语言，始终强调家长的行为与孩子的行为之间的关系（"我注意到当你做了某件事时，你的孩子通常会以某种动作／行为做出回应"，"似乎每当发生某件事时，都会紧随其后发生另一件事"）；提供了足够的范例来帮助家长理解，支持家长在下一次课程之前的居家实践。

J. 对话和互动：导师与家长之间的互动是和谐的。交流是对话式的，而不是教训式的。导师能够很好地倾听并回应家长的话题。语气友好、温暖、正向和乐观，最大程度地保障了亲子互动的乐趣和成功。

评分标准：

1. 导师主导互动，几乎没有时间让家长参与，而且在与家长对话时一味地说教。或者，家长可能主导了互动，而导师没有采取适当的策略将自己转变为积极的合作伙伴，家长的评论和问题被无视。

2. 导师做出了一些努力来建立互惠的交流，但都不太成功，没有达成平衡的合作关系。然而，导师做出了明确的努力，包括向家长提问、积极倾听以及进行点评。

3. 互动的过程相对来说具备一定的互惠性，但没有持续保持。有些时刻，其中一方占据了绝对主导，但导师没有重新调整平衡。这可能涉及以下情景：导师未能回应家长的评论或问题的时候，或者导师在向家长解释新信息时用了教导性、权威性的语气，而没有注意引导家长复述、反思、提问或评论。导师常见的两个失误情况是多次打断和不能维持主题。

4. 导师与家长成为合作伙伴，适当选择对话的时机，保持话题的一致性，轮流主导局面。未经允许导师不会随意打断家长，除非中断是为了让沟通更好地进行（例如，纠正偏离，要求澄清，回答遗漏的问题，复述以确认理解）。轮流保持着平衡，双方占用的"交流时间"是相同的。

K. 执业伦理：导师展现出恰当的专业行为，不谈论其他患者或自己的孩子，不批判其他导师或其他方法，不过度自我披露，不鼓励负面评论、笑话，不越过专业边界，不为了导师的利益提出任何请求，不强迫孩子或家庭。

评分标准：

1. 导师违反了道德边界，如上所述。

2. 没有道德违规行为。然而，职业边界不够清晰，如会分享个人信息，为了自己的利益提出请求，未经允许使用客户家中的物品，向家长或孩子发表不恰当、不友好的评论等。

3. 没有出现道德违规行为，也没有越过专业边界。但是，导师在某些时候表现出过分亲近或其他不恰当行为，令人产生疑虑（比如，亲昵地对待孩子，拥抱家长，评论房屋装饰等）。

4. 导师在整个课程中保持着恰当的专业行为和道德行为。任何自我披露都是为了更好地支持家长的学习，创造更好的体验。

L. 课堂组织和管理：数据、材料和家具齐全，准备就绪，孩子有事可做，物理空间的布置良好，课程遵循计划进行，空间环境和课程结构适合家庭和孩子，活动转换顺利。

评分标准：

1. 课程相当缺乏组织性，无论是在时间上还是在物理空间上。没有任何时间规划。家长和孩子没有清晰的预期。所需材料缺乏，或者没有从孩子和家长的角度出发准备材料。

2. 课程的某个方面似乎缺乏组织性，无论是时间安排还是物理空间设置。或者，孩子的需求没有得到恰当的管理，因此会不断干扰、中断话题的讨论。

3. 开始时课程存在一定的时间规划，物理空间的布置也有。然而，课程进行过程中某方面的组织形式会受到干扰，从而对孩子、家庭或治疗师的工作产生不利影响。

4. 课程在时间和物理空间上都组织良好。课程活动按计划进行，或者如果孩子出现新的需求导致计划偏离，能够及时制定新的组织方式，以确保不会影响到关键因素。课程按时结束，房间按照孩子和家庭的需求进行了充分的准备和布置，材料和活动由导师管理，以确保孩子和家庭能够通过空间设置和课堂管理有序地进行活动。

M. 组织和管理家长实践方面的困难：通常显现在以下方面：（1）对家长提出来的干预要求并没有跟进以及采取后续行动（例如，家庭作业、睡眠、饮食）；（2）经常迟到、取消课程或无故缺席；（3）讨论和解释的部分过多，影响了亲子互动的时间；（4）为孩子的行为找出许多借口（例如，疲劳、生病）；（5）与干预策略完全相悖的育儿理念（不愿意奖励孩子的恰当行为）。

评分标准：

1. 在课程中，出现了与课程内容相关的明显冲突或负面沟通，且未能得到妥善的解决或管理，影响到了课程的其余部分及达成课程目标所需的伙伴关系。

2. 在课程中，存在明显冲突或负面沟通。导师付出了一些努力来解决困难，并尝试修复，但仍然造成了一些负面影响。

3. 在课程中存在明显冲突或负面沟通。导师努力解决问题，并修复了裂痕，重启了协作，能够达到课程目标。然而，底层问题未被探讨和修复，没有实现全面解决。

4. 课程中不存在冲突。或者，在导师和家长之间的交流冲突中，导师充分表现出对潜在问题的意识，邀请家长分享观点并认真倾听、正面认可，找到了一个可以达成共识的切入点，妥善地解决了冲突，形成了所有人都能接受的新的解决方案，这个过程增强了家长—导师的联盟，并重新聚焦在孩子的干预需求上。

导师/治疗师：_____ 评分人&日期：_____
孩子&课程序号：_____

项目	得分	备注
a. 问候和签到		
b. 热身活动		
c. 引入当天的主题		
d. 根据本周主题进行家长辅导：活动1		
e. 家长辅导：活动2		
f. 结束		
g. 合作性		
h. 反思性		
i. 保持中立		
j. 对话和互动		
k. 执业伦理		
l. 课堂组织和管理		
m. 组织和管理家长实践方面的困难		
备注（用来记笔记）		

来源：*Coaching Parents of Young Children with Autism: Promoting Connection, Communication, and Learning* by Sally J. Rogers, Laurie A. Vismara, and Geraldine Dawson. Copyright © 2021 The Guilford Press. 购买本书的读者可以复印用于个人工作和学习（详见版权页说明）。读者可下载本表格的高清版。

附录A.11 变化阶段及可行性策略

阶段	活动	导师备注栏
前意向阶段	阶段1 向改变靠拢：倾听和反思，动机访谈，认知和经验主义为主要内容	
关键问题4	我没必要做这些；我的孩子自己会好的。	
行为特征	1. 家长没有主动联系，但是已经被其他人转介过来了。 2. 家长不承认孩子的诊断或不正视孩子的困难，或拒绝治疗方法建议。 3. 家长不愿意与其他人讨论孩子的问题。 4. 在还未被转介的家长／重要家庭成员或者在他人的敦促下才接受转介的家长中比较常见。	
干预目标	家长开始正视孩子的困难或需求，并表现出接受干预的开放态度。	
课程活动内容	推迟入学。提供关于学习的信息并回答家长的问题。提供项目材料。描述参与的具体内容。也可以展示一段家长和孩子的互动视频，课堂示范，或者展示不同时期的家长和孩子互动前后的视频。还可以提供一个目标活动手册，以便家长了解整个过程。	

一些有帮助的问题	1. 是什么促使你今天前来？
	2. 你希望为孩子寻求哪些帮助？
	3. 我可以做些什么来帮助你？
	4. 你在这里现在感觉如何？
	5. 尝试对家长的状态进行分类：
	  a. 不情愿——表达疑虑（例如："我真的能学会这个模式吗？""每天坚持干预似乎太难了。""我没有时间做这个。"）
	  b. 叛逆——挑战、质疑或表达敌意（例如："我不认为你的信息是准确的。""干预真的能改善我孩子的结果吗？""我不喜欢来这里。"）	

来源：From *Table of Motivational Stages of Change and Related Therapist Activities* by Sally J. Rogers and Laurie A. Vismara. Copyright © 2012 Sally J. Rogers and Laurie A. Vismara. 授权用于 *Coaching Parents of Young Children with Autism: Promoting Connection, Communication, and Learning* (Guilford Press, 2021) 一书。购买本书的读者可以复印用于个人工作和学习（详见版权页说明）。读者可下载本表格的高清版。

（续表）

阶段	活动	导师备注栏
一些有帮助的问题（接上）	c. 顺从——关于自己或他人的陈述，具有悲观、失败主义、绝望或消极的语气色彩（例如："我不擅长和孩子玩。""我的孩子不喜欢和我在一起。""没有活动能让我的孩子喜欢和别人一起玩。"） d. 振振有词——为每一个问题找理由。 e. 犹豫不决——表达的信息比较含混，既有改变的倾向，又有寻求干预的诉求，会通过口头和非口头的方式表达出来，不关注、不回应导师，岔开导师的话题。	
核心干预手段	1. 人际关系（Human relationship, HR）。 2. 提供所要求的信息。 3. 积极倾听，保持反思性：开放式问题，反思性陈述，复述。 4. 求同存异，迎难而上，多进行推动改变的对话。	

阶段	活动	导师备注栏
行动前思考	阶段 1　走向改变：倾听和反思、动机访谈、认知和初级方法	
关键问题 5	我不确定这是否有助于我的孩子，但我愿意了解更多。	
行为特征	1. 家长承认孩子面临困境。 2. 正在考虑能为解决孩子的困难做些什么，但尚未准备好或不确定采取什么方式。 3. 非常矛盾。利弊相当。	
干预目标	家长产生动机，开始准备行动。家长承诺采取行动，具体表现为参加项目或决定到其他地方接受服务。导师可以帮助"调整平衡促进改变"（DiClemente & Velasquez, 2002, p. 208）。	
课程活动内容	安排家庭会议，方便能够：（1）讨论干预方法、家长同意书、家庭辅导程序的相关信息；（2）回答家长的问题；（3）建立家庭的社会支持网络；（4）解决实施过程中的障碍。对孩子的评估也在这一阶段进行。	

(续表)

阶段	活动	导师备注栏
一些有帮助的问题	1. 开始这个阶段需要哪些信息？ 2. 对于开始干预，你有哪些担心？ 3. 你已经了解到了早期干预对孤独症幼儿会有哪些影响？（如果没有回答，继续问。）关于早期干预对孤独症幼儿的影响，你希望获得哪些信息？ 4. 如果你和孩子同时接受干预和帮助，你认为你的生活会有什么不同？ 5. 干预一年后，你希望看到孩子学会什么？ 6. 了解其他家长和孩子对这些干预措施的反应，对你会有帮助吗？ 7. 你认为这种干预的利弊是什么？（做成表格。）对你/你的家庭/你的孩子来说，情况会发生哪些变化？ 8. 你以前尝试过改变自己的行为模式吗？结果如何？	
核心干预手段	1. 人际关系。 2. 共同规划过程，以确定家长为自己和孩子所制定的目标。 3. 积极倾听，保持反思性：开放式问题、反思性陈述、复述。 4. 求同存异，多进行推动改变的对话。	

准备阶段	阶段2 准备好转变：行为改变的过程格外重要	
关键问题1	我在家里还没有做太多，但我想要改变，并且正在逐渐开始改变。	
行为特征	已经报名参加了项目。准备好了改变，并承诺在不久的将来采取行动。	
干预目标	帮助家长制定孩子的目标，并帮助他们制定自己的目标和行动计划。孩子的干预计划也在这个阶段制定。	
课程活动内容	1. 家访：在客户的家中会面，为课程做准备，布置学习空间，选择玩具/学习材料，介绍相关网站，审查它们的可用性并安排课程时间表。 2. 就诊：观察上一周家长使用的材料，一起制定家长和孩子接下来的学习目标。	

（续表）

阶段	活动	导师备注栏
一些有帮助的问题	1. 评分从 1 至 5，你有多大的动力开始改变？ 2. 为了从 X 升到 Y（如果当前评分为 3 或小于 3 时，表示从较低升到较高的评分），需要做哪些事情？ 3. 你希望孩子在接下来的 3 个月里学到什么？ 4. 这六种亲子活动中，你认为哪些可能适合你孩子的学习方式？哪些不适合？你最喜欢哪一种？ 5. 你喜欢用什么方法记录事情并跟进？ 6. 你喜欢如何开始每一天？是把每天当成新的空白页还是写好一系列待办事项？ 7. 你会如何了解新的事物？ 8. 在过去的几年里，你有没有与一些非常出色的教师或导师合作过？是什么让你觉得他们出色？ 9. 在过去的几年里，你有没有与一些不太好的教师或导师合作过？是什么让你觉得他们不好？ 10. 你或你的家庭可能需要哪些其他的资源为帮助孩子做好准备？	
核心干预手段	1. 人际关系。 2. 积极聆听、保持反思：开放式问题、反思性陈述、复述。 3. 家庭清单。 4. 环境评估，让家长更加了解家中的人和事。 5. 视觉辅助工具、多模式干预材料。 6. 如果家长愿意，探访时间可缩短为每周一次。	

（续表）

阶段	活动	导师备注栏
行动阶段	阶段2　准备好转变：行为改变过程中，辅导格外重要	
关键问题2	**我每天都在努力：我对此感到"充满干劲"。**	
行为特征	家长首先积极地改变自己的行为，他们学习使用干预技巧和材料。家长愿意积极改变他们的育儿模式。家长开始遵照干预计划，使用干预材料。	
干预目标	帮家长成功实现行为改变计划，并反映在家长行为和儿童行为的变化与学习的数据中。尽快教会家长掌握每项P-ESDM技能，顺序可以灵活安排，根据家长的愿望和技能、孩子的需求以及家长的忠诚度数据进行调整。目标：家长掌握P-ESDM技能，每周提供自我监控数据和孩子的发展数据。这对家长来说会是一段充满挑战的时期。	
课程活动内容	每周两次访问，其中一次在家中；遵循基本的会面安排。通过家长操作的信效度评分、家长操作的视频、家长的自我监测数据和儿童的变化来掌握家长的学习情况。	
一些有帮助的问题	1. 本周进展如何？ 2. 你本周最关注计划中的哪些部分？ 3. 本周最有帮助的部分是哪些？它们是如何帮助你的？ 4. 有哪些问题是你意料之外的？你是如何应对的？ 5. 我可以看一下你的数据表吗？ 6. 你今天最想专注于哪些内容？	
核心干预手段	1. 人际关系。 2. 区别强化其他行为。 3. 自我监控。 4. 解决问题的策略。 5. 强化物（情感上的和物质的）。 6. 关注区辨刺激（前因条件）。 7. 家长掌握了前一个技能，立即开始学习新的技能。如果家长已经熟练掌握某项技能，适当复习之后继续下一个技能。	

(续表)

阶段	活动	导师备注栏
保持/巩固阶段	阶段2 准备好转变：对于行为改变过程的辅导格外重要	
关键问题6	我每天都在努力，我感觉这已经成为育儿日常的一部分了。	
行为特征	家长定期使用工具，并提供每周的自我监测和孩子在家中的数据。自发地提到早期干预丹佛模式原则，并使用它们独立解决问题。熟练掌握许多技巧。干预操作保持着一定的标准和水平。	
干预目标	帮助家长保持改变，保持动力，并防止问题复发。帮助家长在新的行为方式和孩子的成长中找到强化。	
课程活动内容	1. 现在是什么激励着你？你的收获有哪些？ 2. 本周出现了什么问题？你是如何解决的？ 3. 本周进展如何？ 4. 你最关注计划中的哪些部分？ 5. 你发现目前哪些方面最有帮助？哪些方面最没有帮助？ 6. 出现了哪些你没有预料到的问题？你是如何处理的？ 7. 我可以看看你的数据表吗？ 8. 你想在我们今天的辅导课上做些什么？	
一些有帮助的问题	1. 人际关系。 2. 自我监测。 3. 解决问题的策略。 4. 奖励（情感上的和物质的）。 5. 注意差别刺激。 6. 支持自我效能。	

阶段	活动	导师备注栏
失效与修复阶段	阶段1 向改变靠拢：倾听和反思，动机访谈，认知和经验主义为主要内容	
关键问题3	我情绪有点低落；我感觉自己在家里做事的动力在减退。或者，我情绪有点低落，但我能够继续在家里做一些事/我正在家里做一些事，但就是感觉有点低落。	

(续表)

阶段	活动	导师备注栏
行为特征	家长在遵守行为计划方面出现懈怠。表达自己失去了动力或缺乏资源来满足个人需要（压力、抑郁、孤独）。对自己或孩子的发展能力表示怀疑。停止记录日常数据或练习频率下降甚至取消练习。可能会找类似于孩子生病、疲倦、有访客等借口，而没有努力地解决问题。信效度评分可能降至标准以下，或其他活动减少了（报告进展、使用网站、通过电子邮件发送最新信息、与孩子一起尝试新体验等）。	
干预目标	除去失效的部分，对当前阶段进行重新评估。重新选择回到某个恰当的阶段。采用动机访谈策略，以增加行为改变的动力。尝试转向承诺采取行动的阶段，然后进入准备阶段，以尝试找到能够继续的方法。尽量让家长制定出本周的一些行动计划，并采用恰当的方法来帮助你监督这一计划的实施。目标是让下一次课也能顺利进入行动阶段。	
课程活动内容	恢复每两周一次的访问/见面，重点是与家长讨论、确定当前的阶段，努力提高改变的动力，提高沟通的积极性。与行动和维持阶段不同，这个阶段可能会有更多的讨论而不是直接付诸行动。	
一些有帮助的问题	1. 听取并共情家长的感受，做出恰当回应。 2. 从你的角度来看，发生了什么事情？与自己有关吗？与你的孩子有关吗？ 3. 你想要做哪些事情？ 4. 我们应该如何更好地利用今天辅导课程的时间？ 5. 需要做出哪些改变或需要做哪些准备？	
核心干预手段	1. 如果之前两周一次的会面频率降低了，请恢复这种频率。 2. 与家长一起制定计划，确定如何监测下周的在线沟通情况。 3. 人际关系。 4. 积极聆听，保持反思：开放式问题、反思性陈述、复述。 5. 求同存异，多进行推动改变的对话。	

（续表）

人际关系信效度（所有阶段）	1分	2分	3分
有反馈地倾听	1. 导师造成了引导、打断、警告、不同意等方面的障碍。	2. 导师出现了同意、赞美、安抚、未经许可改变话题、给予额外的建议、提出过多问题、封闭式问题或试图说服等障碍。	3. 专心聆听，不随意打断，并以简单或复杂的复述来确保理解。更多提问，较少地陈述。
肯定	1. 没有对客户做出任何积极的陈述。	2. 只是恭维而没有观察到实际的优点。	3. 在会话中至少有一次观察到了客户的优点。
总结	1. 在讨论结束时没有进行总结，没有整理已经发生的事情，没有标记和组织话题，没有标记活动的转换，或没有将不同话题联系在一起。	2. 偶尔会总结一下，但没有保持适当的频率，总结没有做到简洁有力，总结内容没有太大帮助。	3. 在课程中的关键时刻提供了有用的总结，简洁有力，从而收集信息、连接不同话题或完成活动过渡。
对客户的感受和观点能共情地接受	1. 导师否认客户的感受或观点，或者暗示它们与实际情况不符。	2. 导师不主观评价客户的情感和观点，既没有主动提炼观点，也没有在客户表达时进行复述。	3. 如果客户没有谈及具体的感受，导师会引导客户的情绪认知和表达，并在客户分享感受时能够进行恰当的复述。
尊重客户的自主权、自我效能感和决策能力	1. 导师告诉客户应该怎么做以及如何做。	2. 导师倾听客户，但不标记客户讨论的愿望、目标或选择。	3. 导师引导客户分享自己的选择和目标，并且给予充分的尊重，哪怕客户不想做出改变（Rosengren, 2009）。
协作关系	1. 双方似乎是相互对抗的关系（较劲），或者一个被动，另一个主动（状态不同步）。导师比客户更积极。	2. 双方在交谈，但没有太多真正的交流（各有各的想法）。导师可能不够积极。	3. 双方作为合作伙伴一起工作（dancing；Rosengren, 2009）。互动保持着平衡的状态。导师能够克制自己不过分干预对方。
状态唤醒	1. 鼓励客户生成解决方案、思路，提高动力。导师引导局面，倡导改变。	2. 导师认真听取客户分享的任何内容，但没有提出倡导改变的话题。	3. 导师能引导客户由内而外、自发地想要改变（Rosengren, 2009）。

附录B

P-ESDM 婴幼儿—学步儿课程清单

萨莉 J. 罗杰斯、杰拉尔丁·道森、劳里·维斯马拉、

米根·塔尔博特、辛西娅·齐尔胡特、杰米温特、卡洛琳·麦考密克、

玛丽·罗卡和艾米丽·霍利[①]

儿童姓名/id 编号：_____　　课程评估日期：_____

儿童生日/年龄：_____　　评估：_____

受访家长：_____

其他受访者：_____

介绍：使用课程清单确定孩子的技能掌握情况，包括每个能力领域的熟练技能，目前正在发展的技能，以及目前尚未掌握的技能。请参考以下《婴幼儿—学

---

① 在 PATH 和 C-ESDM 项目中使用的婴幼儿—学步儿版本的课程清单经过了一些调整，以适用于 TEDI 项目。本次修订中增加的项目用星号标出。该工具表格的部分工作由孤独症之声第 8089 号赠款和美国国立卫生研究院第 R21HD1003372 号赠款提供支持。

来源：*Coaching Parents of Young Children with Autism: Promoting Connection, Communication, and Learning* by Sally J. Rogers, Laurie A. Vismara, and Geraldine Dawson. Copyright © 2021 The Guilford Press. Permission to photocopy this material is granted to purchasers of this book for personal use or use with clients (see copyright page for details). Purchasers can download enlarged versions of this material (see the box at the end of the table of contents).

步儿课程清单》中的详细项目说明及实施方法来获取更多的详细信息。

字体加粗的条目需要基于家长报告的内容进行评分。非加粗字体的条目中，单纯基于家长报告评分的条目不得超过 10%。

在每一栏中使用以下的行为代码：

直接观察、家长反馈和其他人／教师反馈：

+ 或 P（通过），表示行为在恰当的时候表现一致。

+/- 或 P/F（通过／未通过），表示行为表现不稳定。

F（失败），表示行为在引导下也没有出现。

对于数字一栏，请使用以下字母：

A（能独立做到）——儿童明确地展示出该项技能，家长也反馈孩子能独立使用该技能，并且表现始终如一。

P（部分掌握或在辅助下做到）——儿童只能偶尔展示该技能，或者需要额外提示，家长／其他人也反馈了同样的情况；或孩子展现出了该技能的部分要点，但还没有掌握完整的技能

N —— 孩子无法做到或不愿意展示该技能，家长／其他人也反馈说孩子在该技能的使用方面存在困难。

X —— 目前没有场合／机会展示该技能，或该技能不适合这个孩子。

给孩子评分时，每个部分可以从头开始，也可以设定基线。当孩子在每个部分的"数字"一栏中连续四个项目都得到"A"时，即为基准分。继续按顺序对每个部分的每个项目进行评分，直到孩子在该部分连续获得四个"N"的评分达到上限，或者直到做完该部分的最后一项。重要的是，评估人士要对基础水平和上限水平有准确的把握，由此评估人士可以完成更多的项目来确定每个部分的基础水平和上限水平。课程清单项目也可以基于家长和孩子互动的情况来打分，在课程实施过程中和 PCI 测量的过程中都可以完成。对于婴幼儿来说，家长更应该深度参与评估的过程。

婴幼儿 - 学步儿课程清单可用于确定各领域的教学目标。当目标评分从"A"逐渐变成了"N"的时候，这里就可以考虑作为每个领域的教学目标起始点。

	P-ESDM 婴幼儿 – 学步儿课程清单	
1	当成人伸出双臂,示意孩子"抱抱"时,孩子会靠过来,举起自己的手臂。	无额外说明。
2	当成人伸手,做"来这里"的手势时,孩子会主动过来。	爬过来、走过来或以其他方式靠近成人,移动到成人伸手就能够到的位置;成人可以同时说"来这里。"
3	在熟悉的感觉社交游戏中,能够对3个及以上的不同手势满怀期待地进行回应。	当父母举起手来准备挠痒痒时,孩子会微笑或大笑;父母开启"踩单车"的游戏时,孩子会跟着踢腿。
4	将要求的物品放到成人摊开的手掌里,在口语提示下做到或独立做到(如"给我")。	对成人的手势做出反应,将物品放在成人手中或尝试放置。成人可以用另一只手指向张开的手掌示意孩子。
5	将物品放在成人手指指着的地方,在口语提示下做到或独立做到(如"放进去")。	在清理的过程中,当成人指着打开的容器时,孩子能恰当回应,将物品放进容器中;或者根据成人的指示,将物体放在其他指定位置。
6	遵循5种以上的不同指令,对相应的手势做出正确反应(如"给我""坐下""看"和"过来")。	根据成人的手势提示做出动作。
	接受性沟通:理解言语	
1	对很大的响声有反应。	听到响声会定向声源。
2	听到有趣的声音会看向声源的方向。	通过转动眼睛和头部、看向他人等表现出对声音的感知。
3	空闲的时候(没有忙其他事情),在被叫到名字时会看向同伴。	孩子没有忙于其他事情的时候,眼神和头会转向同伴的方向。
4	在熟悉的物品被命名时,能看向对应的物品或者伸手去拿,至少2~3个不同的物品(如"毯子"、"球")。	无额外说明。
5	在进行其他事情的时候,被叫到名字时能看向同伴。	当孩子在玩耍时或者关注其他东西时,眼神和头也会转向同伴的方向。
6	听到禁止型词语"停下/不要"的时候,能立即停止当下的动作。	当被告知"停下/不要"的时候,会立即停下手头的事情,或通过暂停、看向/转向成人做出反应,或者开始闹情绪(如哭)。
7	遵循5种以上不同的口头指令(如"给我""坐下"和"来这里"),没有手势。	在成人没有提供手势提示或者肢体辅助的情况下完成指令。成人可以重复一遍口头指令,注意不要加入手势提示。

（续表）

	接受性沟通：理解言语	
8	找孩子熟悉的 1~2 个人，叫到他们的名字时，孩子能看向对应的人。	与他人在同一个房间里的时候，将眼神和头转向被叫到名字的人；或者在被要求时，如"妈妈在哪里？"或者"去爸爸那里！"等，可以投入父母的怀抱。
9	对具体的口头指令做出回应，在自然情境的游戏、穿衣、进食等流程中，能够给予/指向/展示 8~10 个特定的物品（如婴儿、椅子、汽车、积木、玩具熊）。	无额外提示。
10	当他人问到"XX 在哪里？"或者"指一指 XX"时，孩子能辨别书中的 3 幅不同图片。	通过看向、触摸、指向对应图片等方式，回应"XX 在哪里？"或"指一指 XX"。
11	看向/触摸/指向相应人物的照片，至少 3~4 位孩子生活中的重要人物。	如果指定的人/宠物在场，在叫到他们/它们的名字时孩子会明确地看向对应的人/宠物（也可以是用手指向）。如果是人物/宠物的图片，孩子也会看向、触摸或指向相应的图片。
12	展现出对 4~5 个不同动词的理解，做出相应的动作，有物品的和没有物品的都可以（如摇晃、扔、走、跳舞、跳起来、拍手）。	孩子对口头动作指令做出反应（如：摇沙锤、敲木棒、抱娃娃、戳橡皮泥、站起来、拍手）。孩子需要跟随这两大类的动作指令——身体动作和持物动作。
13	当成人使用简单的句子讲述孩子熟悉的书中情节时，孩子会表现出兴趣，并加入阅读。	与成人待在一起，全神贯注地参与活动或阅读。积极参与的表现有：在书本和成人之间进行眼神轮换和交流，指向书中的图片、翻动书页、说出书中图片的内容。
14	使用熟悉的物品/动作，执行新的（未教学的）一步指令。	在成人没有提供手势提示或肢体辅助的情况下，通过观察成人的动作完成指令。成人可以重复一遍指令，但注意不要提供任何手势提示。
15	在图片和书本中辨别至少 5 种不同的动作。	使用口语或打手势（如用手指）的方式回应成人的问题。如"宝宝在哪里睡觉？"或者"你看到狗狗跑了吗？"回应的时候不要求伴有眼神交流。
16	在熟悉的情境中，遵循指令，完成 2 种以上的 2~3 步的流程指令（如"拿上你的鞋，然后过来找我"）。	孩子对他人的口头指令做出反应，对着同一件物品连续进行 2~3 个不同的操作。
17	理解 3 种以上、跟物品的摆放位置相关的介词（如里面、上面、下面）。	通过以下方式展现出对介词的理解：操作物品完成口头的指令和要求。

（续表）

	表达性沟通：沟通的手势	
1	能做到要求物品和要求玩社交游戏，通过伸手或肢体动作来表达（例如，伸出腿来，要求拍拍脚）。	将手伸向成人手中自己想要的物品，以表达需求；或者使用肢体提示来开启社交游戏或要求继续游戏。使用手势的时候不一定需要伴随眼神交流或口头沟通。如果孩子伸手只是为了抢夺物品，不算有效沟通。
2	回应熟悉的人所做出的亲昵的肢体动作（例如拥抱、亲吻、击掌）。	孩子自发地、稳定地回应熟悉的人的拥抱，用手臂和身体主动抱对方；回应他人的亲吻，噘嘴亲对方的脸或者嘴唇。
3	通过伸手拿偏好的物品来正确回应二选一的要求。	成人举起两个物体，并说出各自的名称，两只手各拿一个，但注意不要让孩子够到。孩子把手伸向想要的物品。过程中不需要眼神交流或发声/说话。如果孩子伸手只是为了抢夺物品，不算有效沟通。
4	用推开或给回物品来表示"不/不要"。	其他常规手势（如摇头、打手势"完成了"）或口语（"不/不要"）都是可以接受的。打手势的时候不需要伴有眼神交流或发声/语言。
5	将物品递给他人请求帮助。	将物品放在成人手中，表示请求帮忙；通过递给成人物品、口语表达或者身向成人表达请求帮助的需求。用手势表达需求的时候不一定伴随着眼神交流或者口语。
6	眼神交流与手势相结合（例如，伸手、抓握、打手势"完成了"），来表达请求或抗议、寻求帮助。	自发地将头和眼睛转向成人，并与成人对视，眼神接触1~2秒来要求物品。
7	在见面时回应他人的问候，离开的时候道别（说"嗨"和"拜拜"）。	孩子同时用口语和手势回应问候，无需额外提示。
8	使用近距离的指物手势来提要求。	用食指指向6~12英寸（约15~30厘米）范围内的物品来提要求（不是张开的手掌）。物品可能放置在大人的手掌里，或者在孩子伸手可及的地方。
9	使用远距离的指物手势来提要求。	用食指（而不是张开的手掌）指向想要的物品，物品放置在距离孩子3英寸（约91厘米）或更远的地方。
10	自发用摇头表达"不要"和拒绝。	无额外说明。
11	自发地用点头表达"好的/要"和赞同。	无额外说明。
12	使用目标动作/手势加上口语来表达（请求、完成了、分享、帮助和抗议）。	孩子将特定的手势和声音/单词近似音结合在一起来沟通这四种需求。

（续表）

	表达性沟通：声音的/口语的沟通	
1*	发出元音。	不包括哭声或无意识的发声。
2*	发出声音表达高兴和不悦。	每种情绪都会用不同的声音来表达。
3*	能发出不同声调/语调的声音。	发声时声调明显不同，而不是全在同一个平调。
4*	能够与成人来回发声（元音），至少进行两轮。	发声（只发元音）的同时进行眼神交流，至少2个回合。发声可以由沟通的任何一方发起。
5	能发出2~3个不同的辅音。	无论成人是否进行口头示范，孩子都能发出声音。与成人之间的声音游戏也算。
6*	能够与成人来回发声（元辅音组合），至少2个回合。	发出声音（元辅音组合）的同时进行眼神交流，至少2个回合。发声可以由沟通的任何一方发起。
7	用发声来进行交流。	结合眼神交流或手势发声（例如，伸手）来要求想要的物品或物件。
8	当成人通过阻挡来限制孩子获得物品时，孩子能通过眼神沟通来提要求。	将头和眼睛转向成人，进行1~2秒的眼神接触来要求物品，使用或没有使用手势都可以（例如，伸手、抓取）。使用眼神提要求的同时不一定需要伴随发声或口语表达。
9	能说出一个重要人物的称呼（例如"妈妈"）。	在提示下说出或自发说出都可以。
10	口语表达的同时进行眼神交流来提要求。	将头和眼睛转向成人，与成人进行眼神交流，同时发声来要求想要的物品。发声可以是近似音（例如，"ao"代表"要"。）
11	能发出4~6个不同的辅音。	无论成人是否进行口头示范，孩子能发出声音。与成人之间的声音游戏也算。
12	模仿自己发出的元辅音组合，进行3个回合。	孩子自主发出辅音—元音组合，成人进行模仿，然后孩子再次发出这个声音。
13	模仿成人发起的熟悉的元辅音组合，1~2个回合。	成人发出辅音—元音组合，孩子进行模仿。
14	模仿相同的元—辅—元—辅声音组合（例如"ba-ba""di-di"；或规律重复的咿呀语）。	发声时不一定要求伴随眼神交流或手势。
15	模仿不同的元—辅—元—辅声音组合（例如"ba-da""di-da"；或变化的咿呀语）。	无额外说明。

(续表)

	表达性沟通：声音的/口语的沟通	
16	模仿5种以上不同的声音效果，或在游戏中模仿动物的叫声（如摩托车的"嗡嗡"和"汪汪"）。	无额外说明。
17	在游戏活动中，模仿5种以上不同的元辅音组合，能发出近似音（如"ba"表示"球"，"ca"表示"车"）。	在熟悉的游戏流程中发出5个及以上的单词或近似音。可以是自主发音，或者是独立模仿发音，没有任何辅助；必须在同一项共同活动中达到至少5个。
18	命名3个以上的不同物品，这些物品对孩子来说是常见的/常用的（如"奶瓶""毯子""狗"）。	模仿或自发。
19	在同一项共同活动中，发出3个及以上的不同单词近似音（如"up"用"uh"，"car"用"ca"，以及"zoom"的"zoooo"）。	模仿或自发。
20	自发地要求视线范围内的5种及以上的不同物品。	无额外说明。
21	自发地要求3种及以上的不同动作（例如"上""下""走"）。	无额外说明。
22	在一周之内，能自发地使用20个不同的单词来表达。	无额外说明。
23	自发地命名5种及以上不同的物品和5张及以上的不同图片，来进行评论（不是提要求）。	无额外说明。
24	说出3个重要人物的名字，照片中的或者眼前的本人都可以（包括孩子自己）。	孩子可以命名图片中的、镜子中的以及面前真实的人物，回答"那是谁？"的问题。
25	将口语、挥手和目光交流组合起来，来发起问候或道别，或者回应他人。	无额外说明。
26	口头说"不/不要"来表达抗议。	他人给自己食物或物品时会说"不/不要"。
27	口头说"要/好的"来表达赞同。	他人给自己食物或物品时会说"要/好的"。
28	在这一周内，能自发地使用50个不同的单词来表达。	无额外说明。
29	能自发地使用两个单词来组合成不同的短语（如"再来点饼干""妈妈的鞋""去开门"）。	口头表达的同时必须伴随眼神交流。发音清晰度不做严格要求，能大致理解就行。

（续表）

		表达性沟通：声音的/口语的沟通
30	用适当的语调提出不同的问题（如"走吗？""完成了吗？""那是什么？"）。	问题可以只有一个单词的表达，带有升调。口头表达的同时必须伴随眼神交流。
31	能发出2~3个不同的单词组合，用于多种不同的沟通目的（例如，获得关注、提要求、问候、抗议）。	口头表达必须伴随眼神交流。例如："再来点果汁""再见，莎莉""帮我开门"或者"不要球"。发音不用百分之百的清晰。
32	能说出2个词以上的短语，对他人进行评论（如"看，小牛""飞机飞得很快"或者"小狗"）。	口头表达必须伴随眼神交流，并且不是用来提要求。发音不用百分之百的清晰。
33	对书中和图片中的动作进行命名（如"吃"或者"小鸟飞"）。	在口头表达的同时不一定要有眼神交流。发音不用百分之百的清晰。
34	命名1~2种颜色。	在口头表达的同时不一定要有眼神交流。大人可以问"车是什么颜色的？"但孩子必须自己主动回答。近似表达/近似音可以接受。
35	回答"谁、什么、哪里"的问题。	每种类型中能回答至少一个问题，才算达到掌握标准。在口头表达的同时不一定要有眼神交流。成人可以再次提问。
36	使用升调来提问"是，否"的简单问题。	口头表达的同时必须伴随眼神交流。可以用一个单词表达，语调上扬。如，"干什么？""再见？"
37	回答简单的个人信息问题。（姓名、年龄等）。	口头表达必须伴随眼神交流。
		共同注意
1	在活动中，与成人进行2~3次的眼神交流。	活动中可以使用物品，也可以不使用物品。
2	在与成人一起的活动中，有展现出微笑2~3次。	同上。
3	看向成人在游戏过程中触碰的物品和图片。	用注视或触摸物品/图片来追随成人触摸的动作。
4	看向他人展示的物品（"物品名称XX，请看"）。	将眼睛和头转向成人所持的物品。
5	看向成人近距离指向（非触摸）的物品或图片。	当成人指着几英寸范围内的图片或物体时，孩子会看向该图片或物体。
6	看向成人远距离指向（非触摸）的物品或图片。	通过看向、伸手或者拿起玩具等动作回应他人的远距离指物。

(续表)

	共同注意	
7	在要求物品或者寻求帮助的时候，眼神能够在物品和人之间轮换。	无额外说明。
8	递出和接过物品的同时进行眼神交流。	这涉及自发的"拿取"或"递给"。如果是拿取物品，成人不要主动提供物品。孩子目光的轮换是表达"想要"的方式之一。
9	手持物品的时候，能够展示物品来回应成人提出的"给我看看××"的要求。	无额外说明。
10	自发地展示物品。	可以是在流程中将玩具放置在成人面前，看向成人，等待着成人的点评。如果在一节课里出现了至少3次这样的行为，则表示该项通过。
11	指向物体、图片和人物，进行评论（或命名）。	这涉及流程动作——在一节课中出现至少4次这样的行为。儿童必须用手指向来锚定并看向成年人，并等待着成人的点评。近距离或远距离的用手指向都可以。
12	使用手势或命名来获得成人的关注（或目光交流），例如挥手、转脸过去、轻拍、展示、轻敲物品。	无额外说明。
13	在活动中与成人进行眼神交流时，一起微笑。	这包括从物品到成人的明确的眼神轮换，分享快乐。在10分钟内应该能出现多次这样的行为。
14	通过眼神在物品和成人之间的轮换来发起共同关注，表达对物品的看法或分享经历。	这包括从物品到成人之间清晰的眼神轮换。也包括同步的发声或手势（如指、触摸或伸手拿）。如果在半小时的互动中出现了多次这样的行为，则表示掌握了主要技能。
	社交技能：二元参与	
1*	区辨熟悉的面孔和陌生人。	当孩子看向熟悉和不熟悉的成人时，情感表现和状态是不一样的。本条目也可以基于家长反馈的情况进行评分。
2*	喜欢看镜子中的自己。	当孩子看向镜子中的自己时，能观察到明显的情绪变化，孩子可能会试图拍打或轻扫镜子中的自己。注意孩子对镜子的兴趣和对自己影像的兴趣是不一样的。
3*	对他人的情绪做出反应。	表现出一定的社会感染力或社交认知——用微笑来回应微笑，用悲伤或恐惧来回应愤怒的情绪，等等。

（续表）

		社交技能：二元参与	
4*		警惕或害怕陌生人。	能区分熟悉的和不熟悉的成人。可能会向父母伸手、远离陌生人等。
5*		有喜欢的玩具。	由家长来报告。
6*		玩躲猫猫。	在父母藏起来时会四处寻找，有一些迹象能表明孩子的兴趣不仅仅在物品（毯子）上。
7*		喜欢并能够社会性地参与2~3项感觉社交游戏。	由家长来报告。
8		参与简短的社交活动和接受肢体接触。	孩子没有表现出回避、退缩或负面情绪。
9		在感觉社交游戏中保持参与度2分钟以上。	在3种不同的感觉社交游戏中，通过接近他人、观察和积极参与来表现出对游戏的兴趣，通过眼神交流、手势或口语来要求继续游戏（例如，伸手、模仿成人的动作）。
10		喜欢并参与5~10项社交活动以及不同的感觉社交游戏。	参与一项游戏中的任何动作（伸手、模仿、发声）。只有眼神交流和微笑是不够的。活动包括唱顺口溜/儿歌（"Itsy-Bitsy Spider""如果感到快乐你就拍拍手"）、游戏（"Ring-Around-the-Rosy""Patty-Cake"）、吹泡泡、气球、书籍、纸飞机等。
11		与成人持续参与由4个部分组成的共同活动（活动之间能平稳过渡）。	能持续地参与双人活动的4个部分，包括活动准备、主题的设置和共建、阐述和结束。
12		口头请求或用肢体动作要求加入熟悉的社交游戏。	孩子自发地注视他人，以与游戏相关的特定的肢体语言、手势或口语等来主动发起要求，要求玩游戏。
13		追逐他人，在捉迷藏的游戏中藏起来或者找他人，在圆圈游戏中跳舞。	仅仅表现出眼神交流和微笑是不够的，还需要参与到游戏当中。如"捉迷藏""绕圈跑"，玩球，以及（互相）追逐。
		模仿	
1*		复制（或尝试复制）他人的声音或手势。	在他人示范后立即开始模仿。模仿可以是在提示下进行的或自发的。模仿不必跟示范完全一样，但必须有部分是一样的。例如口头模仿跟范例的声调是完全一致的，但辅音的部分不一样。
2*		持物模仿完成1个动作。	部分模仿或尝试模仿可以获得部分分数。

(续表)

		模仿
3	观察成人的平行游戏。	通过观察成人的游戏行为，表现出对活动的兴趣。加入后通过模仿来继续游戏。
4	持物模仿完成2~3种不同的单一动作。	在5秒钟内模仿成人对物品的动作。例如将两个物体互相撞击、将物体放入容器中，或者滚动物体。
5	持物模仿完成5种以上不同的单一动作。	在5秒钟内模仿成人对物品的动作。例如将两个物体互相撞击、将物体放入容器中，或者滚动物体。
6	使用同一个物品模仿3个及以上的多步骤动作。	使用同一个玩具模仿3个及以上的关联性动作（例如，取下形状分类盒的盖子，取出形状块、盖上盖子、把形状块放过去）。
7	在歌曲/游戏流程中模仿3种不同的肢体动作（儿童自己可见的）。	模仿的是孩子自己能看到的明显动作（例如鼓掌、跺脚）。
8	在歌曲/游戏流程中模仿3种不同的肢体动作（儿童自己不可见的）。	模仿的是孩子自己不能看到的动作（例如，手放头上、手放耳朵上或者轻拍自己的脸颊）。
9	在歌曲/游戏流程中，模仿3种及以上不同的口腔、面部动作。	在5秒钟内模仿成人的口腔、面部动作（例如，摆动舌头、咂舌、"亲亲"，或者鼓起腮帮子）。
10	在不熟悉的歌曲/游戏中，模仿2-3个新的（未教学的）动作。	在新的歌曲/游戏中，成人示范之后，孩子能近似模仿新的动作。
11	在歌曲/游戏流程中，能够模仿两步的动作序列。	在同一首歌内，孩子能自发地模仿2个及以上的连续动作，无需任何额外提示或暂停。
		认知
1*	观察物体的移动。	能专注地观察1米以外的物体，注视时间可能很短，越过中线的视线追踪可能不太顺畅。
2*	手眼协调，在观察的同时能伸手去拿。	手眼并用，类似于看到一个玩具然后伸手去拿。
3*	眼神跟着物品移动，从一边到另一边。	视线集中在物品上，并随着物品的移动而移动，移动会跨越中线。
4*	观察附近的物品。	视线集中在多个人物/物品上，对周围环境进行视觉探索。只是单纯地移动头部/眼神而没有注视物品，这个不算观察。
5*	将物品送到自己嘴边。	无额外说明。

（续表）

	认知	
6*	试图拿够不着的东西。	孩子试图抓取附近的物品。他们不一定能成功，但对周边环境中的物品表现出了积极的兴趣。当他人把物品放在孩子手中时，孩子反射性的抓握不算。
7*	将东西从一只手传递到另一只手。	传递过程中物品不会掉落。
8*	使用2~3个不同的动作来探索物品。	尝试用1种以上的动作来探索物品——如敲打、摇晃、尝一尝、挥舞、扔掉、旋转。
9*	物品掉落时能跟踪掉落的轨迹。	无额外说明。
10*	寻找隐藏的物品。	大人将物品藏起来之后，孩子会拉开毯子/毛巾来找寻隐藏物品。
11	根据不同物品的属性来进行不同的动作，5种不同的物品（如摇动沙锤，堆叠积木）。	根据玩具本身特征来玩玩具（功能性玩法）。
12	将物体放入容器，或从容器中取出。	松开物品，放入容器中；抓取、拿取容器中的物品，将物品取出。
13	将3组物品同类的进行配对。	一对一配对。在刚开始几次尝试中，孩子可能是在对成人的口语（如"放在这里"）或者肢体信号（如手把手辅助）进行回应，但孩子需要独立完成配对/分类的过程。范例包括：火车和轨道配对在一起、蜡笔配纸张，或者将棍子和圆圈分类放在不同的容器里。
14	将3组相同的图片进行配对。	一对一配对。在刚开始几次尝试中，孩子可能是在对成人的口语（如"放在这里"）或者肢体信号（例如，手把手辅助）进行回应，但孩子需要独立完成配对/分类的过程。拼拼图不算。
15	将3组物品与图片进行配对。	一对一配对。在刚开始几次尝试中，孩子可能是在对成人的口语（如"放在这里"）或者肢体信号（例如，手把手辅助）进行回应，但孩子需要独立完成配对/分类的过程。
16	按颜色将3种物品进行配对/分类。	一对一配对。在刚开始几次尝试中，孩子可能是在对成人的口语（如"放在这里"）或者肢体信号（如手把手辅助）进行回应，但孩子需要独立完成配对/分类的过程。范例包括：红色积木和红色积木放在一起，蓝色积木放在一起；把橙色和绿色的蘑菇钉分类放；或者黄色和紫色的小球分别放在不同的容器里。

（续表）

认知		
17	按形状将3种物品进行配对/分类。	一对一配对，按形状。无额外说明。
18	按大小将3种物品进行配对/分类。	一对一配对，按形状大小。举例说明：在整理环节，成人把小熊放在一个容器里，然后把大熊放在另一个容器里，孩子能正确地将5只及以上的熊进行分类（大的和小的），放在相应的容器中。
19	将相似物品按照特征进行分类，能区分3种类别（例如，小车、小马、球）。	儿童按照特征将不一样的物品进行配对和分类（例如相似的小车、小马、球、袜子、鞋、杯子）。
20	将相关联的普通物品按功能进行分类，能区分3种类别（例如，餐具、服装、玩具）。	无额外说明。
21	能发现物品不见了，并且通过眼神和口语寻找物品（例如，玩偶、缺了一只的鞋子、拼图缺失的拼图块）。	孩子能辨认出一套物品中少了1件，并且会寻找和要求缺失的物品（例如，丢失的拼图块、丢失的鞋子、丢失的杯子）。
22	按照特征将物品进行配对/分类，能区分2种不同的特征（例如，大小和颜色、形状和颜色）。	孩子按照颜色和形状将5件物品进行配对/分类，或者按照形状和尺寸。
23	按照数量（1~3）将物品进行配对/分类。	孩子按照不同数量将1~3件物品进行分类，连续5个回合都能做到（例如，多米诺骨牌、将动物饼干放在盘子里）。
游戏		
1	能够使用同样的方式来把玩3~5件不同的物品。	以相同的方式玩不同的玩具（例如，摇晃每个玩具、敲打每个玩具、用嘴咬每个玩具）。
2	双手各持一件物品，使用同样的方式同时把玩两件物品。	两只手各拿一件玩具，按照同样的玩法玩（例如，两手各拿一个积木块，每个木块都咬一咬；或一只手拿着木块，另一只手拿着戒指，同时摇动两个物品）。
3	在游戏中将两个物体碰在一起（例如，将两块积木互碰）。	将两个玩具连接在一起，或用一个物品来作用于另一个物品（例如，撞击2块积木；用鼓槌敲鼓面）。
4	重复某些动作，产生有趣的结果。	操作物品，观察结果，然后再次操作（例如，按下因果玩具的按键、挤压尖叫玩具、摇晃雨声棒）。

（续表）

	游戏	
5	恰当地摆放材料（例如将汽车转向；或将杯子直立摆放）。	无额外说明。
6	按示范方式推动小汽车或小火车。	有意地推动小汽车，使其向前行驶和/或向后倒车，四个车轮都保持在桌面/地面上。
7	能独立地玩3种及以上的不同玩具，且每个动作至少重复3遍。	可以是对成人开启流程的信号做出回应，但是孩子必须自己独立完成3步及以上的操作（例如，将套圈放进套柱；将套杯拿出来/放进去；搭积木；或者插蘑菇钉）。
8	拼至少3块的拼图，拼图块上有木质手柄辅助抓握。	可以是对成人开启流程的信号做出回应，但是孩子必须自己独立完成3块及更多的拼图操作。
9	能使用2~3种不同的多步骤玩具，每种玩具涉及至少2步操作。	游戏中涉及独立使用物品/完成活动，但可以是对成人开启流程的信号做出回应。能操作2~3个不同玩具。范例包括：将积木放进形状盒中，打开顶盖，把积木倒出来；把球放进球迷宫，用锤子敲球。
10	能使用5~10种不同的多步骤玩具，每种玩具涉及至少2步操作。	玩法与儿童的发展水平相匹配（即非限制性的和非刻板重复的），与物品/活动相关，并且涉及物品的两步操作（例如，将积木放入形状盒中，打开顶盖，把积木倒出来；把球放进球迷宫，用锤子敲球）。可以是对成人开启流程的信号做出回应。
11	按照一定的方式进行个人活动，使用物品进行常规操作。	动作符合社会常规，是个人活动。例如：将手机放在自己耳边，用梳子梳头，把勺子/叉子放到嘴边，用纸巾擦鼻子，把杯子递到嘴边，把串珠当作项链佩戴。
12	按照一定的方式与他人进行互动，使用物品进行常规操作。	动作符合社会常规，是针对他人进行的。例如：用勺子喂别人吃饭，梳成人的头发。
13	能够自发地使用物品进行个人活动和与他人互动。	无额外说明。
14	将游戏中的相关物品组合起来（例如：叉子放在盘子里，勺子放在碟子里）。	孩子在游戏和整理过程中表现出对多组物品的功能关系的意识。
15	使用道具跟玩偶或人偶互动（例如，用勺子喂泰迪熊）。	需要自发进行；如果只是模仿，则不算通过该项目。
16	玩建构类玩具时，在解决问题的过程中会反复试错；尝试的方法是灵活的、非刻板的。	如果孩子在玩玩具时经常通过反复试错来解决问题，则通过该项目。

（续表）

	游戏	
17	在建构类游戏中，能够将多个相关联的部件按照复杂的模式排布在一起（例如，将小卡车放在公路轨道上，用积木建房子，将珠子串成一串项链）。	能够构建3种及以上的不同形式的物品。可以是将小卡车放在公路上、积木建房、串珠项链。
18	在一套游戏程序中，能够连贯完成3个及以上的动作。	例如，搭轨道、推动小火车，然后小火车撞击在一起；或用形状模具分割橡皮泥，然后取出形状。
19	将小人偶放置在适当的场景中（例如，将小人偶放在家具上/或放在交通工具里）。	在游戏中将小人偶放置在恰当的背景中。范例包括：让小人偶坐在椅子上，或把小人偶放在车里。
20	根据主题准备道具。	在3种及以上的不同游戏玩法中，能够恰当地安排2件及以上的道具。例如，在喂娃娃的游戏中准备盘子和叉子；给自己和别人戴上帽子玩装扮游戏。
21	用物品做动作，假装物品是活的（例如，让毛绒狗跑起来，好像在追球）。	无额外说明。
22	使用不同的物品作为道具（例如，把积木块当作电话）。	假装某物品是其他的东西，而不是其本身。
23	在假想游戏中，能自发地将3个及以上的相关联行为组合起来。	例如：假装给洋娃娃一个奶瓶，然后给其盖上毯子；往锅里倒水，搅拌食物，将煮熟了的食物倒在碗里；戴上消防员帽子，驾驶消防车，赶到目的地灭火。
24	在游戏中指挥搭档。	向搭档提出至少3项与游戏内容相关联的指令，指挥搭档执行。在2个及以上的不同游戏活动中能够做到。
25	在游戏中演绎多个生活事件（例如，过生日、麦当劳就餐、看医生），包括场景中常用的口语表达。	演绎3个及以上的生活事件，每个事件中包含至少3个嵌入式的活动，通过口语和物品操作与搭档互动。
26	在游戏中演绎多个故事主题。	与搭档一起演绎3种及以上的不同故事主题，使用上一项提到的动作和口语表达进行互动。例如，《小红帽》《三只小猪》和《三只山羊》。
27	进行角色扮演。	表明自己的角色（例如"我是妈妈"），并演绎该角色在生活中的某个场景，期间使用恰当的口语和手势，进行相应的活动来与搭档进行互动，整个过程中与搭档至少进行3次互动。
28	在游戏中跟随他人的引导。	多次跟随搭档口语和非口语的玩法引导，模仿搭档的动作或回应/执行搭档的指令，总次数在5次以上。

附录C
家长友好型的数据跟踪工具

附录C中提供了我们为家长制作的几个简单模板，供家长用于自我评估，了解进展情况。在我们提供的每个工具中，家长只需在自己成功实践的目标旁边打钩或打"X"或打"+"号；在尝试了但没有成功的目标旁边打上"-"号；在没有机会实践的目标旁边打上"NP"（代表"未实践"）的记号。我们将模板尽量制作得简单易用，将重点放在家长认为需要重点跟踪的内容上面，这样家长对于表格的内容会有更把握。

我们从刚开始记录数据（家长的数据和孩子的数据）的家长身上学到了重要的一课。我们学会了在每节课刚开始就询问家长数据表的情况。对家长提供的数据表进行查看并评价，向家长传达数据的重要性，并正面认可家长在家中记录数据所做出的努力。我们意识到，如果我们不主动追要数据并及时点评，在下一堂课大概率不会收到家长的数据。因此，记得主动找家长要数据！

内容目录

附录C.1：简单标示系统	334
附录C.2：一周跟踪表	335
附录C.3：活动数据跟踪表	336
附录C.4：目标和活动条形图	337

附录C.1　简单标示系统

在这里，我们提供了一个标示系统，用于跟踪家长练习每个目标的频率。每一栏中的 X 表示次数，在一天、一周的时间里每个目标练习了多少次，或者家长在每个目标上分配了多少时间。汇总记录在对应的下一栏中。

我在尝试新玩法的时候，孩子对我进行观察，且没有离开游戏。	在游戏中或者日常流程中，孩子会发声或模仿我的发声。	我教孩子儿歌中的手势动作，孩子会进行模仿。	在我跟随孩子的玩法，鼓励他继续玩玩具、唱歌或进行其他游戏时，孩子能继续跟我互动至少3个回合。
XXXX	XXXXXXXX	X	XXXXXXXXXX
练习总次数：4	练习总次数：8	练习总次数：1	练习总次数：10

附录C.2 一周跟踪表

这部分的两个表格按一周的天数来跟踪目标/步骤。一旦实现了某个目标/步骤,家长可以在上表的方框中打钩,或在下表中进行统计。如果尝试了某个目标/步骤但没有成功,则应标注减号或类似符号,表示没有成功。如果某个步骤没有机会练习,家长需要用"NP"或类似符号进行记录。这一点很重要,因为记录未成功或未练习的情况可以为导师提供重要的数据,让导师确定是步骤有问题还是练习方式存在问题。此外,使用 NP 代码还能为第二天的技能练习提供更多动力,同时提醒导师可能需要采取激励策略。如果对家长有帮助,可以在表格中添加总和或总数(如第二个范例所示),以便跟踪每周和每天结束时统计每个目标/步骤的完成情况。

	星期日	星期一	星期二	星期三	星期四	星期五	星期六
目标/步骤							
目标/步骤							
目标/步骤							
目标/步骤							

	星期日	星期一	星期二	星期三	星期四	星期五	星期六	总计
目标/步骤								14
目标/步骤								15
目标/步骤								38
目标/步骤								19
总计	12	15	9	11	0	8	12	

附录C.3　活动数据跟踪表

下面是另一种类型的表格，用于跟踪目标/步骤在不同活动中实现的频率，活动是在家庭中经常开展的亲子活动。活动的范围可以由家庭成员来决定，目标类型的选择也是同样的；家长还可以在最后一栏和最后一行中添加总数，以汇总各活动类型的进展情况。

活动中的变量可以适当增加或替换，例如使用不同的干预策略来完成目标。

	玩玩具	感觉社交游戏	用餐	阅读	洗澡/沐浴	换尿布	穿衣	户外活动
目标/步骤	2	2		4	1	2	5	
目标/步骤	1	3	3	1	3	4		
目标/步骤	4	5	1	8	7	6	7	
目标/步骤		1	4			6	8	

附录C.4 目标与活动柱状图

导师也可以考虑使用如下所示的图表,该图表总结了各环节中家长的评估数据。我们发现家长们乐于看到随着时间的推移所绘制出的进展情况,因为这体现了他们的努力和成就。劳里通常会在中间阶段以及12次家庭课程中的第10次时进行这项工作,不过具体情况可以根据为家庭提供的课程次数进行调整。该图表还展示了在游戏、用餐和洗澡这三个常规活动中,四个目标的练习频率(也可以记录教学步骤而非目标)。可以使用早期干预丹佛模式课程检查表设计一个类似的图表,以显示每个领域从一个季度到下一个季度所达成的技能数量。

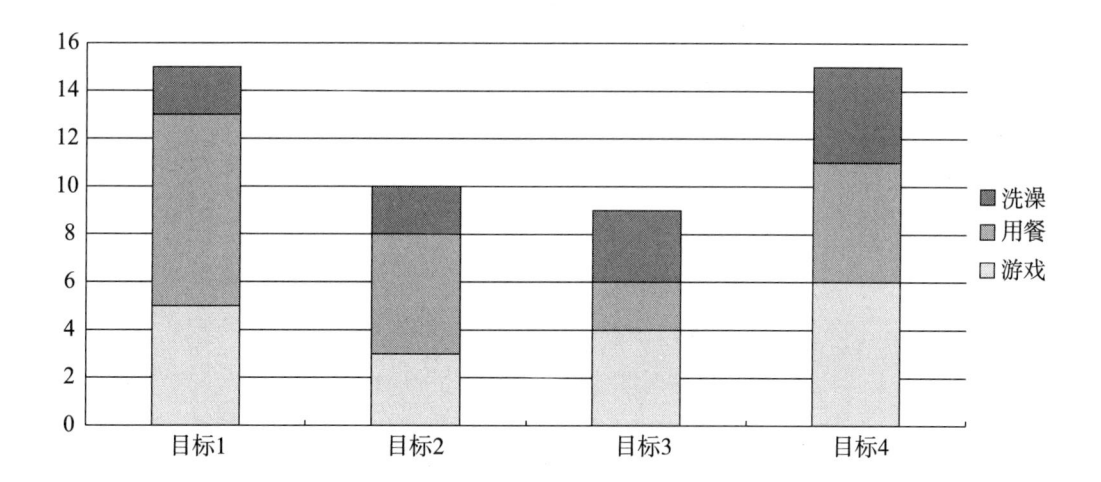

作者简介

萨莉·J. 罗杰斯（Sally J. Rogers, Ph.D），加州大学戴维斯分校心智研究所（MIND Institute）精神病学与行为科学系荣誉教授，曾担任国际孤独症研究协会主席，也是美国心理学协会、心理科学协会以及国际孤独症研究协会成员。罗杰斯博士与杰拉尔丁·道森一起开发了早期干预丹佛模式（ESDM），这是第一个得到实证支持的针对孤独症幼儿的综合干预方法，该方法目前已推广至世界各地，为家长和专业人士所认可和使用。萨莉与人合著了《孤独症儿童早期干预丹佛模式》（供家长使用），除此之外，她还发表了 200 多篇论文、文章以及出版物，其文章被引用率排名前 1%。

劳里·A. 维斯马拉（Laurie A. Vismara, Ph.D，BCBA-D, LBA），一直与孤独症家庭密切合作，为早期干预丹佛模式（ESDM）的科研和项目发展做出了贡献。维斯马拉博士参与了《孤独症儿童早期干预丹佛模式》一书的写作。她使用远程医疗平台，为美国及全世界需要帮助的家庭、公共项目和学校提供支持，推广早期丹佛模式。

杰拉尔丁·道森（Geraldine Dawson, Ph.D），杜克大学精神病学与行为科学系杰出教授。道森博士领导着杜克大学脑科学研究所和孤独症与大脑发育中心。她与萨莉·J. 罗杰斯一起开发了早期干预丹佛模式（ESDM），这是第一个得到实证支持的针对孤独症幼儿的综合干预方法。道森博士与人合著了《孤独症谱系的科学解释》《孤独症儿童早期干预丹佛模式》及《高功能孤独症谱系障碍家长指导手册（第 2 版）》，为家长提供帮助；《孤独症儿童早期丹佛模式》一书则为专业人士提供帮助。道森博士是美国艺术与科学院的成员，还获得过杰出职业奖（由美国心理学协会第 53 分会临床儿童与青少年心理学协会所颁发）和终身成就奖（心理科学协会所颁发）。其文章被引用率排名前 1%。

Coaching Parents of Young Children with Autism:Promoting Connection, Communicaition, and Learning by Sally J. Rogers, Laurie A. Vismara and Geraldine Dawson

Copyright © 2021 The Guilford Press

A Division of Guilford Publications, Inc.

Published by arrangement with The Guilford Press

北京市版权局著作权合同登记号：图字 01-2023-1850 号

图书在版编目（CIP）数据

早期干预丹佛模式辅导与培训家长用书 ／（美）萨莉·J.罗杰斯（Sally J. Rogers），（美）劳里·A.维斯马拉（Laurie A. Vismara），（美）杰拉尔丁·道森（Geraldine Dawson）著；龙焰译. -- 北京：华夏出版社有限公司，2025. -- ISBN 978-7-5222-0829-9

Ⅰ. G76；R749.940.5

中国国家版本馆 CIP 数据核字第 2024TW9759 号

早期干预丹佛模式辅导与培训家长用书

作　　者	［美］萨莉·J.罗杰斯 ［美］劳里·A.维斯马拉
	［美］杰拉尔丁·道森
译　　者	龙　焰
策划编辑	刘　娲
责任编辑	马佳琪
出版发行	华夏出版社有限公司
经　　销	新华书店
印　　装	三河市少明印务有限公司
版　　次	2025 年 2 月北京第 1 版　 2025 年 2 月北京第 1 次印刷
开　　本	787×1092　1/16 开
印　　张	22
字　　数	300 千字
定　　价	98.00 元

华夏出版社有限公司　地址：北京市东直门外香河园北里 4 号　邮编：100028
网址：www.hxph.com.cn　电话：（010）64663331（转）

若发现本版图书有印装质量问题，请与我社营销中心联系调换。